The Bully, the Bullied, and the Bystander

From Preschool to High School-How Parents and Teachers Can Help Break the Cycle of Violence

괴롭히는 아이 당 하 는 아이 구경하는 아이

학교폭력의 이해와 예방을 위한 실천방법

바버라 콜로로소 지음 염철현 옮김

한울 아카데미

THE BULLY, THE BULLIED, *and the* BYSTANDER

From Preschool to High School-
How Parents and Teachers
Can Help Break the Cycle of Violence

Barbara Coloroso

HARPER

NEW YORK · LONDON · TORONTO · SYDNEY

우린 남을 함부로 평가하지 않아야 한다. 우리와 다르게 생겼다고, 우리와 생각이 다르다는 이유로 남을 멀리해선 안 된다. 우리의 선함은 남을 인정하고, 포용하고, 함께 나눌 때 인정받을 수 있다.

— 페르 앙리(Père Henri), 영화 <초콜릿>

옮긴이의 말

이번에 출판된 『괴롭히는 아이, 당하는 아이, 구경하는 아이: 학교폭력의 이해와 예방을 위한 실천방법』은 학교폭력과 괴롭힘에 관한 한 세계적인 저술가이자 실천가인 바바라 콜로로소(Barbara Coloroso)의 저서 *The Bully, the Bullied, and the Bystander: From Preschool to High School-How Parents and Teachers Can Help Break the Cycle of Violence*(2008)를 우리말로 옮긴 책이다.

이 책은 학교폭력이나 괴롭힘에 대한 이론적인 배경은 물론이고 풍부한 사례들을 제시하여 독자들로부터 실질적인 공감을 이끌어낼 뿐 아니라 괴롭힘의 원인은 무엇이며, 이에 대처하는 지역사회와 학교, 더 나아가 기성세대들이 해야 할 역할이 무엇인지를 명시하고 있다. 개인적으로 이 책에서 특히 인상 깊었던 것은 괴롭힘의 원인을 규정하는 부분이었다. 일반적으로 사람들은 괴롭힘이 누군가에 대한 분노나 갈등에서 초래된다고 생각하는데, 지은이는 "괴롭힘은 분노나 갈등에서 비롯되는 것이 아니라 누군가를 열등하고, 존경할 만한 가치가 없는 것으로 여기고, 싫어하는 감정을 나타내는 경멸에서 비롯된다"라고 주장한다. 그러면서 지은이는 경멸에 대해 "신을 부정하는 행위로 타인을 신성하게 볼 수 없는 것"이라는 랍비 마이클 러너(Michael Lerner)의 정의와, "타인에게서 인간성을 볼 수 없는 비인간적인 행위"라는 피에르 테야르 드 샤르댕(Pierre Teilhard de Chardin)의 정의를 인용한다.

한국 사회도 학교폭력으로 몸살을 앓고 있다. 매일 쏟아지는 학교폭력에 관한 뉴스는 학교를 우울하고, 무섭고, 비인간적인 공간으로 만들고 있다. 경멸의 정의를 되새길 필요조차 없을 정도로 학교에 비인간화의 고약한 냄새가 진동하고 있다. 교육과학기술부에 따르면 2012년 7월까지 접수된 학교폭력 신고전화는 무려 3만 5,000건에 달한다. 이는 2011년 280건의 125배에 달하는 것이다. 더 심각한 것은 인터넷이나 휴대전화 등을 통해 사이버상에서 이루어지는 괴롭힘이다. 2011년 11월 한국정보화진흥원이 전국 초중고생을 대상으로 실시한 설문조사 결과, 한국의 초중고생들은 사이버공간에서 놀림(23.2%), 따돌림(12.4%), 욕설(42%), 나쁜 소문 퍼뜨리기(21.4%) 등의 집단적 괴롭힘을 당한 것으로 나타났다.

그러나 이런 실제 데이터보다 더 심각한 것은 학교폭력에 대한 교육 주체 간의 인식 차이라고 생각한다. 2012년 6월 한국청소년정책연구원이 전국 초중고생 학부모 500명과 교사 538명을 대상으로 실시한 설문조사의 결과는 학교폭력의 심각성이나 원인에 대한 교육 주체들의 인식도를 나타내고 있다는 점에서 시사하는 바가 크다. 먼저 학부모의 경우에는 학교폭력을 집단 괴롭힘(35%), 언어폭력(21%), 괴롭힘(17%), 신체폭행(11%) 순으로 심각하게 생각했던 반면, 교사의 경우에는 언어폭력(29.4%), 괴롭힘(28.4%), 집단 괴롭힘(19%) 순으로 심각하게 생각하는 것으로 나타났다. 또한 학교폭력을 지도하기 어려운 이유에 대해서는 교사와 학부모가 서로에게 책임을 돌리는 것으로 나타났다. 교사의 경우에는 학생 지도 시간이 부족(37%)하고, 학부모들의 무관심과 비협조적인 태도(23%) 때문에 학교폭력을 지도하는 데 애로가 있다고 응답했다. 반면 학부모들은 교사의 소통과 교감 능력에 문제가 있다(32.8%)고 응답하여 학부모와 교사 간에 학교폭력에 대한 인식 차이가 상당히 크다는 것을 알 수 있다. 교육의 가장 중요한 주체인 학부모와 교사의 학교폭력에 대한 인식 차이는 학교폭력에 대한 정책을 수립하고 집행하는 데 상당한 걸

림돌이 될 것이 분명하다. 학교폭력에 대해 서로 의견이 같고 적극적으로 의기투합이 되어도 정책시행의 효율성을 장담하기 어려운 마당에 교사와 학부모 간의 인식 차이는 학교폭력을 해결하는 데 장애물이 될 수 있기 때문이다.

또한 최근에는 학교생활기록부(학생부)에 학교폭력 가해 학생의 가해 사실을 기록할지의 여부를 놓고 교육계가 혼란에 빠져 있다. 학생부에 학교폭력에 대한 기록을 남기는 것을 찬성하는 쪽에서는 학교폭력의 예방 효과가 있다고 주장하는 반면, 반대하는 쪽에서는 가해 학생의 상급학교 진학이나 취업 등 졸업 후 사회생활에 영향을 미치는 것은 물론 학생의 기본권과 행복권을 침해할 수 있다고 주장한다.

폭력의 문제는 학교에 국한되는 것이 아니라 소설 속에서도 등장한다. 리처드 바크(Richard Bach)의 소설 『갈매기의 꿈(Jonathan Livingston Seagull)』은 학교나 사회에 고착화된 관행과 괴롭힘에 대해 많은 생각을 하게 한다. 주인공 갈매기 조나단 리빙스턴은 먹이만을 찾아 하늘을 나는 다른 갈매기들과 달리 비행 자체를 좋아한다. 그 때문에 그는 더 높이 날기 위해 비행 연습을 한다. 하지만 이러한 비행 연습은 갈매기 사회에서 오랫동안 내려온 관습에 저항하는 것으로 비쳐 조나단은 또래 갈매기로부터 괴롭힘을 당하게 된다. 그러나 그는 포기하거나 좌절하지 않고 끊임없이 비행 연습을 하여 최고의 비행 경지에까지 오르게 된다. 또래 갈매기의 괴롭힘에도 흔들리지 않고 자신의 꿈을 실현하기 위해 연습에 연습을 거듭하는 모습도 인상적이지만, 진짜 감동적인 장면은 따로 있다. 바로 많은 어려움을 극복하고 경지에 오른 조나단이 자신을 못살게 했던 또래 갈매기를 안내하면서 모두가 함께 최고의 비행을 할 수 있는 경지에 오르도록 돕는 장면이다.

조나단이 또래 갈매기에게 했던 행위를 '회복적 정의'로 해석해도 큰 무리는 없을 것이다. 본문에서도 하워드 제어(Howard Zehr) 교수의 회복적 정의가 인용되는데, 그는 "모든 사람은 별개이지만 서로 연결되어 있다"라고 주장하며 이러한 관계성을 유지하기 위해서는 근원적 문제를 해결해야 한다고 본다. 한국 교육계도 청소년의 일탈행위나 비행에 대해 인과응보적인 처벌로만 대응하는 단계를 넘어 회복 단계로 이행해야 한다고 본다. 그렇게 되었을 때 교육은 행위 당사자를 교정하는 수준을 넘어 가해자와 피해자가 회복과 치유의 관계로 발전할 수 있도록 기능할 것이기 때문이다.

이 책을 옮기는 과정에서 내 자녀들에 대해 많은 생각을 했다. 폭력은 학교만이 아니라 가정이나 사회에서 일어나는 일이고, 곧 우리 모두가 해결해야 하는 문제이기 때문이다. 번역을 하는 과정에서 반성도 많이 하고 무릎을 치면서 "아! 그랬었구나!" 하는 자조 섞인 한탄도 늘어놓고, "아, 그러면 되겠구나!" 하는 희망 섞인 함성도 질렀다. 그만큼 학부모이면서 교육자인 내게도 이 책은 쓴 약이 되고도 남음이 있었다. 특히, 최근 미디어 기술의 발달로 야기되는 '사이버 불링(Cyber Bullying)'에 대한 이야기는 학부모만이 아니라 모든 사회 구성원이 유심히 살펴볼 내용을 담고 있다.

번역을 마치고 나면 그 과정에서 힘들었던 기억들, 도움을 준 사람들에 대한 고마움, 그리고 좀 더 완성도를 높여야 하지 않았나 하는 아쉬움이 교차하기 마련이다. 먼저 연구에 매진할 수 있는 환경을 만들어주신 고려사이버대학교의 김중순 총장님께 감사드린다. 총장님은 나만이 아니라 모든 교수님에게도 학문의 선배, 그리고 멘토로서 본보기가 되고 있다. 우리 가족도 빼놓을 수 없다. 누구에게나 그런 것처럼, 나의 가족은 버팀목이고 내가 존재하는 이유이다. 매일 아내의 새벽 기도와 끊임없는 격려가 어려운 고비를 이겨내게 하는 힘이 된다. 큰아들 어진은 재능을 살려 아빠의 글을 부드럽게 다듬어주고 독자의 감성을 살리는 문체로 바꿔주었다. 둘째와 셋째 아들, 국진과 찬진은 책 제목을 '쿨'하게 지었으면 하는 생각으로 여러 가지 아이디어를 제공했고 실제로 도움이 되었다. 지은이도 "아이들은 그 자체가 축복이다!(Kids are worth it!)"라고 했지만, 나에게도 가족은 그 자체가 축복이 아닐 수 없다.

그리고 부모님께 머리 숙여 감사를 표하는 것은 당연한 도리이다. 작년 10월 어머니가 뇌수술을 받고 회복 중에 계신데, 빠른 쾌유를 염원하는 아들의 마음을 이 책에 담는다. 형제들의 든든한 지지와 격려가 없었다면 모든 것이 불가능했을 것이다. 형제들의 우애와 우정에도 감사의 마음을 전한다. 또한 바쁜 근무 시간을 쪼개 번역 원고를 정성껏 읽어주고 다양한 의견을 피드백해준 제자들에게도 고마운 마음을 담는다. 특히 나는 도서출판 한울의 김종수 사장님 이하 모든 직원 분들께도 큰 빚을 지고 있다. 늘 시장성보다는 학술성이 강한 책만을 쓰거나 번역하니 회사에 도움이 많이 되지 않을 것이다. 김종수 사장님의 남다른 사명감과 비전에 감사를 드린다. 이 책이 학교, 가정, 사회에서 폭력이나 괴롭힘을 예방하는 데 조금이나마 기여했으면 하는 바람을 가져본다.

2013년 8월

염철현

지은이의 감사의 말

아래의 모든 사람들에게 심심한 감사의 인사를 드린다.

내게 이 책의 저술을 요청했고 집필 과정에서 전적인 신뢰를 보내주었던 하퍼콜린스 출판사(캐나다)의 사장 데이비드 켄트(David Kent)는 언제나 곁에서 내 말을 경청했으며, 이 책을 만들기까지 물심양면으로 지원해주었다.

하퍼콜린스 출판사(미국) 선임 편집인 토니 시아라(Toni Sciarra)는 날카로운 안목으로 내 글의 문제점을 지적해주었고 출판책임자로서의 능력 역시 유감없이 발휘했다. 내가 세 가지 집필 프로젝트를 진행하는 과정에서 보여준 그녀의 인내와 지원과 우정에 깊은 감사를 드린다.

하퍼콜린스 출판사(캐나다)의 발행인 아이리스 터폼(Iris Tupholme)은 내 느릿느릿한 집필 속도에도 불구하고 나를 격려하고 도와주면서 내 말을 기꺼이 경청했다. 그는 또한 맡겨진 일은 무엇이든 해내는 놀라운 사람이었다.

내 출판대리인 패트릭 크린(Patrick Crean)은 내 불평을 경청하고, 이 책을 저술하는 과정마다 지혜와 지식은 물론 유머까지도 보태주었다.

이 책의 출판을 조율한 니콜 랑글루아(Nicole Langlois)는 교열담당 소나 보걸(Sona Vogel), 식자공 로이 니콜(Roy Nicol), 교정담당 캐롤린 블랙(Carolyn Black)과 같은 뛰어난 인재들과 함께 일하도록 배려했다. 그들의 능력은 정말 대단했다.

이안 머리(Ian Murray)는 원고제출 마감일이 다가와 어쩔 줄 몰라 하는 내게 많은 행정적 편의를 제공해주었다.

광고국장 마사 왓슨(Martha Watson), 선임 홍보담당자 사라 제임스(Sara

James), 홍보담당 리사 자리츠키(Lisa Zaritzky)는 북투어를 위해 창조적인 재능을 마음껏 발휘했다. 그것은 북투어 이상의 시간이 되었다.

줄리 호크(Julie Hauck)는 많은 시간을 내게 할애하며, 특히 괴롭힘은 '경멸(contempt)'이라는 개념을 정립할 때 나와 많은 대화를 나누어주었다. 그녀의 통찰력과 지혜에 감사한다. 그뿐만 아니라 그녀의 뛰어난 연구 능력과 그래픽 디자인 재능에도 감탄했다.

사토미 모리 오쿠보(Satomi Morii Okubo)는 작년 한 해 동안 말끔하게 사무소를 운영하는 동시에 내 일정을 관리해주었다. 그녀는 또한 미국과 그녀의 고국 일본 사이에 존재하는 괴롭힘의 문화적 차이에 대해서도 통찰력을 발휘해 큰 도움을 주었다. 하지만 나는 무엇보다도 나에 대한 그녀의 우정에 감사하고 싶다.

내 친구이자 동료인 린다 잉그럼(Linda Ingram), 샐리 호크(Sally Hauck), 디 내링(Dee Jaehrling), 마이클 맥매너스(Michael McManus), 데릭 오쿠보(Derek Okubo), 다이앤 리브스(Dianne Reeves), 낸시 사말린(Nancy Samalin), 랜디 빈스톡(Randy Binstock), 크리스틴 무어(Christine Moore), 그리고 캐롤 조너스(Carol Jonas)는 자신들의 이야기, 연구결과, 전문 지식과 여러 유용한 제안을 기꺼이 공유하는 데 주저하지 않았다.

과학교육자 겸 저자인 배리 맥케몬(Barry McCammon), 교육자이면서 카운슬러이고 가족조정관인 도나 윌슨(Donna Wilson)은 교육적 관점에서 전체 원고를 읽고, 사려 깊은 비판과 제안을 해주었다.

이 밖에도 이 책에서 인용했던 저자들도 내 저술에 커다란 영향을 주었다.

이미 어른이 다 된 3명의 자녀, 안나(Anna), 마리아(Maria), 조지프(Joseph)는 내게 전화, 이메일, 잠시 동안의 방문 등으로 사랑을 확인해주고 나를 격려했으며, 자녀와 부모 간의 관계를 확인해주었다. 안나와 마리아는 자료를 재확인해주었으며, 잘 알려지지 않은 책을 찾아주고, 어렸을 적 이야기를 공유하고, 나를 여행에 초대했다. 한번은 바다에서 카약을 타는데 흔들려 혼이 난 일도 있었다.

조지프는 '괴롭힘 서클'에 나오는 경멸, 고통, 공모의 개념을 그림으로 정확히 포착해냈다. 남편 돈(Don)은 내가 이 책을 집필하느라 정신이 없는 중에 가정과 사무실 재정이 흑자를 유지하도록 했을 뿐 아니라, 3명의 자녀가 집을 떠나 각자의 삶의 길을 갈 때 나와 함께 웃고, 울고, 축하해주었다.

2002년 7월

바바라 콜로로소

차례

서문

13세 비제이 싱(Vijay Singh)의 일기 마지막 장에 적힌 내용이다. 그는 어느 일요일, 집 계단 난간에 목을 맨 채 발견되었다.

지난 주 나에게 일어났던 끔찍한 사건들은 영원히 잊지 못할 것이다.
월요일: 돈을 빼앗겼다.
화요일: 놀림을 당했다.
수요일: 교복이 찢겨졌다.
목요일: 몸에 상처를 입고 피를 흘렸다.
금요일: 모든 것이 끝났다.
토요일: 드디어 해방되었다.

—닐 마르(Neil Marr) & 팀 필드(Tim Field)『괴롭힘에 의한 자살, 죽음에 이르는 놀이: 괴롭힘으로 인한 아동자살의 실태 폭로(Bullycide, Death at Playtime: An Exposé of Child Suicide Caused by Bullying)』

아이들에게는 괴롭힘이 죽느냐 사느냐의 문제이지만, 어른들은 그들이 처한 위험을 무시하는 경향이 있다. 그동안 어른들은 괴롭힘을 가볍게 생각하여 무시하거나 심지어 그 존재 자체를 부정했지만, 이제부터라도 이 문제를 과소평가하거나 대수롭지 않게 여기는 우를 범하지 말아야 한다. 매일 수천 명의 아이들이 공포와 위협을 느끼며 등교한다는 사실을 잊지 말아야 한다. 일부 아이들은 등굣길이나 운동장, 복도, 화장실에서 놀림이나 폭행을 당할까 봐 꾀병을 앓기 일쑤고, 탈의실에서 괴롭힘을 당할 것을 걱정해 학교에서 아픈 척 연기를 한다. 괴롭힘 피해자들은 수업시간에 가해자를 피할 방법을 생각하느라 수업에 집중할 수가 없다.

괴롭힘의 결과로 고통을 받는 것은 피해를 직접 입은 아이만이 아니다. 가해 학생의 행위는 학습되어 어른이 되어서까지 이어지기 마련인데 그 경우 가해자는 자신의 자녀를 학대하게 되고 원만한 대인 관계를 맺지 못하며, 직업을 잃고 종국에는 감옥으로 가게 된다.

친구가 괴롭힘을 당하는 것을 묵과하는 방관자 또한 괴롭힘으로 영향을 받게 된다. 이 부류에 속한 아이들은 괴롭힘을 지켜보다 못 본 척하며 그 자리를 떠나버리거나 공범이 되거나 적극적으로 끼어들어서 괴롭힘 당하는 아이를 도와주지만, 어떤 선택을 하든 상당한 대가를 치르게 된다.

폭력의 악순환을 끊는다는 것은 단순하게 가해자가 누구인가를 규명하고 그의 행동을 중단시키는 것 이상의 의미가 있다. 이것은 어떤 아이가 왜, 그리고 어떻게 괴롭힘의 가해자 또는 피해자(때로는 둘 다)가 되는지 뿐 아니라 방관자가 그 악순환 속에서 어떤 역할을 수행하는지도 밝혀낼 것을 요구한다. 괴롭힘에서 가정할 수 있는 최악의 상황은 가해자가 대상에게서 원하는 것을 빼앗으려 하는데 피해자는 두려운 나머지 이러한 사실을 아무에게도 말하려 하지 않고, 방관자는 괴롭힘에 동참하거나 못 본 체하며, 어른들은 이러한 괴롭힘을 고통을 주지 않는 장난 정도로, 또는 일생 동안 장애를 줄 수 있는 일이 아니라 성장하면서 자연스럽게 겪는 일로, 또는 명백한 적대적 공격이 아니라 "사내 녀석들이 그런 거지, 뭐"라며 넘길 만한 흔한 일로 과소평가하는 경우이다.

만약 이 삼자 관계가 시급히 바뀌지 않는다면, 지역사회를 공포에 떨게 하고 스산한 곳으로 만드는 이가 비단 괴롭힘의 가해자만이 아니라는 사실을 일깨워주는 수많은 사건들을 조만간 겪게 될 것이다. 우리가 피해자들의 울부짖음을 듣지 않고 그들의 고통을 무시하며, 그들이 받는 학대를 덜거나 없애주지 않는다면 결국 그들은 복수와 분노로 앙갚음을 하게 될 것이고, 지역사회는 납득하기 어려운 공포와 슬픔으로 가득 찬 우울한 공간이 될 것이다. 또 비제이 싱과 같이 절망하고 돌이키기에 너무 늦었다고 느낀 아이들은 폭력의 칼끝을 자신에게 돌려 자살을 선택할 것이다. 가해자의 고통과 고문에서 벗어날 길이 없으며, 의지할 사람도 없고, 자신의 비참한 처지를 어딘가에 호소할 곳도 없다고 느끼는 아이들은 비극적인 선택을 하게 된다. 괴롭힘에 의해 일어난 주요 사건 몇 가지를 예시로 들어보기로 하자.

- 1999년 1월, 영국 맨체스터에서 8세 마리 벤담은 학교에서의 괴롭힘을 견디지 못하고 자신의 침실에서 줄넘기 줄로 목을 맸다. 마리는 영국에서 괴롭힘으로 자살을 택한 가장 어린 아이로 추정된다.
- 1995년 1월, 아일랜드 벨파스트에서 마리아 맥거번은 괴롭힘을 당한 후에 약물을 과다 복용하고 다음 날 사망했다. 그녀는 일기에 매일 동급생들로부터 괴롭힘을 당한 일상을 기록했다.
- 1997년 4월, 캐나다 브리티시컬럼비아 너나이모에서 한 4학년생이 자신을 놀린 학생을 칼로 찔렀다. 가해 학생의 엄마는 아들이 1년 넘게 또래들로부터 괴롭힘을 당했다고 말했다. 그녀는 "우리 애는 운동도 귀찮아하고, 숙제도 안 하고, 나중에는 학교도 안 가려고 했어요. 그리고 항상 화가 나 있었지요. 아이들에게 괴롭힘을 당하지 않는 유일한 곳은 집이었어요"라고 밝혔다. 이 사건 이후 아이와 그의 가족은 '분노관리강의'를 수강했다. 그러나 학교는 그를 괴롭힌 아이들에 대해 어떤 징계 조치

도 취하지 않았다.

- 1997년 8월, 뉴질랜드 인버카길에서 15세 맷 루든클라우가 자살했다. 검시관은 "아이의 사인은 자살하기 몇 달 전부터 겪고 있던 괴롭힘과 고통으로 보인다"라고 보고했다.
- 1997년 11월 14일, 캐나다 브리티시컬럼비아 빅토리아에서 14세 여학생 리나 버크가 같은 학교 학생들에게 폭행을 당한 뒤 의식을 잃고 사망했다. 수로에 유기된 사체의 팔, 목, 등 부분에서는 타인에 의해 고의적으로 골절된 흔적들이 발견되었다. 평소 리나는 같은 반 아이들과 어울려 놀기를 원했지만, 아이들은 그녀의 갈색 피부와 몸무게를 가지고 놀려대기만 했다고 한다. 이 사건에서 특히 경악을 금치 못할 만한 것은 누군가가 이 일을 경찰에 신고하기 전에 이미 수백 명의 학생들이 그녀를 향한 끊임없는 조롱, 심지어는 그녀의 죽음까지 알고 있었음에도 침묵했다는 사실이다.

  리나를 수로 — 그녀가 폭행당하고 살해된 — 로 유인한 여학생 중 2명은 각각 소년범 보호관리 1년과 보호관찰 1년의 처분을 받았다. 가해자인 14세 여학생은 리나가 자신에 대한 나쁜 소문을 퍼뜨리고 다닌 것이 화가 나서 그랬다고 진술했다. 또 다른 가해자인 16세의 여학생은 리나가 자신의 남자 친구와 바람을 피우고 있다고 생각해 그 일에 가담했다고 진술했다.
- 1999년 4월 20일, 미국 콜로라도 리틀턴에서 고등학생 에릭 해리스와 딜런 클레볼드는 총기와 집에서 제조한 폭탄을 가지고 학교에 갔다. 그들은 12명의 학생과 교사 1명을 죽이고 18명의 학생에게 부상을 입혔으며, 사건 직후 스스로 목숨을 끊었다.

친구들의 말에 따르면, 두 남학생은 지속적으로 학교에서 조롱을 당했다고 한다. 한번은 익명의 동급생이 에릭과 딜런이 학교에 마리화나를 가져왔다고 담임교사에게 일러바친 일도 있었다. 하지만 그들의 소지품을 검사해본 결과, 사실무근인 것으로 밝혀졌다. 악의적인 모함으로 받게 된 소지품 검사보다 훨씬 모욕적인 사건도 있었다. "식당에서 애들이 에릭과 딜런을 에워싸고 그들에게 케첩을 쏟아부으며 동성애자라고 놀려댔어요. 그것도 선생님들이 지켜보는 가운데 그런 일들이 일어났지요. 둘은 저항하지도 못하고 온종일 케첩에 뒤범벅이 된 채로 있다가 집에 갔어요."

에릭이 남긴 자살유서에 따르면, 그와 딜런은 지속적으로 괴롭힘과 따돌림을 당했으며, 그에 대해 '보복할 때'를 기다리고 있었다고 한다.

- 1999년 4월, 캐나다 앨버타 테이버에서 학교를 무서워해 집에서 공부를 하는 재택학습자였던 14세 남학생이 고등학교로 난입하여 17세 학생을 총으로 쏴 죽이고, 체포되기 직전 또 다른 1명에게 중상을 입혔다. 급우들의 진술에 따르면, 그는 최고의 샌드백이었다고 한다. 한 학생은 이렇게 진술했다. "가끔 친구들이 그를 로커에 가둬놓고 그와 싸울 친구를 골라 싸움을 붙였어요. 아이들은 그 애가 저항하지 못할 것이라는 사실을 알았던 거죠."

  총기 사건이 발생하기 전 여름, 그는 또래들과 야유회를 하던 중 튀어나온 암석에 끼어 움직이지 못하는 상황에 처했다. 다른 아이들은 곤경에 빠진 그를 도와주기는커녕 오히려 놀려대기만 했다고 한다.

- 2000년 3월, 캐나다 브리티시컬럼비아 서리에서 14세 하메드 나스티가 파툴로 다리에서 뛰어내려 자살했다. 그는 자신을 자살로 몰고 간 온갖

괴롭힘과 조롱의 내용을 다섯 쪽의 유서에 상세히 기록해 가족들에게 남겼다. "엄마, 제 짝과 반 아이들이 괴롭혔어요. 심지어 제 친구들조차 저를 놀려댔어요. 그들은 저를 네눈박이, 코쟁이, 괴짜라고 부르며 놀렸어요." 그의 엄마에 따르면, 아들의 마지막 소원은 사람들이 서로를 조롱하는 일을 멈추고 그것이 얼마나 상대에게 상처를 주는 행동인지 깨닫는 것이었다고 한다.

하메드의 친구들도 그를 조롱하는 아이들을 말리려고 노력해보았지만 전혀 도울 수가 없었다. "모든 애들이 괴롭힘을 당한다고 봐야죠. 그러나 이번 일은 너무 지나쳤다고 봐요. 우리는 그 애를 도우려 했지만, 다른 친구들은 도가 지나쳤다는 것을 깨닫지 못했고, 결국 그 애를 죽음으로 내몰았어요."

- 2000년 11월 10일, 캐나다 브리티시컬럼비아 미션에서 14세 돈-마리 웨슬리가 자신의 침실에서 개 목줄로 목을 매 자살했다. 돈-마리는 학교에서 자신을 괴롭혀 죽음으로 내몰았던 여학생 3명의 이름을 유서에 남겼다. "누군가에게 도움을 청했다면 상황이 더 악화될 것이 뻔했어. 그 애들은 정말 사나운 데다 언제나 때릴 사람을 찾아다녔으니까. 내가 그 애들을 밀고한다면, 학교는 그 애들을 정학시키겠지만, 그렇게 한다고 해서 그 애들이 과연 그 짓을 그만둘까. 글쎄 …… 어쨌든 엄마, 아빠. 정말 사랑해." 유서에서 지목된 여학생들은 학교에서 정학 처분을 받았다.
- 2001년 1월, 미국 콜로라도 홀리요크에서 14세 미란다 휘태커가 집에서 총으로 자살했다. 미란다의 부모는 "성폭행 뒷수습을 제대로 하지 못했다"라는 이유를 들어 학교 관계자들에게 소송을 제기했다. 또한 "딸에게 성희롱이 일어나지 않는 안전하고 안정된 학습환경을 제공하지 못했다"

라는 이유로 교육구를 제소했다.

고소 내용을 보면, 미란다는 12세 때 작은 농촌 마을에서 16세의 유명한 학생 운동선수에게 강간을 당했다. 가해자는 2급 성폭행으로 유죄판결을 받아 보호관찰 4년과 집행유예에 처해졌다.(그는 나중에 또 다른 여자아이를 강간하고 임신을 시켜 고소당했다. 친자확인검사에서 그가 아이의 아빠인 것으로 판명되었다.)

미란다의 부모는 학교 관계자들이 학생이나 교사가 딸을 조롱하고 괴롭히는 것을 중단시키기 위한 어떤 노력도 하지 않았다고 주장했다. 학교에서 미란다는 "음탕한 년"이나 "매춘부"라고 불렸고, 학교의 유명 스타 학생에게 강간을 당한 일로 인해 비난과 경멸을 받았다. 부모는 또한 학교가 법원으로부터 접근금지명령을 받은 가해 학생에 대해 어떤 조치도 취하지 않았다고 주장했다. 부모의 소장에 따르면, 금지명령에 따라 가해 학생이 딸의 시야에서 보이지 않도록 해야 함에도 불구하고, 한 교사(공공연하게 가해 학생의 입장을 옹호한 농구 코치)가 교실에서 딸에게 가해 학생 옆에 서 있도록 강요했다고 한다. 하지만 학교 관계자들은 부모의 주장을 부인했다.

- 2001년 3월 5일, 미국 캘리포니아 샌티에서 고등학교 1학년 찰스 앤드류 윌리엄스(15세)는 학교에 총을 가져와 2명의 동급생을 쏴 죽이고 몇 명의 어른을 포함한 13명의 사람들에게 부상을 입혔다.

친구의 증언에 따르면 그는 계속 괴롭힘을 당했다고 한다. "어떤 애들은 비쩍 마른 그를 거식증 환자라고 불렀어요." 그의 형 마이클도 동생 앤드류가 툭하면 놀림을 당했다고 말했다. "그는 귀가 컸고 정말 피골이 상접했어요. 제가 기억하는 한 사람들은 단지 그것 때문에 앤드류를 놀려댔던 것 같아요."

앤드류의 친구 닐 오그레이디는 이렇게 말했다. "그는 항상 놀림감이 되었어요. 뼈만 앙상했고 키도 작았으니까요." "다들 앤드류를 귀머거리 취급했어요. 최근에는 스케이트보드를 두 대나 도둑맞았고요." 또 다른 아이는 이렇게 고백했다. "우리가 그 애를 지나치게 놀려댔어요. 저도 한때 그를 말라깽이 동성애자로 불렀던 적이 있어요."

- 2001년 3월 7일, 펜실베이니아 윌리엄스포트에서 8학년 엘리자베스 부시(14세)가 아빠의 총을 학교로 가져와 친구를 쏴 부상을 입혔다. 피해자는 평소에 그녀를 "백치, 멍청이, 뚱땡이, 못난이"라고 놀리며 괴롭혔던 그룹의 일원이었다.
- 2001년 11월, 일본 도쿄에서 초등학생 남자아이가 수개월에 걸친 이지메(집단 괴롭힘)를 견디다 못해 가해자를 칼로 찔렀다.
- 2002년 4월 8일, 캐나다 노바스코샤 핼리팩스의 한 학교에서 인기 많고 외향적인 성격의 학생이었던 14세 에밋 프라릭이 자신의 침실에서 총기로 자살했다. 그는 또래 아이들의 괴롭힘을 견딜 수 없다는 자살유서를 남겼다. 에밋은 다른 또래들로부터 금품 갈취, 위협, 폭행 등에 시달렸다고 한다.

앞서 든 사례는 극히 일부에 지나지 않는다. 사실 전 세계의 여러 국가에서 발생한 사건들을 상세히 다루려면 훨씬 더 많은 지면을 할애해야 할 것이다. 이들 사건에서 찾아볼 수 있는 공통점은 피해자들이 가혹한 괴롭힘을 당했으며, 이러한 괴롭힘의 대부분은 표적이 된 아이에 대한 뚜렷한 반감이나 분노 없이, 또한 적절한 개입이나 중재 없이 이루어졌다는 점이다. 우리는 피해자의 자살과 같은 괴롭힘에서 비롯된 끔찍한 결과를 보면서 엄청난 충격을 받지만, 이러한 결과에 이르게 한 사건들에 대해서는 결코 분노하지 않는다. 하지만 이러한 비극적인 일들은 애초에 일어날 필요가 없는 것들이다. 괴롭힘은 학습되는 행위이기 때문이다. 괴롭힘이 반복된 학습에 의한 산물이라면 그것은 연구를 통해 개선될 수 있다. 만일 당신이 좀처럼 답이 보이지 않고 점점 심각해지기만 하는 문제를 해결하려 하거나 당신의 자녀들이 보내는 모종의 조기경보 신호 혹은 자녀의 친구들이 보여주는 일련의 행동에 우려하고 있다면, 이 책은 도움을 줄 수 있을 것이다.

우리는 혼자 살 수 없다. 우리는 수천 개의 섬유조직처럼 촘촘히 연결되어 있다. 이 정교하면서도 섬세한 섬유조직들 속에서 우리의 행동은 원인으로서 작용한 후, 결과가 되어 되돌아온다.

— 허먼 멜빌(Herman Melville)

개인의 위엄과 안전을 보장받지 못한다면, 집단의 위엄과 구조의 안정 역시 보장받을 수 없다.

— 윌리엄 M. 부코프스키(William M. Bukowski) & 로리 K. 십폴라(Lorrie K. Sippola), 「집단, 개인, 희생: 또래 시스템의 관점(Groups, Individuals, and Victimization: A View of the Peer System)」, 『또래에 의한 학교에서의 괴롭힘(Peer Harrassment in School)』

제1부 가해자, 피해자, 방관자

가해자와 피해자, 그리고 괴롭힘을 목격하고서도 침묵하는 방관자라는 개념을 보고 있노라면 때로는 흥미롭다가도 때로는 거슬리며, 어떤 때는 당혹스럽기까지 합니다. 매일 뉴스의 첫머리를 장식하는 온갖 사건들을 보면, 비폭력적이면서도 효과적으로 괴롭힘에 대응하는 기술이 우리에게 얼마나 부족한지를 절절하게 깨닫게 됩니다. 이제는 괴롭힘의 피해자였던 사람이 가해자가 되어 또 다른 누군가를 괴롭힌다는 것도 흔해 빠진 이야기가 되어버렸지요. 그러나 '피해자를 따돌리고, 조롱하거나 상처 입히는 가해자 패거리는 폭력적인 복수를 받아 마땅하다!'라는 발상은 우리 스스로의 품격을 떨어뜨리는 발상일 뿐입니다. 우리가 반드시 치유해야 할, 질병보다도 악독한 생각입니다.

— 다이앤 리브스(Dianne Reeves)가 저자에게 보낸 편지의 내용에서 발췌

제1장

세 부류의 등장인물과 비극

이 세상은 모두 하나의 무대지요.
남녀 모두가 한갓 배우에 지나지 않고요.
등장하는가 하면 퇴장하며,
한 사람이 한 평생 여러 가지 배역을 맡아 하지요…….

— 윌리엄 셰익스피어(William Shakespeare), 「뜻대로 하세요(As You Like It)」 2막 7장

- 배우: 타인을 현혹하거나 감동시키기 위해 행동하는 사람.
- 성격배우: 개성적이고 독특한 등장인물을 연기하는 데 뛰어난 사람.
- 고정배역: 항상 일정한 유형의 배역만을 맡는 사람.

가해자, 피해자, 방관자는 매일 가정, 학교, 운동장, 거리에서 공연되는 비극의 세 주역들이다. 서문의 사례들을 통해 알 수 있듯이, 이 연극은 실제로 현실에서 벌어지는 일이며, 그 결말은 치명적일 수 있다. 가해자 역, 피해자 역, 방관자 역을 맡은 아이들은 의상을 차려입고, 대사를 말하며, 각자가 맡은 배역을 연기한다. 그래서 이 책의 주 관심사는 등장인물 3명이 무대에서 어떤 몸짓, 언어, 행동을 하는지를 관찰하고, 그 결말에 대해 생각해보는 것이다. 대부분의 청소년은 세 가지 역할을 모두 연기해본 뒤, 상대적으로 쉬운 한 가지를 골라 연기한다. 그래서 방관자 역을 하기 위해 가해자 역과 피해자

역을 버리기도 한다. 몇몇 아이들은 가해자 역과 피해자 역을 모두 연기하며 두 역할 사이를 쉽게 왔다 갔다 한다. 고정배역을 맡은 일부 아이들은 더 나은 사교술을 개발할 기회조차 얻지 못한 채, 자신이 맡은 배역에서 벗어나는 것이 거의 불가능하다는 사실을 깨닫게 된다.

고정배역의 문제는 언어 사용의 문제에서 촉발된다. 전직 교사였던 나는 한 아이와 그 아이가 병원에서 받은 진단 내용을 연관시킨 축약어가 얼마나 쉽고 효율적이면서도 비생산적으로 그 아이의 모든 정체성을 요약하는 말인 양 사용되는지를 목격할 수 있었다. 괴롭힘의 가해자는 '당뇨병을 앓는 아이'를 '당뇨병 환자'로, '간질을 앓는 아이'를 '간질 환자'로, '천식을 앓는 아이'를 '천식 환자'로, '학습장애가 있는 아이'를 '학습장애아'로 줄여서 부른다. '간질을 앓고 있는 아이', '천식을 앓고 있는 아이', '학습장애가 있는 아이'로 말하는 것은 아주 약간의 수고와 몇 개의 음절이 더 필요할 뿐이다. 나는 아이의 질환이나 장애에 따른 차별을 막기 위해 이 약간의 수고와 몇 개의 음절을 감수할 필요가 있다고 생각한다.

그렇다면 가해자, 피해자, 방관자라는 용어를 사용하는 이유는 무엇일까? 일부 저술가들은 괴롭힘과 관련된 사람들에게 꼬리표를 붙이는 것은 그들에게 고정배역을 맡겨서 그들로 하여금 부정적인 배역에서 벗어나지 못하도록 하는 행동이라고 주장한다. 이들은 배역이 언제나 유동적일 수 있다고 믿기 때문에, 괴롭힘 관련자들에게 가해자, 피해자, 방관자라는 꼬리표를 붙이는 것을 피한다. 이런 주장은 가해자나 피해자에게 대안이 될 수도 있다.

다른 저술가들은 아이들에게 의도적으로 고정배역을 맡기기 위해 꼬리표를 붙이고, 괴롭힘 문제를 '착한 아이' 대 '나쁜 아이'의 대결 구도와 같은 흑백논리의 관점에서 바라본다. 『가해자와 희생자: 비난과 경멸의 게임』이란 제목을 붙인 책이 있다고 하자. 이 책의 관점에서 보면, 모든 문제는 '그들' 대 '우리'로 귀결된다. 그렇기에 가해자들을 제거하면, 문제도 제거된다는 식의 결론이 나오게 된다.

세 번째 부류는 꼬리표를 특정한 역할을 식별하고, 그 역할에서 나타나는 행동의 특성을 파악하는 데 이용한다. 나는 이 관점을 선호한다. 내가 아이들을 가해자, 피해자, 방관자로 구분하는 이유는 그 긴 공연의 1막 1장에서 어떤 아이가 맡게 될 최초의 역할을 식별하고 파악하기 위해서이지 그 아이의 항구적인 역할을 규명하고 아이에게 영원히 지워지지 않는 낙인을 찍기 위해서가 아니다. 내 목표는 세 가지 역할들에 대해 더 분명히 이해하고, 이들의 역할극 속의 상호작용이 얼마나 비정상적이며 불필요하고, 또 얼마나 배역을 맡은 아이들에게 치명적인 영향을 미칠 수 있는지를 보여주는 데 있다.

이런 역할들을 이해하게 된다면, 우리는 연극의 각본을 다시 쓸 수도 있고, 아이들에게 어떤 가식이나 폭력적인 행동이 포함되지 않은 건전한 역할을 맡길 수도 있다. 가해자의 지배적이거나 통제적인 행동을 건전한 리더십으로 교정할 수도 있고, 피해자의 비공격적 태도를 여러 장점들로 발전시킬 수도 있다. 방관자 역할을 맡고 있는 아이들에게도 새로운 역할을 부여할 수 있다. 그들은 정의롭지 못한 일을 봤을 때 당당히 일어나 반대 의사를 밝히고 저항하는 목격자가 될 수 있다.

아이들은 단순히 각본대로만 행동하는 것이 아니라, 그 각본에 몰입하여 생활한다. 그들에게는 가정도 무대의 일부이기 때문에, 연기를 마친 후에 집에 갈 수도, '현실로 다시 돌아올 수도' 없다. 그러나 각본을 고쳐 쓰고, 새로운 역할을 부여한 뒤에 구성을 바꾸고, 무대를 다시 꾸민다면, 비극적인 결말은 생기지 않을 것이다. 배우 혼자서 그것을 할 수 없다. 우리 어른들이 각성해야 한다. 우리가 수동적인 반응을 보이고, 주의를 기울이지 않고, 지루해하고, 그저 놀라거나 슬픈 표정을 짓는 관객이 된다면 곤란하다. 우리는 공연을 중단시킬 수도, 공연장 밖으로 나갈 수도 없다. 그렇다고 해서 우리의 역할이 단지 가해자를 추방하고 피해자를 위로하는 것에 그쳐서는 안 된다. 추방해야 할 것은 아이들이 아니라 아이들이 담당하고 있는 그 역할이다. 아이들은 새로운 극을 필요로 하고, 어른들은 각본을 각색하면서 적극적인 참여자가 될 수 있다. 그렇지만 우리가 각본을 전면 개정하기 전에 지금 우리 아이들에게 일어나고 있는 비극을 근본적으로 분석하고 이해할 필요가 있다.

비극의 장면

연극 〈가해자, 피해자, 방관자〉에서는 매번 다른 배우가 다른 무대 의상을 입고, 다른 대사를 읽을 뿐 언제나 동일한 비극적 주제가 되풀이되고 있다.

무대 장면은 이렇게 설정되어 있다.

- 괴롭힘의 가해자를 치켜세우고, 괴롭힘의 대상을 비난하는 문화.
- 교내에 이미 학생들 간의 계급이 자리 잡았음에도 아무런 문제도 없는 척하면서 괴롭힘을 해결하는 데 필요한 어떤 효과적인 수단도 강구하지 않는 학교.
- 가정에서 괴롭힘의 시범을 보여주거나 가르치는 부모.
- 괴롭힘 당하는 아이들의 고통을 보지 못하고 울음소리를 듣지 못하는 어른들.

1막: 무대 전경

가해자가 운동장을 둘러본다. 그는 잠재적인 괴롭힘의 대상을 찾으려 다른 등장인물들을 살피고, 이쪽을 주시하는 어른이 있는지 확인하기 위해 관객들을 둘러본다.

피해자는 학교 건물 벽에 공을 튀기며 놀고 있고, 자신이 가해자에게 관찰당하고 있음을 알지 못한다.

방관자들은 농구 골대에 공을 던지고 놀면서 웃고 떠든다.

2막: 시범 연기

가해자는 표적을 재확인하며 우연인 척 다가와 피해자와 방관자의 반응을 관찰한다. 이때 대상을 위협하기 위해 거칠고 상처를 줄 만한 별명을 부른다.

피해자는 어깨를 움츠리며 기운 빠진 반응을 보인다. 그와 동시에 뭔가 불편하고, 상당한 공포감을 느끼지만, 무엇을 해야 할지 잘 모른다.

방관자는 못 본 체하거나 웃으면서 가해자를 지지하고 괴롭힘에 묵시적으로 동의한다. 일부 방관자는 대상이 희생되는 것을 보면서 즐긴다.

3막: 연기 시작

가해자는 피해자의 어깨를 밀친다. 그는 이 표적을 동등한 입장의 또래가 아닌 조롱의 대상으로 여긴다. 가해자가 피해자의 공을 빼앗아 던져버린다.

피해자는 자신이 공격당한 것에 대해 자책하기 시작한다. "나는 멍청이야,

약골이야, 등신이야"라고 말하면서 자신을 괴롭힌다. 스스로를 한심하다고 생각하고, 가해자에 대해 무기력함을 느끼면서도 가해자가 자신을 정말로 해치려는 의도는 아니었을 거라고 합리화하려 한다.

일부 방관자는 그 자리에서 벗어나 가해자를 막지 못한 것에 대해 죄책감을 느끼지만, 그들은 절망감을 느끼면서도 다음 표적이 자신이 될까 두려워한다. 또 다른 종류의 방관자들은 괴롭힘에 가담하여 표적이 된 아이를 놀리고 공을 빼앗아 다른 곳으로 차버린다. 가해자와 방관자는 이러한 비인격화와 탈감각화 과정을 통해 피해 아이에게 더 가혹한 폭력과 공격적인 행동을 하게 된다.

4막: 괴롭힘의 대담성

가해자는 피해자를 놀리고 괴롭히기 위한 새로운 기회를 엿본다. 그는 전보다 더 대담해지고, 대상에게 공포감을 주기 위해 더 위협적인 행동을 한다. 그는 대상을 괴롭힐 때 자신의 우월함을 느낀다. 그는 누군가를 지배하고 통제할 때마다 신이 나고 즐거워진다.

피해자는 수업시간에 가해자를 피할 방법을 생각하느라 수업에 집중할 수가 없다. 몸 어딘가가 아프고, 가해자를 만날 수도 있는 운동장, 화장실, 식당에 가지 않을 변명거리를 찾으며 무기력함과 절망감을 느끼게 된다.

방관자는 여기에서도 두 유형으로 구분된다. 첫 번째는 가해자와 충돌을 피하는 쪽이다. 두 번째는 괴롭힘에 가담하는 쪽이다. 두 유형 모두 가해자를 두려워하면서 괴롭힘의 대상이 된 아이는 겁쟁이고, 자신들이 돌봐줄 수 있는 영역을 벗어났기 때문에 괴롭힘을 당해도 싸다고 합리화한다. 그러면서 자신들은 가해자의 다음 표적이 되지 않을 것이라는 확신을 갖는다.

5막: 고통의 절정

가해자는 더욱 심술궂게 대상을 괴롭히면서 상처를 입힌다. 그는 가해자 역할을 자신의 고정배역으로 맡게 되고, 타인과 건강한 관계를 맺지 못하게 되며, 타인의 관점을 이해하는 능력이 부족해지면서 타인에게 공감하지 못하게 되고, 힘이 센 자신을 친구들이 좋아한다고 생각한다. 그는 특권의식과 관용 없는 태도를 갖게 되며, 타인을 괴롭히는 것에 즐거움을 느낀다.

피해자는 점점 더 우울해지고 분노가 치밀어 오른다. 그는 자신, 가해자, 방관자, 그리고 자신을 돕지 않거나 도와주지 못하는 어른들에게 화가 난다. 그는 결석을 자주 하고 학교에 가더라도 수업시간에 집중할 수가 없기 때문에 나쁜 성적을 받게 된다. 그리고 이것은 압박감과 수치심을 느끼게 하는 또 다른 요인이 된다. 그는 자신의 생활을 통제할 건설적인 방법을 찾는 대신 복수할 방법을 모색하는 데 시간을 보낸다. 그는 복수 계획을 함께 세울 폭력 서클에 가입해 학교와 동떨어진 생활을 하거나 아예 학교를 그만둔다.

방관자들은 다음의 네 가지 중 하나에 속한다. ① 가해자를 두려워하고 모든 잘못을 희생자가 된 대상에게 돌리며 그를 비난한다. ② 괴롭힘에 가담한다. ③ 아무도 괴롭힘에 개입하려 하지 않는 것을 보면서 어깨를 움츠리고, 괴롭힘을 멈출 수 없다는 사실에 무력함을 느낀다. ④ 괴롭힘을 막을 필요조차 느끼지 못한다.

6막: 대단원의 막

가해자는 성장해서도 자의식이 빈약하고 사회적 기술이 원만하지 못하며, 외부의 사소한 문제나 자극에도 공격적인 반응을 보인다. 괴롭힘 행위는 개인적 · 사회적 · 업무적 관계에서 그의 정형화된 생활 방식이 된다. 그는 괴롭힘을 정상적인 현상으로 생각하기 때문에 자신을 합리화하고 변명을 늘어놓으면서 괴롭힘이 초래하는 끔찍한 결과를 은폐하려고 한다. 그는 심지어 자신의 자녀까지도 괴롭히면서 폭력의 악순환을 이어나가다가, 종국에는 범죄를 저지르고 감옥에 가게 될 것이다.

피해자는 어른들이 자신을 지켜주거나 도와줄 거라는 믿음을 잃어버린다. 또한 건강한 교우 관계에서 소외되고, 자신의 고통을 제거할 수 있는 것이라면 무엇이든 한다. 억눌린 분노는 가해자와 가해자를 돕기 위해 나타난 사람, 옆에 서서 아무것도 하지 않는 사람, 그리고 그를 보호해주지 못한 어른들에 대한 폭력적인 공격 행동으로 표출된다. 분노가 극도에 다다른 피해자가 선택할 수 있는 또 하나의 시나리오는 자신의 고통을 멈추기 위해 자살을 선택하는 것이다. 마지막 세 번째 선택지는 위의 두 가지를 합한 것이다. 오늘날 우리 모두에게 너무나 낯익은 이 시나리오는 피해자가 미친 듯이 날뛰면서 다수의 인명을 살해한 뒤 자살하거나 감옥에 들어가서 그의 삶을 끝내는 것이다.

방관자는 괴롭힘을 방관했다는 사실에 죄책감을 짊어지고 성장하거나 괴롭힘을 어린 시절의 일부, 즉 대단한 일도 아니고 그저 아이들을 강하게 키우는 하나의 방법이라고 축소하거나 정당화하면서 폭력에 무감각해진다. 그들이 이런 사고방식을 가진 채 자녀를 양육하게 되면, 또다시 괴롭힘의 무대가 세워지게 된다.

이번에는 '남자아이'를 '여자아이'로, 신체적 괴롭힘을 따돌림, 루머, 험담으로 바꿔보자. 또 가해자의 잠재적 표적을 특정한 인종, 젠더(성적 취향을 포함), 종교, 신체적 특성, 정신적 특징을 가진 아이로 바꿔 생각해보자. 이 경우 역시 괴롭힘의 '가해자', '피해자', '방관자'는 동일한 주제, 동일한 행동, 비극적인 종말로 구성된 각본을 가지고 새로운 연극을 하게 된다.

이 비극은 장기 흥행을 해왔다.

우리는 제1부 말미에서 주요 등장인물 3명의 구성, 대사, 행동, 서로에게 끼친 영향, 그들이 함께 만든 폭력의 악순환, 그리고 이 악순환을 공고히 하는 데 일조한 위험하고 근거 없는 믿음들에 대해 논의할 것이다. 제2부에서는 가정, 학교, 지역사회가 어떻게 괴롭힘이 벌어지는 무대를 만들고 아이들에게 앞서 언급한 배역들을 맡기는지 살펴볼 것이다. 하지만 무엇보다 우리에게 중요한 것은 3명의 등장인물들로 하여금 폭력의 악순환을 끊게 하고, 모든 아이들이 잘될 수 있는 배려의 순환 고리를 만들 방법을 찾는 것이다.

지금까지 우리는 폭력의 문제를 너무나도 쉽게 생각한 나머지 단편적인 해결책을 제시하지 않았나 싶다. 하지만 그것은 생각처럼 결코 간단히 해결될 문제가 아니다. …… 학교폭력 문제만 해도 가정폭력, 폭력적인 TV 프로그램, 괴롭힘의 가해자와 피해자, 폭력을 성공 수단으로 정당화하는 문화 등 복합적인 요인들이 얽혀 있다. 우리가 처한 상황은 이 모든 요인들이 축적된 것으로 보인다.

—터프츠 의대 소아과학 및 지역사회 보건학 교수이자 ≪미국의학협회(Journal of American Medical Association)≫ 2000년 4월 호에 수록된 논문 「학교폭력에 관한 제1차 전국단위 연구」의 저자 하워드 스피박(Howard Spivak) 박사

제2장

가해자

> 우리가 아이들의 희생을 막기 위해 노력하는 것처럼, 그들에게 가해자가 되는 것은 다른 사람의 신체적 · 심리적 안녕을 빼앗는 일임을 가르칠 수는 없는가? 누군가를 놀리거나 괴롭히고, 때리거나 바보 취급하는 것은 그 사람의 삶과 안전을 파괴할 뿐 아니라 자기 자신마저 파괴하는 행동이다.
>
> — 루이스 P. 립싯(Lewis P. Lipsitt), ≪아동과 청소년 행동에 관한 글(Children and Adolescent Behavior Letter)≫, 브라운 대학교, 1995년 5월

괴롭힘 가해자의 외모와 특성은 각양각색이라 말할 수 있다. 어떤 이는 몸집이 크지만, 어떤 이는 작다. 어떤 이는 영리하지만, 어떤 이는 그렇지도 않다. 어떤 이는 매력적으로 생겼지만, 어떤 이는 그렇지 않다. 어떤 이는 인기가 있는 반면, 어떤 이는 거의 모든 사람이 싫어한다. 가해자를 쉽게 구별하는 방법은 그들의 외모보다는 행동에 달려 있다. 그들은 늘 사용하는 대사와 행동 유형이 있다. 가해자는 종종 가정에서 자신의 역할을 연습한다. 이따금 그들은 영화, 게임, 어울리는 아이들, 다니는 학교, 주변의 문화에서 힌트를 얻는다. 훈련받지 않은 눈으로 보면 그들이 단지 상대방을 놀리거나 놀리는 척하고, 장난삼아 주먹다짐을 하고, 일상적으로 형제자매와 다투는 것으로 비칠 수 있다. 그러나 실상은 전혀 다르다. 그들은 자신과 자신이 괴롭히는 아이들, 그리고 지역사회 전체에 치명적인 영향을 끼칠지도 모르는 시한폭탄

같은 일을 저지르고 있는 것이다.

2001년 미국의 의료자선단체인 카이저 재단(Kaiser Foundation)이 니켈로디언 TV 네트워크(Nickelodeon TV network) 및 칠드런 나우(Children Now)와 공동 수행한 연구에 따르면, 인터뷰에 응한 십대 초반 중 약 4분의 3은 괴롭힘이 일상화된 학교에 다니고 있으며, 고등학교에서 특히 심각하다고 응답했다. 12~15세 중 86%는 학교에서 놀림이나 괴롭힘을 경험했다고 응답했다. 이는 흡연, 음주, 마약, 섹스 등 그 나이대의 아이들이 경험하는 다른 어떤 일들보다도 흔하게 나타나는 현상이다. 8~11세 중 반 이상이 괴롭힘이 학교에서 '큰 문제'라고 응답했다. 카이저 재단의 로런 애셔(Lauren Asher)는 "괴롭힘은 아이들의 가장 큰 걱정거리이자 매일 직면하게 되는 문제"라고 보고했다.

1991년 캐나다 요크 대학교의 폭력 및 갈등해결 라마시 연구센터(LaMarsh Centre for Research on Violence and Conflict Resolution)의 데브라 J. 페플러(Debra J. Pepler) 박사와 동료들은 토론토 교육위원회의 요청에 따라 괴롭힘에 관한 연구를 수행했다. 자이글러(S. Zeigler)와 로젠스타인-매너(M. Rosenstein-Manner)는 조사대상 학생의 교사 및 학부모와 함께 4~8학년 14개 학급에서 선정된 211명의 학생들을 대상으로 설문조사를 실시하여 다음과 같은 결과를 얻었다.

- 아이들의 35%는 괴롭힘 문제와 직접적으로 관련되었다.
- 괴롭힘은 11~12세 연령대에서 가장 많이 일어났다.
- 일반 교육을 받는 학생 중 18% 정도가 괴롭힘을 당한 것에 비해 특수교육대상자 중에서는 38%나 괴롭힘을 당했다.
- 24%는 인종차별로 인한 괴롭힘이 아직까지 자주 일어난다고 응답했다.

- 교사의 71%가 자신들은 괴롭힘에 자주 개입해 중재했다고 응답한 반면, 괴롭힘을 당한 학생의 23%만이 같은 질문에 그렇다고 답변했다.

이 연구에서 교사의 괴롭힘 개입 여부에 관한 응답률은 부모와 교사를 대상으로 수집된 다른 자료와 일치한다. 이런 통계 결과는 학생의 응답과 비교할 때 부모와 교사가 괴롭힘의 빈도나 심각성을 크게 과소평가하고 있다는 것을 시사한다.

청소년들이 괴롭힘에 시달리는 비율은 우리가 예상한 것보다 높았다. 전국학교심리학자연합회에 따르면, 7명의 학생 중 1명꼴로 가해자였거나 괴롭힘의 대상이 된 적이 있다고 한다. 아이, 부모, 교육자들은 아이들의 생활에서 정말로 무슨 일이 일어나는지에 대해 함께 대화하는 시간을 가져야 한다. 그러기 위해 먼저 우리는 아이들과 의사소통할 수 있는 공통의 언어를 알아야 하고, 괴롭힘의 역동성에 대해서도 이해하고 있어야 한다.

괴롭힘의 네 가지 발생 요인

괴롭힘이란 타인에게 상해를 입히고, 추가 공격의 위협으로 두려움을 주고, 공포감을 조성하려는 의도를 가지고 의식적 · 계획적으로 용의주도하게 이루어지는 반사회적 혹은 반인륜적 활동이다. 괴롭힘은 계획적인 것이든 즉흥적인 것이든, 명확하든 애매하든, 바로 앞에서 이루어지든 등 뒤에서 행해지든, 적의를 드러낸 것이든 우정을 가장한 것이든, 1명이 하든 집단이 하든지 간에 항상 다음과 같은 세 가지의 요인을 내포한다.

1. **권력의 불균형:** 가해자는 괴롭힘의 대상과 다른 인종이거나 반대 성(性) 중에서 고학년이고, 더 몸집이 크고, 더 힘이 세고, 더 말을 잘하고, 더 사회계층이 높은 아이일 수 있다. 이 불균형은 괴롭힘에 가담하는 아이들의 숫자에 따라 조성될 수도 있다. 괴롭힘은 형제자매 간의 경쟁도 아니고, 동등한 입장의 두 아이가 갈등으로 주먹질하는 것도 아니다.
2. **고의적으로 상해를 입힐 의도:** 가해자는 자신의 행동으로 피해자가 상처받기를 기대하며 상대에게 정서적 또는 신체적 고통을 주고, 피해자가 상처 입는 것을 보면서 즐거워한다. 이들의 행동은 우연도 아니고, 실수도 아니고, 말실수도 아니다. 또한 농담으로 놀리는 것도, 발을 헛디딘 것도, 의도치 않게 따돌린 것도, 어쩌다가 그렇게 된 것도 아니다.
3. **추가 공격의 위협:** 가해자와 피해자 모두 괴롭힘이 다시 벌어질 것이라는 사실을 안다. 이것은 한 번으로 끝날 사건이 아니기 때문이다.

괴롭힘이 점점 격화된다면 네 번째 요인이 추가된 것으로 봐야 한다.

4. **공포감:** 괴롭힘은 상대를 위협하고 우월성을 유지하기 위해 사용하는 체계적인 폭력이다. 가해자가 피해자로 하여금 공포감을 느끼게 만드는 것은 어떤 목적을 이루기 위해서가 아니라, 그 자체가 괴롭힘의 목적이다. 이것은 특정 문제에 대한 분노를 표출하는 일회성의 공격도 아니며, 비난에 대한 충동적인 반응도 아니다.

공포감이 조성되고 나면, 가해자는 어떠한 비난이나 보복의 두려움 없이 행동할 수 있다. 무기력해진 피해자는 반격을 하려 하지도, 괴롭힘에 대해 누군가에게 말하려 하지도 않는다. 가해자는 괴롭힘에 가담하거나 그 행위를 지지하는, 하다못해 괴롭힘을 막기 위한 그 어떤 행동도 취하지 않는 방관자들을 보면서 안심하게 된다. 결국 폭력의 악순환은 이렇게 시작된다.

괴롭힘의 방식과 수단

괴롭힘에는 언어적 · 신체적 · 관계적 괴롭힘 세 가지 유형이 있다. 이 세 가지의 유형은 각각 대단한 위력이 있지만, 간혹 두 가지 이상이 조합되어 더 큰 위력을 내기도 한다. 여자아이와 남자아이 모두 언어적 괴롭힘을 사용한다. 남자아이들은 여자아이들보다 신체적 괴롭힘 유형을 훨씬 더 자주 사용하고, 여자아이들은 남자아이들보다 관계적 괴롭힘 유형을 훨씬 더 많이 사용한다. 이런 차이가 나타나는 원인은 체력이나 체격보다는 문화 속에서 형성되는 남녀의 사회화 차이와 관계가 깊어 보인다. 남자아이들은 공통되는 흥미에 따라 넓고 느슨하게 정의된 집단 안에서 어울리는 경향이 있으며, 명확하게 구분된 동시에 구성원 모두가 중시하는 위계질서를 형성한다. 이 안에서 그들은 우두머리가 되기 위해 서로 경쟁을 한다. 이때 신체적인 기량이 지적 능력보다 더 칭송된다. 실제 우리는 남자아이들이 덩치가 작고, 약하고, 좀 더 똑똑한 아이를 로커 안에 밀어 넣으며 "겁쟁이", "바보", "계집애"라고 부르는 것을 목격할 수 있다.(여기에서 계집애란 표현은 남자아이들의 정서적 성격을 암시하는 동시에, 여자아이들이 권력과 존경의 계급 질서에서 남자아이들의 아래에 놓여 있다는 태도를 반영한 것이다.)

신체적 괴롭힘은 남자아이들만의 전유물이 아니다. 몸집이 큰 여자아이들도 몸집이 작은 여자아이들이나 남자아이들을 넘어뜨리고, 밀치고, 찌르곤 한다. 하지만 여자아이들이 다른 여자아이를 괴롭히는 경우 훨씬 더 강력한 무기가 있다. 바로 관계적 괴롭힘이다. 여자아이들은 남자아이들에 비해 작고 명확하게 정의된 경계를 가진 더 친밀한 집단에서 어울리는 경향이 있기 때문에 친교 집단에서 배척하는 것만으로 상대에게 상처를 입힐 수 있다.

언어적 괴롭힘

'몽둥이와 돌로는 내 뼈를 부러뜨릴 수 있을지 모르겠지만, 언어로는 결코 나에게 상처를 주지 못할 것이다'라는 말은 거짓이다. 언어는 강력한 도구이며, 당하는 입장에 있는 아이의 마음에 깊은 상처를 줄 수 있다. 언어학대는 남자아이들과 여자아이들이 사용하는 괴롭힘 중 가장 쉽게 볼 수 있는 유형이다. 괴롭힘의 70%가 언어학대로 보고되고 있을 정도이다. 언어학대는 발뺌하기도 쉽고 어른과 또래 앞에서 들키지 않고 상대를 괴롭힐 수 있는 방법이다. 운동장에서 소리를 질러도 소음에 묻혀 운동장 감독에게는 또래 간의 잡담 정도로밖에 들리지 않는다. 가해자는 재빨리 말해버리면 그만이지만, 괴롭힘의 대상은 심각한 피해를 받게 된다. 반복적인 언어학대는 연령과 상관없이 모든 아이에게 피해를 주지만, 아직 강한 자의식이 발달하지 않은 어린아이에게는 특히 더 치명적이다. 캐나다 브리티시컬럼비아 서리에서 다리에서 뛰어내려 자살한 하메드 나스티(14세)는 5페이지 분량의 자살유서 중 4페이지 정도를 언어적 조롱에 대해 기록했다. 그는 친구들로부터 "네눈박이", "코쟁이", "샌님", "괴짜", "동성애자" 등의 말을 가장 많이 들었다고 했다.

만약 우리가 언어적 괴롭힘을 허용하거나 묵인하게 된다면, 그것은 일상화되면서 아이들로 하여금 피해자가 비인간적인 대우를 받아도 괜찮다는 생각을 하게 만든다. 이렇게 되면 가해자들은 피해자에 대한 동정적인 여론이 형성되는 것을 걱정할 필요 없이 수월하게 표적을 공격할 수 있게 된다. 항상 놀림을 당하는 아이는 또래들로부터 배척당하고, 친사회적인 활동을 할 기회를 잃으며, 놀이를 할 때도 맨 마지막에 선택되고 가장 먼저 탈락한다. 누가 패배자를 옆에 두려고 하겠는가?

언어적 괴롭힘은 욕, 조롱, 무시, 가혹한 비난, 개인적인 중상모략, 인종차별적 비방, 성적 암시나 경멸적인 발언의 형태를 띤다. 이것은 또한 점심 값이나 소지품의 강탈, 경멸적인 전화통화, 위협적인 이메일, 폭력의 위협을 내포하는 익명의 글, 허위가 섞인 비방, 악의적인 거짓 소문, 험담(정말이지 험담도 괴롭힘의 형태가 될 수 있다)을 포함한다. 기원전 8세기경의 시인이었던 헤시오도스(Hesiodos)는 험담에 대해 "유해하고, 경박하고, 분노를 불러일으키기는 쉽지만 인내하거나 떨쳐버리기는 어렵다"라고 말했다. 험담은 인간관계의 격을 떨어뜨리고 피해아동의 문제, 실수, 대인 관계를 선정적으로 다룬다. 예를 들어, 이런 식의 험담을 한다. "너, 그 애가 무슨 짓을 했는지 알아?"

괴롭힘의 세 가지 유형 중 언어적 괴롭힘은 가장 쉽게 실행될 수 있는 유형으로, 나머지 두 가지 유형의 괴롭힘을 시작하기 위한 진입로이며, 더 악의적이고 잔인한 폭력을 사용하기 위한 첫 번째 단계가 될 수 있다.

신체적 괴롭힘

신체적 괴롭힘은 가장 눈에 잘 띄고, 괴롭힘의 유형 중 가장 식별하기 쉽지만, 전체 괴롭힘 사건의 3분의 1도 채 되지 않는다. 신체적 괴롭힘에는 때리기, 목 조르기, 찌르기, 차기, 물기, 꼬집기, 할퀴기, 팔다리 비틀기, 침 뱉기, 피해아동의 옷과 소지품을 훼손하거나 파손하기 등이 있다. 가해자가 고학년이고 힘이 셀수록 이러한 유형의 공격은 더 위험해진다. 설사 크게 다치게 할 생각이 없더라도 말이다. "전 그냥 겁만 주려고 했어요. 팔이 부러질 줄은 몰랐단 말이에요."

일상적으로 이 역할을 하는 아이는 모든 가해자 중 가장 문제가 많은 아이인 경우가 많으며, 앞으로 중범죄를 지을 가능성이 높다.

관계적 괴롭힘

관계적 괴롭힘은 외부에서 식별하기 가장 어려운 유형으로 무시, 고립, 배척, 따돌림을 통해 피해아동의 자의식을 체계적으로 사라지게 만드는 형태의 괴롭힘이다. 따돌림은 소극적 행위인데, 그것이 험담과 함께 이루어지면 적극적 행위가 된다. 어느 쪽이든 잔혹한 괴롭힘의 수단이며, 잘 보이지도 않고 알아채기도 어렵다. 그래서 구설수에 오른 아이는 험담을 직접 듣지는 못하지만, 그 결과로 인해 고통을 받는다. 이런 식으로 말이다. "그 애에게서 멀리 떨어져야 해. 바이러스를 옮길 수도 있어." "그 여자아이와 어울리지 않는 게 좋을걸. 야구 팀 남자애들의 절반이 그 애하고 잤대. 계속 그 애랑 어울리면 사람들은 네가 헤프다고 생각할 거야."

관계적 괴롭힘은 또래를 고립시키고 배척하거나 고의적으로 상대의 친구 관계를 망가뜨리기 위해 사용될 수 있다. 이것은 위협적으로 노려보고, 눈동자를 굴리고, 한숨을 쉬고, 찡그리고, 비웃고, 얕보듯이 낄낄 웃고, 적대적인 몸짓을 하는 것과 같은 미묘한 제스처를 포함한다.

관계적 괴롭힘은 신체적 · 정신적 · 정서적 · 성적인 변화를 동반하는 십대 중반의 청소년들에게 큰 영향을 미친다. 이때쯤 십대들은 자기 자신의 정체성을 확립하려 하고 또래와 어울리려고 하기 때문이다. 간혹 어른들은 밤샘 파티나 생일 파티, 운동장 놀이에서 고의적으로 특정한 아이를 배척하는 것을 괴롭힘의 한 유형이라고 인식하지 못하는 경우가 있다. 이런 유형의 괴롭힘은 욕설이나 얼굴을 주먹으로 치는 것처럼 쉽게 식별할 수 없고, 괴롭힘의 결과도 멍든 눈이나 찢어진 옷처럼 분명하지 않으며, 피해 아이가 겪는 고통도 대개 잘 드러나지 않는 데다 사실을 말하더라도 묵살당하기 십상이다.("그 애들이랑 안 놀면 되잖니.")

가해자의 유형

일부 아이들이 자신의 능력과 재능을 다른 사람들을 괴롭히는 데 사용하는 이유는 무엇일까? 이는 한 가지 요인만으로 설명할 수 없다. 처음부터 가해자로 태어나는 사람은 없다. 선천적 기질이 하나의 원인이 될 수는 있지만, 사회과학자 유리 브론펜브레너(Urie Bronfenbrenner)가 언급한 '환경적 영향' 역시 무시할 수 없는 요인이다. 환경적 영향이란 아동의 특정한 행동을 허용하거나 조장하는 가정생활과 학교생활, 지역사회와 미디어를 포함한 문화 전반을 지칭한다. 우리가 확실하게 말할 수 있는 것은 가해자는 괴롭힘을 배운다는 점이다.

괴롭힘 가해자는 일곱 가지 유형으로 구분할 수 있다.

1. **기고만장형**: 이 유형의 가해자는 글자 그대로 거만하게 군다. 자존심이 매우 강하고, 과잉된 자의식 및 특권의식을 갖고 있으며, 폭력을 좋아하고 괴롭힘의 대상에 대해 어떠한 동정심도 없다. 그는 타인에 대한 우월감을 느낄 때 기분이 좋아진다. 또래들과 교사들은 강한 개성을 가진 그를 존중하지만, 그렇다고 친구가 많은 것은 아니다. 우정은 가해자의 전형적인 특성과 거리가 먼 신뢰, 성실, 상호존중에 기초하기 때문이다.
2. **사회형**: 이 유형의 가해자는 자신이 목표로 한 대상을 조직적으로 고립시키고 효과적으로 사회적 활동에서 배제시키기 위해 소문, 험담, 언어적 조롱, 따돌림 등의 수법을 활용한다. 가해자는 타인의 긍정적인 면모를 시기하며 낮은 자의식을 갖고 있지만, 과장된 자신감과 매력으로 자신의 감정과 불안함을 감춘다. 가식적이고 교묘하게 사람을 부리는 데 능한 이 유형은 타인에 대한 배려와 동정심이 풍부한 사람인 양 행동하지만, 이것은 사실 진실된 공감 능력의 결여를 감추기 위한 위장이며, 자신이 원하는 것을 얻기 위한 전략에 지나지 않는다. 이 유형의 가해자는 인기는 있지만, 주변의 아이들은 이들로부터 괴롭힘을 당하지 않기 위해 자신의 비밀을 털어놓지 않는다.
3. **냉혹형**: 이 유형에 해당하는 가해자는 냉정하고 초연하다. 이 유형은 자신의 감정을 거의 나타내지 않지만, 대상을 괴롭힐 때만큼은 강한 의지를 드러낸다. 그는 타인을 괴롭히기 위해 아무도 자신을 지켜보지 않거나 막지 않을 때를 기다린다. 이 유형은 괴롭힘의 대상 앞에서는 잔인하고 악랄하지만 다른 사람들, 특히 어른들 앞에서는 매력적인 인간으로 변모해 상대를 기만한다. 냉정하고 인정사정 보지 않는 태도로 인해 한 점 흔들림 없는 정신을 가진 사람처럼 보일 때도 있지만, 사실 어둠 속

깊은 곳에 감춰진 그의 감정은 그 자신도 정체를 알지 못하는 불안과 고뇌를 마음속에서 키운다.

4. **과잉행동형**: 이 유형의 가해자는 학업에 어려움을 겪으며, 사회적 기술 수준이 낮다. 대개 학습장애를 겪고 있으며, 정확하게 사회적 암시를 읽어내지 못하고, 간혹 다른 아이들의 순수한 행동을 적대적 의도로 받아들인다. 심지어 사소한 자극에 대해서도 공격적으로 반응하고, 자신의 적대적인 반응을 정당화하기 위해 다른 아이에게 비난의 화살을 돌린다. 예를 들면 "얘가 먼저 저를 때렸어요"라고 변명하는 식이다. 이 유형의 가해자는 친구를 사귀는 데 어려움이 많을 수밖에 없다.
5. **피해자이면서 가해자형**: 이 유형은 괴롭힘의 대상이면서 가해자이기도 하다. 어른이나 연상의 아이들로부터 괴롭힘이나 학대를 당하는 이 유형의 가해자는 무력감과 자기혐오감에서 벗어나기 위해 다른 아이들을 괴롭힌다. 가해자 유형 중 가장 인기가 없으며, 자신에게 상처를 주는 사람들과 자신보다 약하거나 왜소한 아이들을 잔인하게 괴롭힌다.
6. **집단형**: 이 유형은 개별적으로 누군가를 배척하거나 희생양으로 삼을 수 없을 때 집단의 힘을 동원한다. 이때 이 집단에 속한 '착한' 아이들은 자신들의 행동이 잘못되었고, 대상에게 상처를 준다는 것을 알고 있으면서도 괴롭힘을 멈추지 않는다.
7. **조폭형**: 이 유형의 가해자는 친구 관계가 아닌 전략적 동맹을 통해 권력, 통제, 지배, 복종 관계를 강화하고 세력권을 넓히려 한다. 처음에는 존중과 보호를 받고 싶은 마음에 가족과 같은 느낌을 기대하고 가입하지만, 비뚤어진 열망으로 점차 조직에 과도하게 헌신하게 되면서 자신의 삶을, 괴롭힘의 희생자들에게 범한 자신들의 만행을, 더 나아가 자신

들이 저지른 모든 행동의 결과를 대수롭지 않게 생각하게 된다. 이들이 갖고 있는 열망에는 타인에 대한 공감이나 양심의 가책 같은 것이 없다.

괴롭힘은 그 수단과 방법이 각각 다르지만, 가해자들에게는 다음과 같은 공통점이 발견된다.

- 타인을 지배하고 싶어 한다.
- 타인을 이용하여 자신이 얻고 싶은 것을 얻으려 한다.
- 타인의 관점에서 상황을 파악하는 것을 어려워한다.
- 타인의 욕구, 권리, 감정보다는 자신의 욕망과 쾌락에 집착한다.
- 주변에 부모나 어른이 없을 때 다른 아이를 해하려는 경향이 있다.
- 약한 형제자매 또는 또래를 먹잇감으로 삼는다.(괴롭힘을 다른 말로 '포식적 공격성'이라고도 하는데, 무서운 용어지만 더 무서운 것은 이것이 지칭하는 실제 행동이다.)
- 비난, 비판, 거짓말을 사용하여 자신들의 결점을 괴롭힘의 대상에게 덮어씌운다.
- 자신의 행동에 대한 책임감이 결여되어 있다.
- 자신의 현재 행동에 대한 단 · 장기적 전망, 의도치 않은 결과를 고려하는 안목이 부족하다.
- 타인의 주목을 끌려 한다.

경멸: 가해자의 핵심적 특성

이제까지 괴롭힘 가해자에 대해 이야기하면서 분노에 대해서는 언급하지 않았다. 괴롭힘은 분노에 관한 것이 아니며, 심지어는 갈등에 관한 것도 아니다. 그것은 경멸에 관한 것이다. 경멸이란 누군가를 쓸모없고, 열등하고, 존중할 만한 가치도 없는 존재로 느끼게 만드는 강력한 반감이다. 경멸은 아이가 동정이나 연민, 또는 부끄러움의 감정 없이 타인을 해치도록 만드는 심리적 우월감과 유사한 세 가지의 태도와 함께 생긴다.

1. **특권의식**: 다른 누군가를 예속시키거나 통제하고, 지배하고, 학대할 특별한 권리가 자신에게 있다고 생각하는 허영심.
2. **차이에 대한 무관용**: 자신과 다른 것은 열등하고 존중할 가치가 없다고 생각하는 사고방식.
3. **배척할 자유**: 존중하거나 돌볼 가치가 없다고 여겨지는 누군가를 고립시키거나 소외시키고, 격리시키려 하는 배타적 사고방식.

다른 말로 표현하자면 괴롭힘은 오만한 행동이다. 괴롭히는 아이들은 자신들의 깊은 상처와 불안함을 은폐하기 위해 '우월감'이란 가면을 쓰고 다닌다. 그들은 자신들이 경멸하는 대상보다 우월하기 때문에 상대를 해할 권리를 가졌다고 합리화하지만, 이는 다른 사람을 깔아뭉갬으로써 자신들의 기분을 좋아지게 만들기 위한 변명에 지나지 않는다.

괴롭힘의 정도를 심각하지 않음, 중간, 심각함으로 분류할 수 있는 것처럼, 경멸의 정도도 무시, 멸시, 적대시로 분류할 수 있다. 경멸은 편견으로부터 시작되는데, 편견은 가정, 학교, 사회에 깊이 뿌리내린 사고방식과 관련이 있다. 인종, 젠더(성적 취향을 포함), 종교, 신체적 특성, 정신적 특징에 대한 편견은 가해자가 특정한 아이 개인이나 그 아이가 속한 집단에 대한 경멸을 정당화하는 데 사용될 수 있고 또 사용될 것이다.

학력은 고작 초등학교 중퇴에 전직 갱단원이었고 전과 기록까지 있지만, 현재는 저술가이자 민권운동분야에서 존경받는 지역사회 지도자로 유명한 칼 업처치(Carl Upchurch)는 많은 이들을 감동시킨 그의 저서 『자궁에서부터 범죄자: 죄수에서 평화주의자가 되기까지 한 남자의 여정(Convicted in the Womb: One Man's Journey from Prisoner to Peacemaker)』에서 '일상화된 인종차별(institutionalized racism)'과 그것이 어린아이였던 자신에게 준 충격에 대해 진술했다. 다음은 그의 글 중 일부이다.

> 나와 같은 인종에 대한 경멸(모든 억측, 인신공격, 중상)은 내가 태어나기도 전에 한 벌의 맞춤옷처럼 잘 다듬어져 어린 나에게 착 달라붙었다. …… 나는 '검둥이'라는 호칭이 '남성'이나 '흑인'처럼 내 선천적 개성, 내가 태어날 때부터 자연스럽게 갖게 되는 요소가 아니라는 사실을 배우는 데 30년 이상이 걸렸다. …… 난 단지 흑인이라는 이유 때문에 사회에서 경멸을 당해도 싸다는 믿음 속에서 자라났다. …… 난 팽배한 열등감으로 생긴 무심함, 무정함, 무자비함에 지배당하고 말았다.

그 자신이 인정한 대로, 칼은 피해자이면서 가해자가 되었다. 세상에 대한 그의 무심함, 무정함, 무자비함은 끊임없이 무시, 조롱, 증오를 받으면서 자란 조용하고, 상냥하면서, 세심한 아이였던 그를 보호하기 위한 단단한 껍질이었을지도 모른다.

기만의 가면무도회

언어적 · 신체적 · 관계적 괴롭힘으로 발생한 개개의 사고들은 그저 학교 문화의 일부 혹은 크게 걱정할 필요가 없는 사소한 일처럼 보일 수도 있다. 그러나 권력의 불균형, 상해 의도, 추가 공격의 위협, 공포감의 조성은 개입을 필요로 하는 경고신호들이다. 슬프게도 어른들은 이러한 괴롭힘의 네 가지 신호가 명명백백할 때조차 괴롭힘을 과소평가하거나 무시하고, 그 심각함을 평가절하하며 심지어는 피해아동을 비난하면서 상처에 소금을 뿌리듯 그 아이에게 모욕감을 준다.

부패, 결탁, 그리고 사기: 권력은 운동장에서 통한다

8세 여자아이 메건은 (여러 여자아이들이 지켜보는 가운데) 운동장에서 놀고 있던 남자아이들 앞에서 바지를 내린 것 때문에 정학 처분을 받았다. 한 아이가 감독교사에게 이 사건을 보고했다. 교사가 현장에 도착했을 때 대부분의 남자아이들과 여자아이들은 메건을 보고 낄낄대고 있었다. 교사는 어떻게 부끄러운 줄도 모르고 이런 무도한 행동을 할 수 있느냐고 야단치면서 메건의 팔을 붙잡고 교장실로 데려갔다. 하지만 교장은 그녀가 그런 짓을 한 이유를 들을 수 없었다. 메건은 그저 교장 집무 책상 앞에 놓인 의자에 앉아 어깨를 움츠리고 교장과는 눈도 마주치려 하지 않았기 때문이다.

메건의 아빠가 도착했을 때 딸은 의자에 앉아 흐느끼고 있었다. 교장은 아빠라면 운동장에서의 '노출'로 다른 아이들을 놀라게 한 메건에게 도움을 줄 수 있을 거라고 생각했다. 아빠는 딸을 집으로 데려가서 그녀를 진정시키고 실제로 무슨 일이 일어났던 것인지를 알아내려 했다. 그리고 여의치 않자 사회복지사인 친구에게 전화를 했다. 그 친구는 메건에게 점심을 사주며 이 속을 알 수 없는 2학년 아이로부터 사건의 전모를 들을 수 있었다.

1학년 때부터 읽기에 뒤처졌던 메건은 바보, 멍청이라고 놀림을 받으며 또래 아이들의 놀이나 파티에서 소외당했다. 그녀는 인기 있는 아이들의 그룹에 끼려고 필사적으로 노력했다. 그룹의 리더는 남자아이들 앞에서 바지를 내리면 가입시켜 주겠다는 제안을 했다. 그러나 그렇게 하지 않는다면, 누구도 그녀와 어울리지 못하게 하겠다는 말을 덧붙였다. 결론적으로 여자아이들의 행동이 잘못되었지만, 엉뚱하게도 메건이 벌을 받은 것이다.

가해자 메리디스는 피해자 메건에게 그런 짓을 시켰다는 사실을 부인했다. 그리고 메리디스는 방관자였던 다른 여자아이들에게 사실을 말하면 가만두지 않겠다고 위협하며 자신과 말을 맞추라고 강요했다. 마침내 줄리(방관자에서 목격자로 바뀜)는 화가 나서 이제까지 일어난 모든 일의 경위와 메리디스가 자신을 협박한 일까지 엄마에게 털어놨다. 줄리는 위험한 줄 알면서도 엄마가 자신을 믿어줄 것이라는 생각으로 메건, 메리디스, 그리고 다른 급우들에게 일련의 긍정적인 변화를 가져다줄 행동을 한 것이다. 결국 메건의 정학은 번복되었다. 운 좋게도 메건은 용기 있게 사실을 말하고 그녀를 지지해주는 친구를 두었다. 그러나 다음에서 언급할 브라이언에게는 운이 따르지 않았다.

헤이징: 그것은 게임의 일부이다

1993년 십대 풋볼 선수 브라이언은 연습을 마치고 샤워를 하던 중 팀 동료

5명에게 끌려나와 벌거벗겨진 채 수건걸이에 묶였다. 손, 발, 가슴, 성기도 선수용 테이프로 묶였다. 그런 다음 5명의 남자아이들은 브라이언이 한때 사귀었던 여자아이를 데려와 묶여 있는 그를 보게 했다. 사건은 당국에 보고되었고, 이 일로 팀은 지역 고교 대항 시합에 출전하지 못하게 되었다. 5명의 남자아이들 때문에 시즌은 끝났지만, 브라이언에 대한 괴롭힘은 끝나지 않았다. 선수, 일반 학생, 학부모, 지역사회의 구성원들은 출전금지 조치가 지나치다고 생각했다. 그들은 브라이언이 겪었던 모욕이 '게임의 일부'라고 주장했다. "그런 일은 언제나 일어나기 마련이다." "우리가 2학년일 때부터 지금까지 이어진 전통이다. 그만두라 이야기한 사람은 아무도 없었다." "단지 장난에 지나지 않는다." 또래들은 브라이언에게 욕설을 퍼붓고, 그를 따돌리고, 떠밀었다. 사건의 원인을 제공한 5명의 팀 동료들이 아니라 브라이언에게 화살을 돌린 것이다. 결국 브라이언은 고자질의 대가로 팀에서 쫓겨났다.

브라이언의 부모는 일이 발생한 시점부터 계속하여 아들을 지지했지만, 또래 아이들의 공격, 지역사회의 폭력, 그리고 당국의 미비한 대처로 인해 처음 사건이 터졌을 때보다 더욱 심화된 굴욕과 고통을 겪어야 했다.

헤이징(hazing)*이 괴롭힘인가? 대개 이것도 괴롭힘의 네 가지 요인을 포함한다. 다시 말하자면 권력의 불균형(헤이징의 대상이 가해자보다 수적으로 열세에 놓여 있거나 사회적으로 더 낮은 계층에 있는 경우를 포함), 상해할 의도(기절할 때까지 술을 먹이거나 운동을 시키고, 때리거나 누군가를 때리게 만드는 것), 추가 공격의 위협(혐오스러운 것들을 먹이고, 문신을 새기고, 피어싱을 하고, 수염을

---

* 대학, 군대, 동아리 등에 신입생이나 신병이 들어올 때 선배나 선임자들이 괴롭히는 것을 말한다.

꺾고, 도둑질을 시키거나 범죄를 저지르게 하는 것)과 같은 요인들을 갖고 있다. 여기에 덧붙여 다음에 무슨 일이 일어날 것인지, 또는 그것이 언제 일어날지를 모르게 함으로써 공포심을 유발시키기까지 한다.

타마라 헨리(Tamara Henry)는 ≪유에스에이 투데이(USA Today)≫에 게재한 헤이징에 대한 기사에서 알프레드 대학교가 2000년 4월 발표한 연구결과를 인용했다. 헤이징이란 '고등학생들이 스포츠 팀, 음악 · 예술 · 연극 동아리, 학술단체, 교회 모임에 가입하려 할 때 치르는 통과의례'로, 여기에는 굴욕감을 주거나 불법적 혹은 위험한 활동에 억지로 참여시키는 행동 등이 포함된다. 무작위 설문조사에 응답한 1,541명의 고등학생 중 48%가 헤이징을 당했다고 말했다. 통계 결과는 가히 충격적이다. 43%가 굴욕감을 주는 괴롭힘을 당했고, 23%는 약물복용을, 29%는 범죄가 될 수도 있는 행위를 강요받았다고 한다.

동 대학 인류학과 로버트 마이어스(Robert Meyers) 교수는 "우리의 문화 자체가 헤이징을 '재미있고 신나는 일'로 생각한다. 재미(fun)에 집착하는 미국 문화는 이런 행위들이 얼마나 상대에게 모욕감을 주는지를 생각하지 않고, 거의 모든 형태의 행위를 정당화할 수 있는 면책권을 준다"라고 힐난했다.

수석 연구원 나딘 후버(Nadine Hoover)는 "우리는 헤이징이 연령이나 직업 등의 기준에 따라 그 수준이 달라질 거라고 예상했지만, 정작 우리가 발견한 것은 그것이 모든 연령, 모든 직업에 만연하고 있다는 우울한 사실뿐이었다"라고 말했다.

우리는 다른 사람을 괴롭히는 것이 왜 '재미있고 신나는 일'인지에 대해 생각해보아야 한다. 우리는 아이들에게 운동장에서 다른 아이들을 괴롭히지 말라고 말하면서도, 헤이징을 장려하거나 눈감아주고, 그것을 '인격 형성의 과정'이라거나 '단지 게임의 일부'라고 말하는 모순된 행동을 하고 있다.

우리 모두가 소속감을 느끼는 것은 중요하다. 이 소속감은 젊은이들로 하여금 하나의 집단에 수용되기 위해서라면 자신과 타인에게 가해지는 매우 잔인한 일들을 감당할 수 있게 할 정도로 강력하고 매우 큰 의미를 갖는다. 그러나 그것을 위해 굴욕감을 감내하거나 스스로의 품격을 떨어뜨릴 필요는 없다. 현대문화의 한 가지 문제는 우리가 아동기에서 성년기로 넘어가는 것을 기념하는 건전하면서도 적절하게 근엄한 의식을 개발하지 못했다는 것이다. 하물며 알프레드 대학교에서 헤이징 연구대상 기관으로 선정한 곳은 다른 어떤 기관보다 더 건전한 통과의례의식을 지향하는 학교와 교회의 청소년 집단이었다는 점에서 이 연구결과는 충격적으로 받아들여졌다.

소집단과 학교의 사회적 위계

십대의 아이들은 다른 아이들과 어울리고 스스로를 보호하기 위해 단체에 가입할 뿐 아니라 관심분야, 가치, 능력, 취향이 비슷한 소집단을 형성한다. 이는 바람직한 현상이다. 그러나 여기에서도 배타와 배제가 뒤따른다. 안타깝고 바람직하지 않은 현상이다. 소집단의 형성을 촉진하고 특정 집단을 다른 집단들보다 우월한 위치에 올려놓는 학교문화 또한 차별과 괴롭힘을 배양하는 요인으로 작용한다.

컬럼바인 고등학교 학생회장이 경찰에게 한 이야기는 학교의 그런 문화가 어떻게 공동체 의식을 강화하는지를 보여주었다. 학교는 높고 두꺼운 벽을 세워 그 안쪽에 있는 사람들을 보호하고 그들에게 편의를 제공한다. 하지만 이 벽은 또한 바깥에 있는 이들을 배제한다. 이러한 벽을 세우는 학교문화는 조직적인 학대, 동등한 보호의 거부, 두렵고 참을 수 없는 일상생활을 의미할 수 있다. 명예롭고 존경받는 소집단에 해당하지 않는 아이들은 그 집단의 구성원으로부터 잔인하고 지속적인 괴롭힘을 당할 수밖에 없다. 학생회장은 "스포츠를 잘하는 아이들은 딜런과 에릭을 몸치라고 놀려댔다"라고 말했다. 그는 그 두 사람을 항상 괴롭히던 아이들이 풋볼 팀 선수들이라는 사실을 알고 있었다.

아웃사이더가 놀림을 당하고, 기피 대상이 되고, 신체적으로 고통을 당하게 되면, 그들은 종종 자신들을 수용하는 타 집단으로 가게 된다. 그래서 사회적 위계의 양 끝에 있는 두 집단 간에 긴장이 생길 수 있다. 이런 환경에서 학교는 상위 계급에 의해 발생하는 학대에 눈을 감아주거나 오히려 학대를 강화시키고, 문제를 부정함으로써 학대에 기여한다. 지역의 한 신문이 학교 관계자에게 학교에 명백하게 존재하는 '운동선수 문화'에 대해 질문을 했을 때 그는 이렇게 말했다. "컬럼바인 고등학교의 유일한 운동선수 문화는 고약한 땀 냄새밖에 없습니다."

딜런과 에릭이 찍은 비디오테이프가 사건 발생 1년 후에 공개되었을 때도, 컬럼바인 풋볼 선수 중 적어도 1명은 여전히 우월감과 특권의식을 갖고 있었다. 그는 자신과 다르거나 자신이 경멸하는 누군가를 조롱하고 괴롭힐 수 있는 권리가 자신에게 있다고 생각했다. "컬럼바인은 몇몇 보기 싫은 아이들을 제외하면 참 깨끗하고 살기 좋은 곳이다. 대부분의 아이들은 그 아이들이 이 학교에 다니길 원치 않았다. 그 둘은 마술에 걸려 부두교를 믿었다. 그래, 맞다. 우리가 그들을 괴롭힌 것은 사실이다. 그러나 기괴한 머리 모양을 하거나 모자에 뿔을 달고 학교에 오는 그들에게 무엇을 기대하겠는가? 운동선수들은 꿈에서도 못할 행동이다. 학교의 모든 아이들이 그들을 싫어했다. 그들은 호모 커플이었다. …… 만약 당신도 누군가를 제거하려 한다면, 대개는 그 사람을 괴롭힐 것이다. 그래서 학교아이들은 그들을 호모라고 불렀다…….”

컬럼바인 총기난사 이후 ≪덴버포스트(The Denver Post)≫의 칼럼에서 척 그린(Chuck Green)은 이렇게 썼다. “총구가 불을 뿜는 순간에도 살인자들은 그들의 살인 동기들 중 한 가지를 분명히 했다. 그들은 유명 선수들을 스타로 처우하는 고등학교 카스트제도를 증오했다. 컬럼바인 고등학교에서 운동선수들은 사회적 위계의 맨 꼭대기에 있었고, 캠퍼스를 지배하는 귀족으로 추앙받았다. 총기난사 며칠 후에 다른 학생들도 비슷한 우려를 표명했다. 컬럼바인에는 학생들에 의해 지속되고 학교 관계자들에 의해 용인되는 학급 내 계급구조가 존재하며, 이 안에서 주요 운동선수들은 일반 학생들보다 우대받는다.”

이제 학교의 운동선수 문화는 단순히 고약한 땀 냄새를 풍기는 것 이상이 되었다. 그린은 가장 유명한 학생선수 중 1명과 관련된 사건을 폭로했다. 스탠퍼드 대학교, 하버드 대학교, 콜로라도 대학교에서 스카우트 제의를 받은 이 스포츠 스타는 스토킹과 좀도둑질 혐의로 고소를 당했다. 그는 법원에서 컬럼바인 고교생인 전 여자친구에 대한 접근금지명령을 받았다. 이 학생은 폭력상담을 거부하고 범죄 혐의에서 벗어나기 위해 항소를 준비하고 있다고 한다.

이 사건에서 학교 관계자는 여학생에게서 스토커 혐의자를 떼놓는 대신 다른 해결책을 제안했다. “그 여학생이 풋볼 스타와의 접촉을 피하고 싶다면 졸업을 3주 남겨놓은 지금이라도 학교를 떠나도 좋다. 아무런 징계도 내리지 않을 것이고 그녀의 학교생활기록에 어떤 흔적도 남기지 않을 것이다.” 학교에 나오지 않는 대가로 그녀에게 어떤 벌칙도 주지 않고 어떤 기록도 남기지 않겠다는 것인가? 상식적으로 생각할 때 그런 식으로 괴롭힘의 대상을 다룬다는 것은 이해할 수 없는 일이다.

그린의 칼럼은 큰 반향을 불러일으켰다. 교육구의 중앙부처 관계자들이 칼럼을 읽은 후에 조사에 착수했고 학교 당국에 상세한 보고를 요구했다. 교육위원회는 사실에 대한 빠짐없는 설명을 주문하는 동시에 학교 관계자들에게 학생들 간의 위협과 괴롭힘, 그리고 젠더평등 문제에 대해 더 많은 관심을 가질 것을 요구했다.

교육위원회의 데이비드 디기아코모(David DiGiacomo) 위원은 관할 교육장에게 이런 편지를 썼다. "이런 문제가 생긴 것은 처음이 아니다. 우리는 이런 문제들에 대해 더 많은 관심을 쏟아야 한다. 문제는 이런 일이 컬럼바인 고등학교에만 국한된 것이 아니라는 점이다. 이것은 대부분의 교육구에서 일어나는 구조적인 문제라고 확신한다."

초등학생 자녀를 둔 신디 키(Cindy Key)는 많은 부모들의 우려를 이렇게 표현했다. "우리의 주된 주장은 학교에서 존중과 관용에 대해 가르칠 필요가 있다는 것이다. 그것은 초등학교에서부터 시작되어야 한다. 우리는 괴롭힘과 놀림, 그리고 조롱에 대해 걱정한다. 우리는 많은 돈을 학교 주변의 안전을 위해 사용하지만, 학생들이 학내에서 안전하지 못하다고 느낀다면 그것은 아무짝에도 쓸모없는 행동이다."

인종차별에 의한 괴롭힘

뉴질랜드의 키스 설리번(Keith Sullivan) 교수의 저서 『괴롭힘 방지를 위한 핸드북(The Anti-Bullying Handbook)』은 괴롭힘 예방 프로그램에 관한 그의 업적 중 하나로서 국제적으로 잘 알려진 책인데, 이 책에서 그는 다음의 일화를 통해 인종차별적 태도가 괴롭힘과 결합할 때 어떤 일이 일어나는지를 설명했다.

랑기는 교실에서 혼자 공부하고 있다. 문이 열리고, 데이비드가 들어오며 그를 놀려댄다. "야, 마오리 족, 뭐해?" "검둥아, 너 오줌 지렸냐?" 그는 점잔을 빼면서 더 가까이 다가온다. "뭐 읽고 있니? 네가 글을 읽을 줄 알아?" 다른 아이들도 끼어들어 랑기를 보면서 "야, 검둥아!"라고 놀려댄다. 랑기는 아이들의 놀림과 도발을 무시하는 대신 화를 낸다.(사실 지난달에도 네다섯 차례나 이런 일이 있었지만 그때는 번번이 무시하고 넘어갔다.) 그는 데이비드에게 달려든다. 둘의 싸움이 시작되고 랑기가 우세하다. 데이비드의 친구 짐이 끼어들어 랑기의 목을 잡아 데이비드에게서 떼어 땅바닥으로 밀쳐낸다. 짐은 데이비드가 일어나도록 도와준다. 감독교사가 도착하여 데이비드와 랑기를 교감실로 데려간다. 데이비드는 울면서 자신은 단지 웃자고 했던 것인데, 랑기가 정신이 이상한지 자신을 해치려 했다고 말한다. 반면 랑기는 질문을 받을 때마다 무뚝뚝하고 무례한 태도로 응답한다. 결국 랑기는 학교에서 싸우고 교감에게 무례한 태도를 보였다는 이유로 일주일 정학 처분을 받는다. 데이비드의 친구들은 데이비드를 도와 랑기가 합당한 이유도 없이 싸움을 시작한 사이코라고 말한다. 데이비드도 경고를 받기는 하지만, 결국 무죄 판정을 받는다.

랑기는 학교 당국에 의해 공격자로 낙인이 찍힌다. 학교는 랑기보다 더 신뢰가 가는 데이비드의 말을 믿게 된다.

설리번 박사는 이 괴롭힘 사건에서 분명히 인종차별적 요소가 있었음에도 학교 당국이 인종차별의 존재를 인정하지 않았다는 점을 강조했다. 학교 당국은 가해자의 말만을 믿고 싸움을 시작한 피해자를 처벌했다. 아이들은 다시는 랑기를 놀려대지 않을 것이다. 그 대신 그들은 더 쉽게 괴롭힐 수 있는 누군가를 찾아낼 것이다. 또한 그들의 인종차별적 태도도 바뀌지 않을 것이다. 아마도 랑기는 그 아이들에게 원한을 품고, 부당한 처사에 분노하며, 문제를 정당한 방식으로 해결하지 못한 학교에 대해 적대감을 갖게 될 것이다.

마오리 족 아이들은 뉴질랜드에서 억압받는 원주민일 뿐 아니라 이 남섬 학교에서도 소수자의 위치에 있다. 마오리 족을 데네 족, 이뉴잇 족, 체로키 족, 블랙풋 족, 나바호 족, 호피 족, 라코타 족, 수 족, 또는 기타 다른 인종 혹은 소수민족으로 대체해보라. 그러면 미국과 캐나다의 많은 학교에서 실제로 일어나는 일과 유사한 그림이 그려질 것이다.

인종차별적 괴롭힘은 그냥 일어나지 않는다. 아이들은 인종차별적 괴롭힘을 하기 전에 그들을 인종차별주의자로 만드는 교육을 받는다. 인종차별적 괴롭힘은 아이들이 집단에 대한 차별을 배우고, 차이를 나쁜 것으로 여기고, 사람과 사람 사이에서 느끼는 공통된 유대감을 무시하는 풍토에서 일어난다.

아이들은 사고(고정관념), 감정(편견), 행동(차별)을 통해 체계적으로 특정 인종을 차별하는 언어와 편협한 행동원리를 배운다. 첫째, 아이들은 고정관념을 배우는데, 이를 통해 개인차를 고려하지 않고 모든 집단을 일반화한다. 예를 들면 '○○○ 민족은 성격이 급하고, 더럽고, 게으르고, 미련하고, 불량하고, 미쳤다'라고 생각하는 식이다.

둘째, 아이들은 자신의 고정관념에 기초하여 편견을 배운다. 편견은 감정이다. 예를 들면 이런 식이다. "우리는 ○○○을 좋아하지 않는다."

인종차별적 사고와 감정이 혼합되고 나면, 특정 집단의 구성원인 개인을 차별하기 시작한다. "너는 우리와 함께 놀 수 없어. 너는 우리 파티에 올 수 없어. 우리는 네가 우리 팀이 되는 것을 원하지 않아. 꺼져, 더러운 녀석아!"

이것은 전형적인 괴롭힘에 해당하는 것이다. 따라서 여기에 초점을 두고 문제를 해결할 필요가 있다. 인종차별이 특정한 1명의 아이를 희생양으로 삼는 것은 순식간에 이루어진다. 예를 들어 누구의 잘못인지 불분명한 상황에서 진짜로 잘못을 저지른 사람 대신 특정한 1명을 골라 그 아이에게 고통을 주고 비난을 쏟으며, 잘못을 덮어씌우는 식이다. 랑기 역시 괴롭힘의 피해자였음에도 급한 성격 때문에 싸움을 먼저 시작하여 처벌을 받았다.

가해자의 상투적 수법

앞서 예시로 들었던 데이비드와 랑기의 사건은 피해자가 가해자에게 반격을 할 때 자주 일어나는 일을 보여줄 뿐만 아니라 가해자에게 책임을 물을 때 그가 어떻게 행동하는가를 알려준다. 다음은 가해자에게 책임을 물을 때 그들이 행동하는 상투적인 수법들을 정리한 것이다.

- 잘못을 부인한다.
- 사건을 별것 아닌 일로 만든다. 이런 식이다. "그냥 웃자고 한 건데."
- 피해자가 반격을 해오면, 이렇게 말한다. "야, 너 미친 거 아냐?"
- 감독교사에게 울면서 싸움을 시작한 사람을 비난하고 자신은 피해자에 불과하다고 주장한다. 보통 이런 행동은 진짜 피해자를 자극하게 된다. (랑기의 경우에서 보는 것처럼 그는 싸움을 시작하기 전 한 달 이상 놀림을 참았다. 그러나 막상 질문을 받았을 때는 무뚝뚝하고 무례한 태도를 보여 정확

처분을 받았다.)

- 피해자를 가해자로 둔갑시켜 자신은 궁지에서 벗어난다. 데이비드는 결국 무죄 판정을 받았다.
- 피해자의 말을 부인하고 자신의 행동을 방어하기 위해 방관자들의 도움을 받는다. 데이비드의 친구들은 랑기가 '합당한 이유도 없이 싸움을 시작한 사이코'라고 말하면서, 데이비드의 말에 동조했다.

가해자는 일이 잘못되었을 때 어떤 말을 해야 하고 어떤 식으로 피해자 행세를 해야 하는지를 잘 알고 있으며, 다른 사람들과 공모할 줄도 알고, 어른의 감정과 편견을 이용할 줄도 안다. 이런 식으로 폭력의 악순환은 지속된다.

인종차별 문제가 발생했을 때는 이에 대한 학교 정책과 그 절차, 그리고 예방 프로그램이 서로 맞물려서 작동되어야 한다. 첫 단계는 인종차별적 태도가 학교에 존재한다는 사실을 인식하는 것이다. 그렇게 되면 우리는 인종차별적 괴롭힘이 학내에서도 일어날 가능성을 생각할 수 있게 된다.(우리는 제9장에서 일반적인 괴롭힘과 인종차별적·성차별적 괴롭힘과 같은 특정한 괴롭힘을 막을 수 있는 정책, 절차, 예방 프로그램에 대해 살펴볼 것이다.)

희극이 비극의 전주곡이 아니듯 놀림과 조롱은 별개의 것이다

서론에서 언급했듯이 무대에 등장한 아이들은 언어적 괴롭힘을 당했고, 특히 그들의 인종, 종교, 젠더, 신체적 특성, 정신적 특징에 대한 조롱을 당했다.(이것들은 누군가를 효과적으로 공격할 때 사용되는 다섯 가지의 핵심요소이다.)

아이들에게 놀림이란 건전한 인간관계의 정상적인 부분이라고 가르치는 동시에, 그들에게 누군가를 놀렸다면 괴롭힘에 대한 책임을 져야 한다고 말하기는 어려운 일이다. 놀림의 상대가 피해를 받고, 상처를 입으며, 더 이상 재미있어하지 않을 때는 놀림을 멈춰야 한다고 말하는 것은 더 어렵다. 두 가지의 다른 행동을 설명하기 위해서는 두 가지의 다른 말을 해주는 편이 훨씬 더 도움이 될 수 있다. 아이들이 하나는 친구들과 재미로 하는 것이고, 다른 하나는 괴롭힘에 해당한다는 것을 이해할 때, 우리는 "난 그냥 좀 놀렸을 뿐이야"나 "농담도 못 하니?"와 같은 변명을 줄일 수 있다. 놀림과 조롱의 독특한 특성을 배우고, 각각에 명칭을 붙인다면, 아이들은 자신들이 하고 있는 행동을 구분할 수 있을 뿐 아니라 왜 어떤 사람은 놀림을 받아들이는데 다른 사람은 받아들이지 않는지에 대해 더 분명하게 이해할 수 있을 것이다.

놀림은 친구나 가까운 사람들과 하는 재미있는 놀이에 해당하는 반면, 조롱은 경멸하는 누군가를 괴롭히기 위한 수단이다. 조롱을 괴롭힘으로 규정하는 것은 가해자와 잔인한 게임에 참여할 마음이 있는 모든 방관자에게 조롱의 심각성과 비열함을 알리는 것이다. 놀림의 특성은 다음과 같다.

놀림(teasing)

- 가해자와 피해자가 쉽게 역할을 바꿀 수 있다.
- 타인에게 해를 입힐 의도가 없다.
- 참여하는 모든 사람의 기본적인 위엄을 유지한다.
- 명랑하고 재치 있으며 관대한 방식으로 웃음을 유발한다.
- 양쪽을 모두 웃기려고 한다.
- 공통점을 가진 아이들이 참여하는 활동 중 아주 작은 부분이다.

- 동기가 순수하다.
- 피해자가 화를 내거나 놀리는 것에 거부감을 드러낼 때는 중단한다.

아이들이 서로 놀릴 때는 조롱에서 찾아볼 수 없는 명랑함을 발견할 수 있다. 양쪽은 똑같이 농담을 주고받는다. 만약 한 아이가 무심코 친구에게 상처를 주는 어떤 말을 했다면, 아마도 선뜻 말로 꺼내기 어려운 어떤 것을 유머로 감싸면서 자신의 미안한 마음을 표현하려 할 것이다. 이를 통해 양쪽 모두는 관계 설정과 효과적인 의사소통에 필요한 중요한 교훈을 배운다. 이러한 연습을 통해 두 사람은 언어의 위력뿐 아니라 놀림의 한계와 제한에 대해서도 배우게 된다. 그들은 강한 애정, 연민, 공감을 나누게 된다. 만약 그들이 서로의 약점과 실수를 비웃는다면, 그 직후 재빠르게 상대방의 불쾌함을 없애기 위한 조치를 취할 것이다. 선량한 놀림은 두 친구의 관계가 가깝다는 것을 나타낸다. 놀리지 말아야 하는 영역은 인종, 종교, 젠더, 신체적 특성, 정신적 특징에 관한 것이다. 이 다섯 가지 영역에 대한 공격은 놀림이 아닌 조롱에 해당한다. 조롱의 특성은 다음과 같다.

조롱(taunting)

- 힘의 불균형에 기초하며 일방적이다. 가해자가 조롱하면 피해자는 조롱을 당한다.
- 해를 입힐 의도가 있다.
- 모욕적이고, 잔인하며, 비열하고, 얄팍한 농담을 가장한 편협한 말이다.
- 상대방과 함께 웃는 것이 아닌, 상대방을 비웃는 것이 목적이다.
- 대상의 자존심을 깎아내려 한다.

- 추가적인 조롱이나 신체적인 괴롭힘의 가능성을 내비치며 공포를 야기한다.
- 동기가 불순하다.
- 상대가 괴로워할 때 더 강하게 지속되는 경향이 있다.

가해자가 대상을 조롱할 때는 설령 그가 "그저 놀린 것뿐이야"라고 주장을 할지라도 명랑함이라곤 찾아볼 수 없다. 가해자는 피해자가 반격하지 않을 것을 알고 있기 때문에 표적으로 정한 것이고, 이런 상황에서 선량한 주고받기는 성립되지 않는다. 조롱은 대상을 고립시키고 상처 입히려는 의도를 가지고 있어서, 상대방의 인격을 비하하는 잔인한 언어를 사용한다. 가해자만이 아니라 방관자도 비웃는다. 조롱의 대상은 당혹해하고, 모욕감과 수치심을 느끼면서 다음에 어떤 일이 생길지 무서워하며 지내게 된다. 조롱하는 아이에게는 공감이나 연민이 있을 수 없다. 가해자는 오히려 통쾌해하고, 환희를 느끼며, 공격을 성공시킨 것을 즐거워한다. 가해자의 동기는 새로운 친구를 만들고, 친근한 농담을 주고받거나 무거운 분위기를 띄우는 것이 아니라 표적이 된 피해자를 완전히 깔아뭉개고 초라하게 만드는 데 있다.

성적 괴롭힘: 몇 마디의 성적인 말과 수십 마디의 경멸적인 말

인종차별적 태도가 괴롭힘과 결합할 수 있는 것처럼, 성적으로 상대에게 모멸감을 주는 태도도 괴롭힘과 결합할 수 있다. 괴롭힘의 세 가지 유형, 즉 신체적 · 언어적 · 관계적 괴롭힘에 성적인 함축을 담을 수도 있다. 우리의 성정체성은 우리가 누구인가를 결정하는 매우 중요한 부분이기 때문에, 성적 괴롭힘은 우리가 가진 자의식의 핵심을 공격하여 치명적인 결과를 초래할 수 있는 행위이다. 오늘날 또래 간의 성적 괴롭힘은 우리 아이들의 학교에서 가장 광범위하게 이루어지는 폭력의 유형 중 하나이다. 1993년 미국대학여성교육재단협회(American Association of University Women Educational Foundation)가 수행한 '적의로 가득 찬 복도(Hostile Hallways)' 연구에서 전국 8~11학년생 1,632명을 대상으로 실시한 설문조사의 결과를 보면 좀 놀라운 사실을 알 수 있다.

- 여학생의 85%와 남학생의 76%가 성희롱을 경험했다.
- 여학생의 65%는 성적인 접촉을 경험했다.
- 여학생의 13%와 남학생의 9%는 키스를 제외한 성적인 행위를 하도록 강요받았다.
- 여학생의 25%는 성희롱을 피해 학교에 가지 않고 집에 있거나 수업을 빼먹었다.
- 대상이 된 여학생의 86%는 또래들로부터 성희롱을 당했다.
- 대상이 된 여학생의 25%는 학교 관계자로부터 성희롱을 당했다.

조사대상 학생 중 3분의 1은 6학년 혹은 더 낮은 학년 때부터 성적 괴롭힘을 경험했다고 보고했다. 남학생과 여학생이 성희롱을 경험한 장소를 보면, 복도(73%), 교실(65%), 학교 운동장(48%), 식당(34%) 순이었다. 이 연구는 성희롱이 대상이 된 학생들의 신체적 · 정서적 안녕에 중대한 위협이 될 뿐 아니라 심각한 교육적 결과를 초래한다고 지적했다. 조숙한 여학생과 만숙한 남학생은 성적 괴롭힘의 대상이 될 위험이 높다. 또한 다수와 다른 성적 취향을 가진 아이들이 피해자가 될 가능성이 높다. 리버스(Rivers)는 ≪영 피플 나우(Young People Now)≫에 실린 「청소년, 게이, 그리고 피해자(Young, Gay, and Bullied)」라는 제목의 기사에서 140명의 게이와 레즈비언 청소년을 상대로 인터뷰를 했던 1996년의 연구에 관해 언급했다. 그의 연구결과에 따르면, 응답자의 80%가 성적 취향으로 조롱받았고, 50% 이상은 또래나 교사로부터 신체적인 공격을 받았거나 놀림을 당한 것으로 밝혀졌다.

언어에 의한 성적 괴롭힘

언어적 괴롭힘은 괴롭힘 중 가장 흔한 유형이고, 이것은 성적 괴롭힘에서도 마찬가지이다. 이것은 그 자체만으로도 괴롭힘이 되지만, 적지 않은 경우 신체적인 성적 괴롭힘이나 관계적인 성적 괴롭힘을 위한 발판이 되기도 한다. 심지어 더 악랄하고 비열한 성폭력의 첫 단계가 될 수도 있다. 언어적인 성적 괴롭힘은 남자와 여자에 따라 각기 다른 양상을 보인다. 남자를 괴롭히는 데 사용하는 말은 "넌 남자가 아냐"라는 투의 경멸하는 뉘앙스가 강하다. 예를 들면 계집애(sissy), 쪼다(wuss), 여성의 음부(pussy), 암캐(bitch), 계집애처럼 달린다(you run like a girl)처럼 여자아이를 나타내는 말이나 게이, 호모처럼 동성애에 대한 혐오를 드러내는 단어를 사용한다. 여자를 괴롭힐 때는 돼지, 암캐, 매춘부, 꼬맹이와 같이 여자의 신체를 대상화하고, 성정체성을 비하하며, 어린아이 취급하는 표현을 쓴다. 또한 언어적 괴롭힘에는 성폭력을 암시하는 위협, 상대의 신체에 대한 언어적 평가, 성차별 또는 성적인 농담, 성적인 능력이나 무능력에 대한 경멸적인 발언을 포함한다.

또래를 조롱하는 가해자들이 자신은 해를 입힐 의도가 없었다고 주장하는 것처럼, 성차별적이거나 성적인 은유가 들어간 언어를 통해 상대를 괴롭히는 가해자들도 자신들은 단지 장난삼아 해본 것이었다고 주장할 것이다. 만약 아이들이 놀림과 조롱의 차이를 안다면, 집적거림과 성적 괴롭힘에 대한 차이에 대해서도 재빨리 이해할 것이다. 집적거림의 특성은 다음과 같다.

집적거림(flirting)

- 두 사람의 역할을 쉽게 맞바꿀 수 있다.
- 욕구의 표현이긴 하지만 상대를 해할 의도는 없다.
- 두 사람의 기본적 위엄을 유지한다.
- 상대를 기분 좋게 하고 칭찬하려는 의도를 갖고 있다.
- 함께 재미있게 지내면서 상대와의 교제를 즐기자는 요청이다.
- 성적인 관심을 유도한다.
- 타인으로 하여금 상대를 원하고, 상대에게 이끌리며, 자신의 행동에 자신감을 가질 수 있게 만드는 것이 목적이다.
- 집적거림의 대상이 화를 내고, 거부감을 드러내거나 관심이 없을 때는 행위를 멈춘다.

집적거림에는 성적 괴롭힘이 갖지 못하는 명랑함이 있다. 집적거림에는 결코 타인을 해하려는 의도가 없다. 이것은 그저 두 사람이 서로를 잘 알고 싶어서 취하는 유혹의 행동이다. 다른 유혹과 마찬가지로 이것도 받아들일 수도 거부할 수도 있다. 집적거림을 시작한 사람은 어떤 대답을 받든 그것을 존중한다. 성적 괴롭힘의 특성은 다음과 같다.

언어에 의한 성적 괴롭힘

- 힘의 불균형에 기초하며 일방적이다. 가해자는 피해자를 성적으로 조롱하고, 경멸하며, 비아냥거린다.
- 의도적으로 상대방에게 해를 입히고, 자신의 즐거움을 위해 상대방을 이용하려 든다.
- 의도적으로 주제넘게 간섭하면서 가해자의 지위를 공고히 하려 한다.
- 의도적으로 품격과 위신을 떨어뜨린다.
- 의도적으로 상대에 대한 자신의 통제와 지배를 표현하려 한다.
- 의도적으로 상대의 경계를 침범한다.
- 의도적으로 타인으로 하여금 그가 소외되었고 추악하며, 품위 없고 무력하다는 생각을 갖게 만들려 한다.
- 상대가 곤란해하거나 성적 발언에 반발할 때도 지속된다.

성적 괴롭힘의 경우에는 유혹은 없고, 단지 공격만이 있을 뿐이다. 대상은 당황해 어쩔 줄 몰라 하고, 모욕감과 수치심, 무기력감을 느끼게 된다. 가해자의 의도는 다른 사람을 상대로 건전하게 성적으로 집적거리는 것이 아니라, 상대방에게 해를 입히는 것이다. 만약 대상이 저항한다면, 뻣뻣하고 농담도 받아들이지 못하는 사람이라고 핀잔을 주며 '암캐'라는 별명을 붙인다.

신체적인 성적 괴롭힘

신체적인 성적 괴롭힘에는 성적인 방식으로 만지거나 잡는 것, 찌르는 것, 브래지어 잡아채기, 바지 내리기 또는 치마 들추기, 성적인 신체 접촉을 하는 것 또는 성폭행 등이 포함될 수 있지만, 반드시 이것들에 국한된다고는 할 수 없다. 성적 괴롭힘은 범죄 행위에 해당될 수 있다는 사실 또한 중요하다. 2001년 10월 콜로라도 덴버에서는 6학년 여학생이 중학교 컴퓨터실에서 24명의 학생들로부터 성적인 괴롭힘과 성추행을 당했다. 여자아이의 다리에 칼을 들이대고 있던 남학생 1명은 제일 먼저 여학생의 몸을 껴안고 더듬은 3명의 친구에게 5달러를 지불하기까지 했다. 여학생의 엄마는 교육구를 상대로 낸 소송에서 "3명의 남학생이 딸의 몸 구석구석을 추행했다"고 진술했다. 관련 뉴스에서는, "교사는 무슨 일이 일어났는지도 모른 채 그저 여학생과 4명의 남학생이 서로 친구라고 생각했다"라고 보도했다.

관계적인 성적 괴롭힘

관계적인 성적 괴롭힘이란 피해 아이의 자존감을 조직적으로 깎아내리는 관계적 괴롭힘에 성적으로 함축된 의미를 더하는 것이다. 화장실 벽에 쓰인 루머나 욕설, 성적 취향으로 인한 따돌림, 가슴 등의 신체 부위를 향한 노골적인 응시와 곁눈질, 외설적인 몸짓 등이 그것이다. 이러한 예시들은 실행하기는 쉽지만 탐지하기는 어려운 것들로, 이것들을 파악해야 관계적 괴롭힘의 핵심을 잡아낼 수 있다. 여기에 더해 의도적으로 성적 수치심, 모멸감, 경멸감을 주는 물건들을 전시하는 것, 성적 경멸감을 주는 문구나 그림이 그려진 옷을 입거나 장식물을 착용하는 것, 성적 모욕이 명백한 낙서도 관계적인 성적 괴롭힘에 포함시킬 수 있다. 이런 괴롭힘의 행위들은 캐나다 인권위원회와 미국 민권법에서 각각 1991년과 1964년에 학생의 학습능력을 저해하는 적대적인 환경이라고 규정한 것들이다.

1992년 미네소타의 한 학교장이 남학생 화장실에 적힌 자신에 관한 외설적인 낙서를 지워달라는 여학생의 요구를 무시했다. 여학생은 자신의 요구가 2년 동안 무시당하자 교육구를 상대로 소송을 제기했다. 교육구는 여학생에게 1만 5,000달러의 합의금을 지급했다고 한다. 이 합의금 1만 5,000달러는 학생들의 인간성을 말살하고 그들에게 모욕을 감내하도록 요구하는 학교풍토에 대한 사회적 논란을 촉발시켰다.

뉴욕의 중학교 교사인 동시에 『성적 존중을 위한 교육과정(Sexual Respect Curriculum)』의 작가인 피터 마이너(Peter Miner)는 성정체성의 건강한 표현과 성적 괴롭힘 간의 차이점에 대해 이렇게 정리했다. "당신은 공정성과 존중의 가치를 지지하는 동시에 차별하고 상해를 입힐 수 있는가? 성차별과 성희롱은 사람에게 상처를 주는 몰지각하고 바람직하지 못한 행동이며, 지성인과 정직한 사람에게 아무런 가치가 없는 행위이다."

괴롭힘에 해당하지 않는 것

당신도 이제 이해했겠지만 조롱이란 단순히 공격적인 행위가 아니다. 그것은 괴롭힘을 의미한다. 성적인 괴롭힘은 집적거림과 관계가 없으며, 어떤 형태의 행위라도 공격적 행위에 해당한다. 모든 공격적 행위가 괴롭힘은 아니다. 어떤 것은 괴롭힘만큼 심각하지 않을 수도 있지만, 어떤 것은 괴롭힘보다 훨씬 심각할 수도 있다. 이 책에서는 괴롭힘에 초점을 두지만, 괴롭힘에 해당하지 않는 것은 무엇인지에 대해서도 알 필요가 있다. 언뜻 보면 이 차이점이 늘 분명하게 나타나는 것이 아니기 때문이다.

괴롭힘에는 형제자매나 또래들이 경쟁하는 가운데 벌이는 일대일 싸움과 같은 정상적인 아동행동은 포함시키지 않는다. 또한 충동적인 공격 행위, 즉 전혀 의도하지 않은 대상에 대한 무의식적이고 무차별적인 공격도 포함시키지 않는다. 물론 이런 유형의 공격은 종종 자폐증이나 아스퍼거 증후군과 같은 신체적 또는 정신적 장애와 관련되기 때문에, 묵살하거나 눈감아서도 안 되지만 어쨌든 괴롭힘은 아니다. 가해자의 공격에 대해 피해자가 즉흥적으로, 의도적으로, 무분별하게 덤비는 반응을 보일 수 있지만, 이 역시 괴롭힘은 아니다.(이 점에 대해서는 다음 장에서 더 상세하게 다룰 것이다.)

또한 하나의 갈등이 심화된 끝에 발생한 범죄 행위도 괴롭힘에 포함시키지 않는다. 이런 범죄 행위에는 심각한 신체적 공격과 위협, 무기를 사용하는 공격, 반달리즘이 포함된다. 이런 행위는 징계와 치료 목적의 개입뿐 아니라 법률적 개입도 필요하지만, 괴롭힘은 아니다. 그러나 일부 폭력 행위는 범죄만이 아니라 괴롭힘에도 해당한다는 점을 유념해야 한다. 이런 유형의 행위를 증오 범죄라고 한다. 이것은 가해자가 대상의 실제 또는 자신이 생각하는 인종, 종교, 성적 취향, 국적, 장애, 젠더, 민족성을 이유로 목표로 삼은 개인이나 집단 혹은 재산에 대해 저지르는 범죄 행위를 말한다. 이 행위는 단순한 법률적 개입만이 아니라, 폭력과 결합된 경멸과 오만의 요인을 해소하기 위한 징계와 치료 목적의 개입도 필요하다.

괴롭힘의 정도, 즉 그것이 가벼운지 중간 정도인지 심각한 것인지는 중요치 않다. 괴롭힘은 그 자체가 정상이 아니기 때문이다. 그것은 반사회적이기 때문에 해결해야 하는 문제이다. 그리고 이것이 왜 현행 무관용 정책(zero-tolerance policies: 학교에서 학생들의 일대일 싸움이나 괴롭힘, 그 밖의 공격 행위에 대해 일관적으로 퇴학이나 정학 처분만을 내리는 것)이 무사고 정책(zero-thinking policies)

인가를 설명해주는 이유이다. 무관용 정책은 폭력의 악순환을 끊는 효과적인 방법 대신 결함의 발견과 능률만을 추구하는 정책이다. 우리가 찾아내야 할 것은 반사회적 행동에 대한 사회적 해결책이다.

가해자는 괴롭힐 아이들을 찾아야 한다. 이들이 찾는 대상을 알면 깜짝 놀랄 수 있다. 다음 장에서는 피해자에 대해 살펴볼 것인데, 그들은 누구이고, 어떻게 반응하고, 괴롭힘이 그들의 삶에 어떤 잠재적 충격을 주는지에 대해 알 수 있을 것이다.

> 증오는 증오의 대상보다 증오하는 사람을 더 고통스럽게 한다. 마찬가지로 타인을 향한 적개심이 자신을 더 아프게 하고, 타인에 대한 박해도 자신에게 깊은 상처를 준다. 결국 사람의 영혼을 상하게 하는 것은 자신의 원한이다.
>
> — 성(聖) 오거스틴(Augustine)(5세기경의 주교)

제3장

피해자

> 날 비웃지 마, 날 욕하지도 마,
> 내 고통에서 너의 기쁨을 찾으려 하지 마
> 난 안경을 쓴 어린 남자아이야
> 사람들이 바보라고 부르는 애지
> 이에 보철을 해서 절대 웃지 않는 여자아이야
> 그래서 난 혼자 울다 잠드는 것이 어떤 느낌인지 잘 알아
> 난 놀이터에서 늘 마지막으로 선택되는 애야
> 내 엄마는 십대 미혼모야
> 하지만 난 과거를 극복하려 애쓰고 있어
> 네가 내 친구일 필요는 없어
> 내가 너무 많은 것을 요구하니?
> 날 비웃지 마
> 날 욕하지도 마
> 내 고통에서 너의 기쁨을 찾으려 하지 마…….
> 난 뚱뚱해, 난 말랐어, 난 키가 작아, 난 키가 커, 난 귀가 안 들리고, 난 눈이 보이지 않아
> 그렇다고 날 비웃지 마
> 이봐, 우리 모두 그렇지 않니
>
> — 스티브 세스킨(Steve Seskin) & 앨런 샘블린(Allen Shamblin), 「날 비웃지 마(Don't Laugh at Me)」

제2장에서 언급한 괴롭힘 가해자의 외모와 특성과 마찬가지로 피해자의 외모와 특성도 각양각색이다. 어떤 이는 몸집이 크지만, 어떤 이는 작다. 어

떤 이는 영리하지만, 어떤 이는 그렇지도 않다. 어떤 이는 매력적으로 생겼지만, 어떤 이는 그렇지 않다. 피해아동의 한 가지 공통점은 1명 또는 집단 가해자의 표적이 된다는 점이다. 피해아동은 어떤 형태로든 다른 아이들과 다르기 때문에 조롱의 대상이 되거나 언어적 · 신체적 · 관계적 괴롭힘의 대상이 된다. 가해자는 지속적으로 공격할 수 있는 대상을 필요로 하기 때문에 피해자의 개인적인 특징을 자신의 공격을 정당화하는 변명으로 이용한다.

우리 사회에 팽배해 있는 잘못된 생각 중 하나는 괴롭힘의 대상이 된 아이에게 뭔가 잘못이나 문제가 있을 거라는 믿음이다. 다시 말해 사람들은 괴롭힘의 대상이 연약하고, 한심하고, 무르고, 자신감 없고, 외톨이고, 가해자가 시키는 대로 하거나 스스로 괴롭힘을 자초하기 때문에 괴롭힘을 당할 수밖에 없다는 잘못된 믿음을 가지고 있다. 결국 이런 잘못된 믿음 때문에 괴롭힘은 합리화되어 아이들, 심지어 어른들조차 괴롭힘에 대해 책임지지 않고, 괴롭힘에 참여하며, 대상이 된 아이가 괴롭힘 당하는 것을 못 본 척하고, 더 나쁘게는 괴롭힘을 피해자 탓으로 돌리게 되는 것이다. 그러나 이 세상에 괴롭힘을 당해야 마땅한 사람은 아무도 없다.

또래들의 짜증이나 비웃음을 유발하는 행동을 하는 아이들도 다른 아이들과 마찬가지로 품위 있는 대우와 존중을 받을 권리가 있다. 물론 그 아이들도 자신의 행동을 바꿀 필요가 있다는 것을 알아야 하며, 아스퍼거 증후군을 겪는 아이들이 그러하듯 여러 힌트들, 즉 다른 아이들이 또래로부터 바보 취급을 당하지 않기 위해 거의 본능적으로 읽어내는 일상생활 속의 여러 힌트들을 기억해둘 필요가 있다. 하지만 우리는 왜 아이들이 자신과 좀 다른 아이를 무시하고, 조롱하며, 증오해도 괜찮다고 생각하는지에 대해 질문할 필요가 있다. 왜 아이들은 다른 아이들의 고통에서 즐거움을 느끼게 되는가?

개빈 드 베커(Gavin de Becker)의 저서 『아이들을 보호하기(Protecting the Gift)』에서 메리 아너슨(Mary Arneson) 박사는 경증 자폐증을 앓았던 어렸을 적 자신의 경험을 상세히 진술했다.

그곳은 우호적이다가도 적으로 돌변하는 사람들의 세계였다. 학교는 늘 사람들이 아무 이유도 없이 비열한 짓을 하는 곳이었다. 사람들은 특히 만만한 상대, 즉 조롱의 대상이 된 아이에게 그런 비열한 짓을 서슴없이 저질렀다. 예를 들어, 자폐아는 대개 옷을 고를 때 다른 아이들의 시선을 신경 쓰지 않는 편이다. 나의 경우에는 신발이 그랬다. 여자아이들은 대개 헐거운 신발을 신지 않지만, 나는 보통 신발을 신으면 발이 아팠다. …… 그래서 남자아이용 테니스화를 신었다. …… 대부분의 아이들은 이것을 대수롭지 않게 여겼지만, 그렇지 않은 아이들도 있었다. 나는 나에게 전화를 걸어 정말로 내 신발이 마음에 든다며 어디에서 구입했는지 알고 싶다고 한 여자아이를 지금까지도 기억한다. 나는 누군가 이런 신발을 좋아할 수도 있구나 하는 믿음으로 두말하지 않고 대답해주었다. 그때 나는 깨닫지 못했다. 그 아이와 옆에서 전화기를 귀에 대고 엿듣는 아이들에게는 그것이 얼마나 재밌는 일이었을지.

자폐아는 종종 이상한 걸음걸이로 걷고, 극히 좁은 분야에서만 흥미를 드러내며, 사회적 암시를 잘 읽어내지 못한다. 그들은 가해자들, 즉 자폐아들의 걸음걸이를 흉내 내고 그들이 특정 분야에 드러내는 흥미를 비웃으며, 그들로 하여금 곤경에 빠질 행동을 하도록 유도하면서 즐거워하는 아이들에게 좋은 표적이 된다.

가해자 자신이 우월감을 느끼기 위해 다른 사람을 깎아내리고자 할 때, 특정한 누군가를 표적으로 삼은 이유에 대해 수고롭게 변명할 필요가 없다. 다음과 같은 아이들을 대상으로 삼으면 되니까.

- 학교에 새로 온 아이.
- 학교에서 가장 어린 아이.(대개 이 아이는 키가 작고, 겁도 많고, 자신감이 부족하다. 중학교나 고등학교로 올라가면서 괴롭힘은 더 심해진다.)
- 트라우마를 겪은 아이.(이미 트라우마를 겪은 아이는 극도로 민감하고, 더 이상의 고통을 겪지 않으려고 또래를 기피하며, 쉽게 도움을 요청하려 하지도 않는다.)
- 고분고분한 아이.(이 아이는 자신감이 부족하고 항상 눈치를 보며, 다루기 쉽고 다른 사람들의 구미를 맞추기 위한 행동을 한다.)
- 다른 아이들을 곤혹스럽게 만드는 행동을 하는 아이.
- 싸우려 하지 않는 아이.(이 아이는 싸우지 않고 갈등을 해결하려 한다.)
- 수줍어하고, 부끄러워하고, 조용하며 자신을 잘 어필하지 않고, 소심하며 예민한 아이.
- 가난하거나 부자인 아이.
- 가해자가 열등하며 경멸스럽다고 여기는 인종 · 민족의 아이.
- 가해자가 열등하며 경멸스럽다고 여기는 종교를 가진 아이.
- 가해자가 열등하며 경멸스럽다고 여기는 젠더 · 성적 취향을 가진 아이.
- 영리하고, 재능이 뛰어난 아이.(이 아이는 돋보이기 때문에, 즉 다르기 때문에 표적이 된다.)
- 독립적이고 사회적 지위에 무관심하여 표준에 순응하지 않는 아이.
- 감정을 잘 표현하는 아이.
- 뚱뚱하거나 홀쭉하고, 키가 작거나 큰 아이.

- 치아 교정기를 달았거나 안경을 쓴 아이.
- 여드름이나 다른 피부질환을 가진 아이.
- 대다수의 아이들과 구분되는 눈에 띄는 신체적 특징을 가진 아이.
- 신체적 그리고/또는 정신적 장애를 가진 아이. 이 아이들은 명백한 장애를 가지고 있기 때문에 가해자의 입장에서는 괴롭힐 구실이 준비되어 있는 것과 다를 바가 없다. 이 때문에 이 아이들은 괴롭힘을 당할 가능성이 두세 배 더 크다. 이들은 학급에 잘 통합되지 못하고, 자신을 도와줄 친구도 많이 사귀지 못한다. 또한 공격으로부터 자신을 적절하게 방어할 언어적 그리고/또는 신체적 기술도 부족하다. 특히 주의력결핍과잉행동장애(ADHD)를 가진 아이는 생각보다 행동을 먼저 하기 때문에 자신의 행동으로 일어날 결과를 생각하지 못하고, 이로 인해 일부러 혹은 무심코 가해자를 짜증나게 하는 행동을 할 수 있다.
- 잘못된 시간에 잘못된 장소에 있는 아이. 이 아이는 가해자가 누군가를 괴롭히고 싶을 때 그 자리에 있었다는 이유만으로 괴롭힘을 당하는 경우이다.

알렉산드라 시어(Alexandra Shea)는 가해자가 '표준'에 속하지 않은 아이에 대해 가질 수 있는 힘을 설명했다. 수줍음을 타고 다른 아이들과 잘 어울리지 않는 좀 별난 아이였던 그녀는 여름캠프에 가는 것에 대한 두려움을 이렇게 묘사했다.

그녀들은 이 시골 외딴곳의 지하 사회를 이끄는 어린 보스들이자 6학년 여자아이들의 사회 모든 곳에 자리를 잡은 가해자 공주님들이었다. 그녀들의 헤어스타일과 복장은 완벽했다. 그녀들은 누구를 조직에 끼워주고, 누구를 쫓아내 조롱, 소문, 배척의 대상으로 삼을지를 결정했다. 난 본능적으로 내가 어느 쪽으로 분류될지 알아차릴 수 있었다. …… 나는 책벌레 아이가 광견병에 걸린 너구리만도 못한 취급을 받는 것을 경험하며 독서가 그리 괜찮은 취미로 여겨지지 못한다는 사실을 깨달을 수 있었다. …… 확실히 난 별난 아이였다.

— 알렉산드라 시어(Alexandra Shea), 「여름캠프에서 하지 않았던 것(What I Didn't Do at Summer Camp)」, ≪글로브 앤드 메일(Globe and Mail)≫, 2001년 5월 28일.

우리 중 대부분은 괴롭힘을 당해왔다. 우리가 가해자일 때조차 말이다. 사실, 가해자가 더 많은 괴롭힘을 당한다. 제5장에서 살펴보겠지만, 가해자는 자신보다 몸집이 더 크고 힘도 더 센 사람들에게 당했던 일을 대부분 흉내 낸다. 세계적으로 유명한 정신과 의사인 앨리스 밀러(Alice Miller) 박사는 『너 자신의 선함을 위해(For Your Own Good)』라는 저서에서 이렇게 말한다. "사람들은 모든 가해자가 한때는 피해자였다는 단순한 사실을 믿으려 하지 않는다. 그러나 분명한 것은 어린 시절부터 자유롭고 건강한 환경에서 성장한 사람은 다른 사람을 경멸할 필요를 느끼지 않는다는 사실이다."

자유롭고 건강한 환경은 가해자뿐 아니라 모든 아이가 잘 되기 위해 필요한 조건이다. 제1장의 '비극의 장면'에서 언급한 것처럼 가해자, 피해자, 방관자 모두 폭력의 악순환과 밀접한 관계가 있고, 경험을 통해 괴롭힘에 대한 저항감이 약화된다. 괴롭힘의 대상에 대한 잘못된 믿음은 반복적으로 괴롭힘을 당한 아이가 보여주는 겉모습과 행동에 기반을 두고 있는 것이다.

한번 괴롭힘의 대상이 된 아이가 그 후 어떻게 반응하느냐에 따라 대상 단계에서 희생자 단계로의 이동 여부가 정해진다. 앞에서 잠깐 인용했지만 어렸을 적 알렉산드라 시어는 '가해자 공주님'들을 무서워했다. 시어는 그녀들 때문에 캠프에 참여하지 않으려 했다. 그러나 그녀는 그들의 조롱, 소문, 배척에 굴복하지 않았다. 그녀는 기사에서 이렇게 썼다. "시간이 가면서 점차 내 힘으로 극복할 수 있게 되었다. 현재 난 친구들과 함께 기쁨이 충만한 삶을 살고 있다. 더 이상 수줍어하지도 않는다." 그녀는 또한 가해자 공주님들은 나이가 들어도 변하지 않는다는 점을 지적했다. "그들은 정중함과 공손함이라는 얄팍한 가면을 쓴 채 여전히 우리와 함께 있다."

만약 아이가 가해자의 공격에 굴복하여 고통, 공포 혹은 무반응을 보이거나 단호하게 또는 공격적으로 대응하지 못한다면, 정서적 · 신체적으로 문제가 생길 수 있다. 그 아이는 가해자의 공격을 받기 전과 다른 사람이 되고, 가해자는 무기력해진 그를 계속 괴롭힐 것이다. 가해자의 잔인함에 적절하게 대응하지 못했다는 자책감과 수치심, 실패 의식은 대상이 된 아이의 일상적인 평온을 파괴한다. 그가 또래로부터 소외당하고, 공부에 집중하지 못하며, 사회적 기술 대신 생존전략을 개발하게 될 때, 그의 삶은 급격히 바뀌게 된다. 방관자가 가해자와 피해자에게 어떻게 반응하느냐는 가해자가 얼마나 대담해지느냐와 피해자가 얼마나 무기력해지느냐에 중대한 영향을 미친다.

괴롭힘의 대상이었던 에번 램지(Evan Ramsey)는 여생을 감옥에서 보내게 될 것이다. 수줍음을 잘 타고 키가 작은 에번은 알래스카 외딴곳에 위치한 베설 지역 고등학교의 단단한 벽돌담에 갇혀 수년 동안 학대를 받았다. 그는 론 아리아스(Ron Arias)가 작성한 기사 「분노의 해소(Disarming the Rage)」(2001년 6월 4일 자 ≪피플≫)에서 자신이 당한 괴롭힘을 진술했다. "모든 아이들이 별명을 붙여주었다. '꽥꽥 소리를 내는 녀석', 'TV 시트콤 〈벨소리에 잠을 깨며(Saved by the Bell)〉에 나오는 촌뜨기'처럼 말이다. …… 그들은 나에게 물건을 집어던지고, 침을 뱉고, 나를 두들겨 패기도 했다. 가끔 반항도 해보았지만, 싸움에는 소질이 없었다." 처음에는 선생님에게 사건을 보고했다. 얼마 지나지 않아 교장은 모든 아이들을 무시하는 습관을 길러보라고 말했다. 하지만 그렇게 한다고 해서 그 고통을 견뎌낼 수는 없었다.

1997년 2월 19일, 에번은 12구경 엽총으로 동급생 조시 펄래서스(Josh Palacios)와 교장 론 에드워즈(Ron Edwards)를 살해했다. 에번은 어른에 준하는 재판을 받아 징역 210년을 선고받았다. 에번은 알래스카 수어드에 위치한 교도소 방에서 가진 인터뷰에서 "총을 가지게 되니 힘을 가진 것처럼 느껴졌다. 그렇게 하는 것이 분노를 해소하는 유일한 방법이었다"라고 말했다. 에번은 86세가 되어서야 가석방의 자격을 갖게 되는데, 그는 괴롭힘의 피해자가 가슴에 새기고, 어른들이 이해해야 하는 진실을 말했다. "내가 그와 같이 대우받지 않았다면 다른 삶을 살았을 것이다."

2001년 2월 14일, 또 다른 십대가 뉴욕 엘마이라 소재 사우스사이드 고등학교에 총기와 폭탄이 든 더플백을 몰래 들여온 혐의로 8년 6개월의 형을 선고받았다. 수년 동안 괴롭힘을 당한 후에 제러미 겟먼(Jeremy Getman)은 학살극을 벌이기로 마음먹었지만, 죄가 없는 사람을 죽일 수 없어 경찰에 자수했다. 그는 자신이 잘못했고 처벌을 받아 마땅하다는 것을 알았다. "정말 모든 사람들이 나를 미워한다는 생각이 들었다. 혼란스러웠고, 외로웠고, 절망감마저 느꼈다. …… 나는 내가 진심으로 살인을 원하지 않았다는 걸 안다."

콜로라도 리틀턴 출신인 십대 소녀 레이첼(Rachel)은 ABC와의 인터뷰에서, 학교에서 일어나는 살인을 피해자의 소외감, 모멸감, 분노와 관련지으며 이렇게 말했다. "가해자들은 죄 없는 아이들을 괴롭히며 즐거워했던 잔인함에 대한 대가를 치른 것이다." 동급생들은 5년 반 동안 그녀를 괴롭혔다. "그들은 마치 경쟁을 하듯이 괴롭혔다. 그들은 내 못생긴 외모를 놀리는 별명을 짓고는 서로 하이파이브를 하며 즐거워했다. 그들은 나의 무릎을 발로 차 타박상을 입히거나 다리를 걸어 넘어뜨렸다." 조용한 성격의 레이첼은 이런 일을 겪을 때마다 더 위축되었고, 집에 와서는 문을 걸어 잠가놓고 울었다. 그녀가 가해자들로부터 벗어날 수 있었던 것은 다른 학교로 전학을 간 뒤였다. "나는 내가 비로소 인간임을 느꼈다."

레이첼은 새 학교로 전학 갈 수 있었다. 그러나 엘리자베스 부시(Elizabeth Bush)는 그런 행운조차 따라주지 않았다. 그녀는 몇 년 동안 법원의 보호를 받으며 정신병원에서 수업을 받을 것이다. 2001년 3월 7일 엘리자베스는 아빠의 총을 학교에 가져와서 한 여학생을 쏘아 어깨에 부상을 입혔다. 부상자는 엘리자베스의 전 친구였는데, 그녀는 지속적으로 엘리자베스를 '백치, 멍청이, 뚱땡이, 못난이'라고 놀려댔다. 가해자들은 엘리자베스를 항상 따돌리고 소외시켰으면서도 그에 대해 전혀 반성을 하지 않았다. 사실 일부 사람들은 상대방을 놀리는 것만으로도 화나게 할 수 있다는 것을 이해하지 못한다. 반면에 엘리자베스는 자신의 잘못을 후회한다고 말했고, 자신의 행동에 전적으로 책임을 졌다.

수치심, 비밀, 그리고 슬픔

이런 상황들이 어떻게 단 1명의 어른도 알아채지 못하는 상태에서 아무도 말리는 이 없이 벌어질 수 있는가? 왜 이 아이들은 다른 사람에게 말하지 않았을까? 앞에서 소개한 사건들을 자세히 살펴보면 어른들은 알고 있었고, 아이들은 도움을 요청했다. 그러나 어떤 아이도 도움을 받지 못했다. 부모들은 간혹 맨 마지막으로 알게 된다. 엘리자베스 부시에 대한 비난에 대해 아빠는 기자들에게 이렇게 말했다. "우리는 딸애가 얼마나 놀림을 당했는지 알 방법이 없었다."

만약 여러분의 자녀가 괴롭힘의 대상이라 할지라도, 자녀가 여러분에게 솔직하게 털어놓을 거라고 기대하지 마라. "아빠, 엄마! 오늘 저에게 무슨 일이 일어났는지 맞혀보세요!" 이런 일은 일어나지 않는다. 다음과 같은 이유들 때문에 아이들은 괴롭힘을 당해도 어른들에게 잘 이야기하려 하지 않는다.

- 아이는 괴롭힘을 당했다는 것에 대해 부끄러워한다. 가해자는 상대로 하여금 자신이 존중받을 가치가 없고, 인기 없고, 고립되었으며, 부끄러워해야 마땅한 인간이라고 생각하게 만든다. 남자아이는 여자아이보다 어른에게 말할 가능성이 더 적다. 남자아이는 "울지 마!", "엄마에게 쪼르르 가서 고자질하지 마!" 같은 말을 듣고 자라면서 전통적인 우리 사회의 이데올로기를 주입받아 "견뎌내라", "강해져라", "스스로의 힘으로 해내라" 같은 말을 실천으로 옮기려는 성향이 강하다. 여자아이와 남자아이 모두 성적인 괴롭힘을 보고하지 않고 견뎌내려 한다. 그들은 그런 사회와 학교의 추한 문화가 쉽게 바뀌리라 생각하지 않기 때문이다. 십대 전반기의 아이는 십대 후반기 아이보다 이야기를 더 잘 한다. 십대 전반기의 아이는 어른에게 도움을 요청하면 어른들이 자신을 도와줄 거라고 기대한다. 반면에 십대 후반기의 아이는 십대 전반기 아이의 생각이 반드시 맞지 않다는 것을 알고 있으며, 자신의 생각을 입증할 만한 유쾌하지 못한 일도 적잖이 경험했다.

- 아이는 어른에게 말했을 때 받을 보복을 두려워한다. 가해자는 위협을 통해 이러한 공포를 가중시킨다. 이런 식으로 가해자는 공포와 보복의 암묵적 또는 직접적 위협을 통해 아이를 침묵하게 만들면서 자신의 야만적인 행동을 계속할 수 있다.
- 아이는 누군가가 자신에게 도움을 줄 수 있다고 생각하지 않는다. 그는 괴롭힘이 주는 고립감으로 인해 자신이 외톨이라고 생각한다. 또 아이는 가해자가 너무 강력하고, 너무 비열하고, 너무 영리하여 누구도 그의 행동을 멈출 수 없다고 생각한다.
- 아이는 누군가가 자신에게 도움을 줄 거라고 생각하지 않는다. 그는 도움을 요청한들 가해자와 잘 지내라거나, 알아서 가해자를 피하라거나, 맞서 싸우라거나, 겁쟁이처럼 굴지 말라는 말을 들을 거라고 생각한다.
- 아이는 괴롭힘이 어른이 되는 데 필요한 과정이라는 거짓말을 믿는다. 이런 믿음이 아이를 지옥으로 몰아넣는데, 이 지옥은 흔히 볼 수 있는 아동기의 전경 중 일부이다.
- 아이는 어른도 자신을 괴롭히기 때문에 어른을 믿을 수 없다고 생각한다. 맞는 생각이다. 일부 어른들은 아이들을 괴롭힌다. 이들 어른 가해자는 다른 아이들이 피해아동을 괴롭히도록 승인하거나 최소한 묵인할 수 있다.
- 아이는 또래가 설사 자신을 괴롭히더라도 또래를 배신하는 것은 나쁘고, 남자답지 못하고, 유치하다고 배웠다. 아이는 언어적 · 신체적 괴롭힘을 당하거나 따돌림을 당했을 때 그것을 묵묵히 받아들이는 것이 '성숙한' 대응이라고 생각한다.

아이는 앞서 언급한 한 가지 또는 모든 이유로 인해 괴롭힘 당하는 것에 대해 어른에게 솔직하게 말하지 않는다. 하지만 그 대신 우리에게 넌지시 암시를 준다. 만약 여러분의 직감이 무엇인가를 경고한다면, 대개는 무슨 일이 벌어지고 있는 것이다.

아이들은 다섯 가지 방식으로 말을 한다. 몸, 얼굴, 눈, 목소리의 높낮이, 말. 때때로 그들의 말은 그들이 실제 말하고자 하는 것을 변명하거나 감추기 위한 것이다. 자녀의 행동 변화를 놓치지 마라. 그 변화의 출현 빈도, 지속 기간, 강도를 주의 깊게 살펴보라. 괴롭힘은 장기간에 걸쳐 신체적 · 정신적 결과를 남긴다. 여러분이 자녀의 행동에서 나타나는 다음과 같은 징후들을 발견한다면, 말이나 행동 속에 내포된 암시가 무엇인지 고민하며 자녀의 입장에서 생각해봐야 한다.

징후들

- 갑자기 학교에 흥미를 잃거나 학교 가는 것을 거부한다.(전국학교심리학자연합회에 따르면, 미국에서 매일 16만 명의 아동이 괴롭힘에 대한 두려움으로 학교에 결석한다. 왜 자발적으로 괴롭힘을 당하러 학교에 가겠는가?)
- 평소에 이용하지 않던 길을 통해 학교에 간다.(집 남쪽에 위치한 학교에 가기 위해 북쪽에 갔다가 동쪽으로 세 블럭을 간다. 남쪽으로 바로 가면 아이를 때리고 옷을 벗기고, 점심 값을 빼앗는 가해자 집단과 마주치기 때문이다.)
- 유급을 당한다.(아이들은 가해자를 피할 방법을 생각하고, 다음에 무슨 일이 일어날 것인가에 대한 두려움에 떨고, 지난번 괴롭힘으로부터 얻은 고통에서 회복하느라 학교 공부에 집중하기 어렵다. 괴롭힘의 악순환의 마지막 단계에서는 수학 과제를 하는 대신 복수 계획을 세우는 데 모든 시간과 에너지를 쏟아

붓게 된다.)

- 가족과 소원해지고 학교 활동에 불참하며 혼자 있고 싶어 한다.(소외감, 수치심, 공포, 모멸감을 느끼게 된다면, 공처럼 몸을 움츠리고 누구와도 대화하지 않거나 방문을 걸어 잠그고 그 안에서 울고 싶어질 것이다.)
- 점심 값을 잃어버렸다든가 학교에서는 배고프지 않았다고 말하며 방과 후 집에 오자마자 음식을 달라고 한다.(가해자는 점심 값을 강탈하는 것을 즐거움으로 삼는다. 또 식당은 운동장과 복도에 이어 세 번째로 괴롭힘이 자주 일어나는 장소이다. 이 때문에 괴롭힘을 당하는 아이는 점심 값을 가지고 있을 때조차 식당에 가려 하지 않는다.)
- 부모의 돈을 가져가고 그 돈의 사용처에 대해 서투른 변명을 한다.(가해자는 상대와 상대의 돈을 별개의 것으로 여긴다. 아이는 가해자로부터 보복을 당하는 것보다 엄마나 아빠의 지갑에서 돈을 훔쳐 가해자에게 주는 것이 신체와 정신에 덜 위험하다고 생각한다.)
- 집에 오자마자 곧장 화장실로 간다.(학교의 화장실은 가해자들이 공격하기 좋은 장소 중 네 번째를 차지하기 때문에, 아이는 설사 방광염에 걸릴지라도 소변을 참는 것이 최선이라고 생각한다. 그는 방광염에 걸리더라도 그것이 머리가 변기통의 물속에 잠기거나 세면대 거울에 적힌 모욕적인 낙서를 보는 것보다는 낫다고 생각한다.)
- 전화나 이메일을 받은 뒤에 슬퍼하거나 시무룩해지고, 화를 내거나 무서워한다.(아이는 전화를 걸어온 여자아이가 입에 담지도 못할 욕을 하고, 전화를 끊기 전에 자신을 비웃었다는 사실을 엄마나 아빠에게 어떻게 말해야 할지 모른다. 영어 수업시간에 남자아이가 쓴 자신에 관한 외설스러운 거짓말이 그의 이메일 주소록에 있는 모든 사람들에게 보내졌다고 말하는 것을 수치스

러워한다. 아이는 이메일을 열어본 뒤에 공포로 마비가 된다. 가해자는 조롱을 피할 방법이 없다는 확신을 준다. 부모가 무엇을 도와줄 수 있겠으며, 도와준다고 한들 사태를 더 악화시키지 않는다고 장담할 수 있는가?)

- 자기답지 않은 행동을 한다.(아이는 매일 자신의 주변을 빙빙 돌며 놀아주는 척하면서 괴롭히는 가해자 집단에 의해 학교에 붙잡혀 있는 것보다 학교를 빼먹는 것이 낫다고 생각한다. 가해자들은 아이에 대한 조롱을 멈추고 또래집단에 끼어준다고 하면서 아이의 바지를 벗겨 내릴 것이다.)
- 또래에 대해 말할 때 경멸적이거나 비하하는 언어를 쓴다.(욕설을 듣고, 찔리고, 떠밀리고, 따돌림 당하고, 웃음거리가 된다면 괴롭힘을 시작한 아이나 가담한 아이 또는 모른 척한 아이에 대해 좋은 마음이 생기지 않을 것이다. 누가 자신을 괴롭히는 아이에 대해 좋게 말하겠는가?)
- 또래나 일상생활에 대해 말하려 하지 않는다.(괴롭힘을 당하면 그 일상은 고통, 좌절, 두려움, 공포에 물들게 된다. 무엇에 대해 말할 수 있겠는가?)
- 옷차림이 흐트러지거나 옷이 찢어지고, 때로는 옷을 분실한다.(설령 아이가 치고받는 싸움으로 갈등을 해결하는 것을 좋아하지 않을뿐더러 동등한 조건의 일대일 싸움이 아니었다 해도, 아이는 얻어맞았고, 지저분한 욕설을 들었고, 다른 사람에게 말하면 더 맞을 거라는 소리를 들었다고 말하기보다는 싸웠다고 말할 것이다. 지난번에 아이가 괴롭힘을 당한다고 말했을 때 아빠는 맞서 싸우라고 말했기 때문이다. 또한 아이는 맞지 않으려고 제일 좋아하는 재킷을 넘겨주었다고 말하는 대신 탈의실에서 잃어버렸다고 말하는 게 더 낫다고 생각할 것이다.)
- 설명과 일치하지 않는 신체적 부상을 입는다.(아이는 누군가에게 떠밀려 다쳤다고 하는 대신 탈의실에 들어가다 다쳤다고 말한다. 아이는 여자아이들

이 버스 통로에서 발을 걸어 넘어졌다고 말하기보다는 교실로 달려가다 발목을 삐었다고 말한다. "어떻게 눈에 멍이 들었는지 모르겠네. 침대에서 떨어졌나 봐"라고 말하는 것은 학교 가는 길에 붙잡혀 얼굴을 차인 일을 회상하는 것보다 훨씬 덜 고통스럽다.)

- 복통, 두통, 공황 발작 증세를 보이고, 잠을 잘 못 자거나 아주 많이 자며, 탈진 증세를 보인다.(괴롭힘은 뇌와 신체에 실질적인 고통을 줄 수 있다. 아이의 몸은 괴롭힘을 당했을 때의 스트레스에 반응해 화학적 방어기제에 따라 아이가 맞서 싸우거나 도망치도록 만든다. 그리고 매일 이어지는 공격은 방어기제가 계속 작동하도록 만든다. 아드레날린은 쉼 없이 분비된다. 이렇게 되면 몸은 최고 수위의 긴장 상태를 유지하며 위액 분비를 촉진시키고, 팔다리가 비비 꼬이도록 만들며, 뇌를 마비시킨다. 지속적으로 두려워하거나 가해자에게 저항하는 것은 정신적 · 신체적 방어에 부담을 준다. 결국 방어기제는 망가지고 마음과 신체는 탈진 상태가 된다.)

괴롭힘에 의한 자살과 총기난사

경멸당하고, 얻어맞고, 수치심을 느끼는 많은 아이들은 매일 정상인 것처럼 가면을 쓰고 생활하지만, 거짓 미소와 초조한 웃음 밑에는 치명적인 상처가 자리 잡고 있다. 만약 이런 고통이 없어지지 않는다면 아이는 파국으로 치닫게 될 것이며, 이때 여러분이 보게 될 징후들은 앞 절에서 나열한 징후들보다 훨씬 심각할 것이다. 아이들은 배제와 경멸이 불러온 감당하기 어려운 수치심으로 인해 폭발하게 된다. 코넬 대학교의 인간개발학 교수이면서 『잃어

버린 소년들: 왜 우리 아들들은 폭력적으로 변하는 것이며, 어떻게 그들을 구할 수 있는가?(Lost Boys: Why Our Sons Turn Violent and How We Can Save Them)』의 저자인 제임스 가르바리노(James Garbarino) 박사는 한 인간의 핵심적인 존재 가치가 공격받았을 때 나타나는 파멸적인 결과에 대해 이렇게 기술한다. "수치심은 한 인간에게 삶을 포기하게 만들 정도의 공포, 즉 심리적 파멸을 가져온다. 거부, 야만성, 사랑의 결핍보다 더 인간의 정신을 위협하는 것은 없다. 자신의 영혼이 경멸을 받는 것을 감당할 수 있는 사람은 …… 아무도 없다." 가르바리노 교수의 설명에 따르면, 수치심을 느끼는 아이들은 폭력적이고 공격적인 성향을 띨 가능성이 높은데, 그러한 행동을 통해 자신의 존재를 알리려 하기 때문이다. 심리적 파멸의 위협으로부터 고통받는 피해 아이들은 가해자의 작위와 또래 혹은 어른 방관자의 부작위로 일어난 부당 행위에 대해 어느 정도 대응할 필요성을 느낄 때 공격적인 행동을 선택하게 된다. 폭력이란 결코 우연히 일어나는 것이 아니다. 폭력은 예측 불가능한 것도 아니고, 갑자기 아무 곳에서나 발생하는 것도 아니다. 그것은 약간의 암시와 위험신호, 그리고 도움을 청하는 절규가 한데 섞인 길고 극적인 이야기의 비극적 결말이다.

『괴롭힘에 의한 자살, 죽음에 이르는 놀이: 괴롭힘으로 의한 아동자살의 폭로』의 저자 닐 마르와 팀 필드는 'bullycide'를 이렇게 정의했다. "계속 괴롭힘을 당하느니 차라리 자살을 선택하는 것이 바로 괴롭힘에 의한 자살(bullycide)이다." 영국에서 매년 최소 16명의 아이들이 또래 아이들에게 구타를 당하고 자살을 선택한다. 1999년 미국 고등학생들은 13명 중 1명꼴로 지난 12개월 동안 한 번의 자살 시도를 한 것으로 보고되었는데, 이 수치는 지난 20년 사이에 무려 세 배로 높아진 것이다. 2000년 2,000명 이상의 아이들이 자살을 했는데, 이들 중 실제 얼마나 많은 아이들이 괴롭힘으로 자살했는지에 대한 통계는 없다.

시 짓기를 좋아했던 15세 브라이언 헤드(Brian Head)의 죽음이 괴롭힘에 의한 자살이었다는 것에는 의문의 여지가 없다. 1994년 3월 28일 브라이언은 경제학 수업시간에 머리에 총을 겨누고 "나는 더 이상 견딜 수 없어"라고 말하면서 방아쇠를 당겼다. 그의 엄마는 브라이언이 수년 동안 또래 아이들로부터 조롱과 고문을 당했다고 했다. "수차례에 걸쳐 인기 많은 아이나 학생 운동선수들이 그를 표적으로 삼았다. 그들은 브라이언의 뒤통수를 후려치거나 그를 로커에 밀어 넣었다. 이것이 그를 파멸로 몰아넣었다." 장례가 끝난 후 부모는 브라이언이 쓴 시를 발견했는데 그 시에는 그에게 가해진 폭력이 묘사되어 있었다. 그는 또래들이 자신을 '하찮은 존재로 여기고 조롱당해도 싼 싸구려 물건쯤'으로 생각했다고 묘사했다. 그가 자살을 선택한 이유도 그의 시에 잘 나타나 있다. "어둠 속에서는 그들의 사악한 눈들이 심연에 있는 나의 영혼을 응시할 수 없다. …… 나는 나를 재단하는 그들의 눈초리를 받지 않고 마음대로 움직일 수 있다. …… 나는 절망과 위선의 꿈을 꾸지 않고도 잠을 청할 수 있다. 나는 어둠 속에서 편안함을 느낀다."

브라이언은 조용하고 배려심이 많고 재능이 풍부한 아이였다. 또래들의 가혹한 공격이 그의 영혼을 짓이겼고, 자의식을 파괴했다. 얼마나 많은 아이들이 또래의 잔혹함을 견디지 못하고 자살을 선택하는지 궁금할 따름이다.

우리는 일부 아이들이 장기간의 괴롭힘을 당한 뒤에 폭발할 수 있다는 사실을 안다. 뉴욕 알프레드 대학교가 후원한 해리스 여론조사에 따르면, 미국의 한 고등학교 학생 800명 중 20명이나 되는 학생이 학교에서 다른 사람들에게 총기를 난사할 정도의 고위험 상태에 놓여 있다고 한다. 7~12학년

2,017명을 대상으로 '학교에서 총기를 난사할 생각을 해봤는가?'라는 질문을 했을 때, 십대의 8%가 그런 생각을 해보았다고 응답했고, 다른 10%는 학교에 총을 가지고 올 생각을 했다고 응답했다. 알프레드 대학교 연구 팀은 이어서 총기에 접근해봤느냐고 질문했다. 800명 중 20명의 학생들이 학교에서의 총기난사를 생각하며 총기에 접근했다고 응답했다. 대부분 11학년과 12학년 남학생들이었는데, 연구 팀의 질문에 대한 응답에서 그들은 자신들이 집이나 학교에서 소중한 존재로 대우받지 못하고 있으며 영위하는 삶의 질도 낮다고 생각한다고 말했다. 캐나다의 경우 엄격한 총기관리 덕분에 총기문제가 큰 이슈는 아니지만, 총기를 사용하지 않고도 대재앙을 불러올 수 있는 방법은 많기 때문에 미국과 캐나다 양국은 크게 우려하고 있는 실정이다.

2001년 3월 8일, 〈ABC 뉴스〉와 〈굿모닝 아메리카(Good Morning America)〉는 전국 고등학생 500명을 대상으로 '학교에서 잠재적으로 폭력을 행사할 가능성이 큰 사람은 누구인가?'라는 설문을 했는데, 그 결과에 따르면 대부분의 응답자들은 남자가, 그리고 괴롭힘의 가해자였던 아이보다는 피해자였던 아이가 폭력을 행사할 가능성이 더 높다고 응답했다. 10명 중 7명은 자신들이 생각하는 잠재적 공격자는 남자아이라고 응답했다. '남자와 여자 모두'라고 응답한 사람은 29%였으며, 2%만이 여자아이가 잠재적인 공격자일 것이라고 답변했다. 그리고 4분의 3은 가해자가 아니라 피해자가 폭력을 행사할 거라고 응답했다. 2000년 미국 국토안전부 비밀수사국이 실시한 연구에서 나타난 결과는 십대들의 응답에 신빙성을 주었다. 이 연구에 따르면, 1974년 이후 발생한 37건의 학교 총기난사 사건의 범인 중 3분의 2 이상의 아이들이 학대당하고, 괴롭힘을 당하거나 협박을 받았으며, 폭행으로 인한 부상을 입었던 것으로 드러났다.

청소년 폭력 행위의 예측 징후

다음은 청소년 폭력 행위를 예측할 수 있는 징후들을 나열한 것이다. 이 징후들은 비극이 일어날 가능성이 있는가를 판단하는 데 사용하는 것이지, 해당하는 아이들을 고발하거나 배제하기 위해 사용하는 것이 아니다. 이들 지표는 경고, 즉 위험신호이다. 따라서 이 지표들이 얼마나 심각하게 혹은 얼마나 많이 나타나는지를 주의 깊게 살피는 것이 중요하다. 일부 신호는 가해자와 관련된 사항이고, 일부는 피해자에 대해 기술한 것이며, 또 일부는 가해자와 피해자 모두에게 해당되는 것들이다. 내가 폭력 행위를 했거나 문제를 일으킨 청소년을 대상으로 수행한 연구결과에 따르면, 그들 모두는 타인으로부터 고통을 당하거나 학대를 받았고, 무시당하거나 노골적인 따돌림을 당한 경험을 갖고 있었다. 그들은 자주 분노라는 가면을 쓴 절망을 표현했고, 끔찍한 부당성과 자신을 향한 온갖 침해에 대해서도 말했다. 그들은 자기 자신이나 타인을 해한 뒤 내가 관여하는 프로그램에 참여했지만, 위험신호를 알아차리는 데는 너무 늦었다. 뒤돌아 생각해보면 징후는 누군가 보고 들으려고만 하면 알 수 있는 것이었다.

서문에서 나열한 비극적인 이야기들은 모두가 조그만 암시, 위험신호, 그리고 도움을 요구하는 절규 등을 포함하고 있다. 그러나 이미 죽어버린 그들에게 아래의 두 리스트는 심리적인 부검 정도의 의미밖에 갖지 못할 것이다. 이 리스트들은 끔찍한 일이 발생하기 전에 지원과 개입의 필요성을 평가하는 지표로 활용되는 편이 더 좋을 것이다.

다음은 폭력행동의 예측에 관한 한 최고의 전문가인 개빈 드 베커가 그의 저서 『아이들을 보호하기』에서 나열한 십대 폭력을 예측하는 선행지표(PINS)

리스트이다.

- 알코올과 마약 남용
- 미디어 중독
- 목표 상실(지속적으로 목표와 꿈이 바뀌고, 비현실적인 기대를 갖고, 목표에 도달하기 위한 인내심과 자제심이 결여됨)
- 무기에 매혹됨
- 총기 사용 경험
- 총기에 자주 손을 댐
- 자주 풀이 죽거나(Sullen) 화를 내며(Anger) 우울해함(Depressed)(SAD)
- 폭력을 통해 지위와 가치를 얻으려 함
- 폭력 또는 자살 위협
- 만성적 분노
- 거부나 경멸의 감정을 자주 드러냄
- 미디어의 자극(광범위하게 알려진 폭력행동은 범죄자와 그들이 받는 관심을 동일시하는 사람들을 자극할 수 있다.)

드 베커 교수는 또한 극악한 폭력 행위를 저지르는 많은 사람들은 대니얼 골먼(Daniel Goleman)이 자신의 책 『감성적 지성』에서 설명한, 삶을 효과적으로 다스리는 데 필요한 일곱 가지 핵심적인 능력을 배우지 못했다고 주장한다. 그 일곱 가지는 동기부여, 좌절 극복, 만족 지연*, 감정 조절, 희망, 공감, 충동 관리를 말한다.

이들 일곱 가지 중에 한 가지만 결핍되어도 선행지표에 해당될 수 있다.

만약 아이가 괴롭힘의 대상이라면 이들 핵심능력 중 네 가지를 개발하기 어렵다는 것을 아는 것이 중요하다. 만일 아이가 하루를 시작하면서 기대할 수 있는 것이 종일 괴롭힘을 당하는 것뿐이라면 아침에 침대에서 일어나는 일에 동기를 부여하는 것조차 어려울 것이다. 학교에 가는 순간부터 집에 다시 돌아올 때까지 아이의 정서적 · 신체적 안녕이 위협받는다면, 좌절을 극복하기란 어렵다. 이런 상황에서는 아이가 충돌을 피하기 위해 예방조치를 취하는 것이나 무언가를 양보하는 것은 큰 의미가 없다. 또한 아이가 무시당하고, 소외당하고, 온갖 소문과 비웃음의 노리개가 되고, 얻어맞을 때 감정을 조절하기란 어려울 것이다. 아이는 공포, 절망, 분노, 좌절, 슬픔의 롤러코스터를 타고 있다. 만약 더 나은 선택지가 생기고, 즐기고 웃을 수 있게 되며, 소속감이 다른 감정들과 균형을 이루게 되면 아이는 자신이 삶을 통제할 수 있다는 믿음을 갖게 되면서 감정을 조절하기 더 쉬워질 것이다. 아이가 매일 상처와 고통, 따돌림, 공격을 받는다면 희망을 갖기 어렵다. 아이가 가질 수 있는 최고의 희망이란 어떻게든 괴롭힘을 끝내는 것이다. 아이가 오랫동안 괴롭힘을 받는다면, 그 아이는 누군가 자신에게 도움을 줄 것이라는 희망을 포기한다. 그러면 아이는 괴롭힘을 멈출 수 있는 어떤 희망도 포기하게 될 것이다.

드 베커 교수는 문제를 일으킨 전력이 없던 아이도 얼마든지 폭력적이 될 수 있음을 지적하면서 이렇게 말한다. "과거에 문제를 일으켰던 아이만이 극악한 폭력을 저지르는 것은 아니다. …… 만약 몇 가지의 선행지표가 특정 아이에게 나타난다면, 다른 사람이 '저 아이는 이제까지 한 번도 말썽을 일으키

---

* 미래에 있을 더 큰 보상을 위해 지금 당장 눈앞에 보이는 작은 즐거움을 참아내는 것.

지 않았어'라고 말하더라도 요주의 인물로 관심을 기울여야 한다." 이 말은 특히 괴롭힘의 대상이 되는 아이에게 정확히 들어맞는다. 가혹하게 괴롭힘을 당하는 아이들은 늘 그렇지만, 도저히 참을 수 없는 상황에 직면하다 보면 단 한두 가지의 지표조차 심각한 문제의 경고신호가 될 수 있다. 풀이 죽거나 화가 나거나 우울한 상태(SAD)에 미디어의 자극을 혼합하고, 이것을 거부와 경멸에서 기인한 희망 없는 삶에 섞으면, 빌딩에 비행기를 충돌시켜 자살하는 영리한 아이가 만들어진다.

페퍼다인 대학교 전국학교안전센터에서 개발한 청소년 폭력행동을 예측하는 평가항목의 많은 부분은 앞에서 설명한 개빈 드 베커 교수의 폭력 예측 선행지표(PINS)와 동일하다. 단지 이름만 다를 뿐이며, 이 두 리스트는 상호 보완적이다. 부모로서 그리고 교육자로서 우리는 모든 노력을 기울여 위험신호를 감지해야 한다. 우리가 잠재적 폭력에 대한 경각심을 가지고 두 가지 리스트에서 언급하는 지표들을 이용하면 위험을 줄이거나 막을 수 있을 것이다. 이 두 지표 모두 위험을 예측하고 그에 대해 더 분명한 조감도를 그릴 수 있게 해준다.

다음의 전국학교안전센터의 평가항목에서 각 항목에 대해 '그렇다'는 5점이다. 총점이 아이의 폭력행동지수를 결정한다.

청소년 폭력행동 유발 지표

- 갑작스럽게 화를 내거나 감정이 폭발하는 경향이 있다.
- 욕설, 저주, 상스러운 말을 자주 한다.
- 화가 났을 때 습관적으로 폭력적인 위협을 한다.

- 학교에 무기를 가져온다.
- 학교나 다른 공동체에서 중징계를 받은 적이 있다.
- 마약, 술, 기타 중독 물질을 복용한 적이 있다.
- 또래 중에 친한 친구가 적거나 아예 없다.
- 무기, 폭발물, 방화도구에 관심이 많다.
- 무단결석을 하거나 정학, 퇴학을 당한 경험이 있다.
- 동물을 잔인하게 괴롭힌다.
- 부모 또는 돌봐주는 어른으로부터 적절한 감독과 지원을 거의 또는 전혀 받지 못한다.
- 가정에서 학대 또는 방치를 목격했거나 경험했다.
- 또래나 자기보다 어린 아이를 괴롭히거나 위협한다.

나는 이상의 리스트에 몇 가지를 추가하고자 한다.

- 또래나 자기보다 나이가 많은 아이로부터 괴롭힘을 당했다.
- 자신이 자초한 문제나 곤란한 상황을 다른 사람 탓으로 돌리는 경향이 있다.
- 폭력적인 주제의 TV 쇼, 영화, 또는 음악을 지속적으로 즐긴다.
- 폭력적인 주제나 의식, 학대를 다루는 읽을거리를 즐긴다.
- 학교에서 하는 작문이나 쓰기 과제물에 분노, 좌절, 삶의 부정적인 면을 드러낸다.
- 또래집단 중 가장 건전하지 못한 조직폭력단이나 반사회적 단체와 관계를 맺는다.

- 자주 우울해하며 감정기복이 심하다.
- 자살하겠다고 위협하거나 실제 자살을 시도한 적이 있다.

이상의 체크리스트에서 아이의 점수가 5~20점이면 잠재적인 청소년 비행의 위험성을 갖고 있다. 만약 25~50점이면 위험 수위에 해당하는 것으로 적극적인 지원과 멘토링이 필요하며 긍정적인 롤모델을 제시해 이를 배워나갈 수 있도록 도와줘야 한다. 만약 55점 이상에 해당하면 이 아이는 시한폭탄이나 마찬가지이다. 해당 아동과 그의 가족은 매우 위험한 상태에 놓여 있다. 즉시 사회 보건 서비스나 청소년 문제 전문가, 그리고 법률 집행 당국에 도움을 요청해야 한다.

우리는 아이들의 개인적인 성격과 생활 경험, 그리고 환경이 폭력에 어떻게 영향을 끼치는가를 알기 위해 앞서 언급한 지표 이외의 많은 것을 관찰해야 하고, 폭력적으로 변모한 아이들의 겉으로 드러난 생활 모습 그 이상을 살펴볼 필요가 있다. 아이들이 폭력적인 행동을 하는 이유는 각기 다르다. 부모의 지원, 가정생활, 또래집단, 괴롭힘, 미디어 폭력, 총기에의 접근성 등 모든 요소들이 원인이 된다. 십대들이 가정한 대로, 그리고 통계 결과가 뒷받침하는 대로 괴롭힘을 받는 아이가 학교에서 잠재적인 공격자로 변모하는 것이라면, 우리는 아이들이 괴롭힘의 희생자가 되는 것을 막음으로써 브라이언 헤드와 같이 또래들의 잔인함으로 인해 죽음을 선택하는 아이들의 수를 줄일 수 있을 뿐 아니라 미래에 있을 폭력적인 행동의 위험성을 줄일 수 있다.

급우를 총으로 쏜 어린 여학생 엘리자베스 부시의 경우에 대해 언급하면서, 필립 맥그로(Phillip C. McGraw) 박사는 다음과 같이 충고했다.

부모로서 우리는 눈가리개를 걷어내고, 생각할 수 없는 것을 생각하고, 갈 길을 잃어버린 세대의 고통스러운 세계에서 무슨 일이 일어나고 있는가를 보아야 한다. 폭력 행위는 결코 정당화될 수 없다. 그러나 우리가 팬케이크를 아무리 평평하게 만들려고 해도 그것은 양면을 가진다. 이 비극의 요인에는 작위와 부작위 모두가 해당된다. 학생들이 급우들을 거부하고, 소외시키고, 심리적으로 고문할 때 피해 학생들은 상처 입은 맹수처럼 보복할 것이다. 그들은 작위의 행위를 한 것이다. 책임져야 할 사람이 또 있다. 모르는 척 옆에서 방관하고 고통의 형벌을 묵인하는 사람들이다. 그들은 부작위의 행위를 한 것이다.

— ≪오프라 매거진(The Oprah Magazine)≫, 2001년 6월

모르는 척 옆에서 방관하는 사람들도 문제의 일부이다. 다음 장에서 다룰 내용은 괴롭힘의 방관자에 대해서이다. 우리는 방관자란 누구이고, 그들의 역할이 가해자와 피해자에게 어떻게 영향을 끼치는가에 대해 살펴볼 것이다.

분노가 서린 눈으로 과거를 보거나 공포에 젖은 눈으로 미래를 보지 말고, 애정 어린 관심의 눈으로 주변을 둘러보자.

— 제임스 서버(James Thurber)

제4장

방관자

12 대 1
앵거스가 무엇을 할 수 있었을까?
그들은 앵거스를 포위하고
그의 겉옷과 바지, 양말, 신발을 벗기고
셔츠를 찢고
그를 커다란 쓰레기통에 처박은 뒤에
머리에 잉크와 시럽을 쏟아부었지.
밧줄로 쓰레기통을 기둥에 묶고 끌어올렸지.
그가 처박힌 쓰레기통이 높이 올라갔을 때 나는 그의 눈을 보았지.
그는 밑에서 올려다보는 우리를 빤히 쳐다보았지.

— 존 베처먼(John Betjeman) 경(卿), 「종소리에 눈을 뜨며(Summoned by Bells)」(1960년)

방관자는 세 번째 등장인물이다. 그들은 부작위와 작위를 통해 가해자를 돕고 선동하는 지지자의 역할을 담당한다. 그들은 곁에서 벌어지는 괴롭힘을 멍하니 지켜보거나 못 본 척하고, 때로는 적극적으로 가해자를 격려하거나 가해자 편에 가담하여 가해자 집단의 일원이 되기도 한다. 그들의 선택이 무엇이든 대가가 따르기 마련이다. 방관자가 적극적으로 가해자와 함께하거나 가해자를 응원하는 것은 피해자를 더 당혹하게 하고, 가해자의 반사회적 행동을 고무시키며, 방관자 자신을 잔혹함에 무뎌지게, 혹은 그 자신을 또 한 명의 가해자로 만들 위험이 있다. 아이들이 가해자의 공격적이고 반사회적 활동을 관찰하면서 가해자를 인기 있고, 강하며, 존경스러운 롤모델로 생각하게 된다면, 가해자의 행동을 모방할 가능성이 높다. 십대 이전의 남자아이와 여자아이가 또래집단에서 자신의 지위를 높이기 위해 표적이 된 아이를 언어적 · 신체적 · 관계적으로 깎아내리는 것은 흔히 볼 수 있는 일이다. 이때 가해자들의 반사회적 행동들이 초래할 부정적인 결과들을 분명히 짚고 넘어가지 않으면, 방관자들은 괴롭힘에 반대하는 내적 통제기능이 마비되어 또래 가운데 가해자의 위상을 높여주고, 그를 칭찬하며, 그와 더불어 웃고, 그를 존경받아 마땅한 아이라고 인정하거나 그에게 금전적 보상을 베푸는 등의 푸짐한 상을 주게 된다. 이 괴롭힘이라는 드라마에 매료된 또래집단에 이상의 요소들을 더하면 제3의 요소가 발생한다. 바로 개인적 책임의식의 감소이다. 가해자는 더 이상 혼자 행동하지 않게 된다. 방관자도 피해자를 상처 입히는 여러 명의 가해자 중 1명이 된다. 방관자의 이런 행동은 아이들의 죄의식을 감소시키고 괴롭힘의 대상이 가진 부정적인 특성들을 확대시킨다. 예를 들면 이런 식이다. "엄마, 그 애는 보통 울보가 아니야. 글쎄, 우리가 보기만 해도 울음을 터트려." "그 여자애는 정말 바보야. 옷도 바보같이 입고 맨날 고개를 푹 숙이고 걸어 다녀. 늘 시무룩해서 웃는 걸 본 적도 없어."

괴롭힘에 대한 무제재, 내적 통제의 마비, 죄의식의 감소, 괴롭힘의 대상이 가진 부정적 특성의 확대는 고정관념, 선입견, 그리고 차별을 강화하는 세계관을 키우는 요인이 된다. 또한 이것은 아이들이 또래 간의 성공적인 관계를 정립하는 데 필요한 세 가지 주요소, 즉 교감 능력과 측은지심, 다른 사람의 입장에서 생각하는 태도를 키우는 데 방해가 된다.

방관자는 옆에서 구경만 하거나 못 본 척한 것에 대한 대가를 치르게 된다. 그들이 간과하거나 무시했던 불의는 점차 전염되어 마음만 먹으면 얼마든지 그것을 거부하거나 멈출 수 있다고 생각했던 사람들에게도 영향을 준다. 가해자 편에 가담한다는 두려움과 또래가 괴롭힘을 받을 때 아무것도 하지 않았다는 양심의 가책과 씨름하는 사이에 방관자의 자신감과 자존감은 사라져 버린다.

존 베처먼 경의 시에서 보는 것처럼, 앵거스는 쓰레기통의 갈라진 틈새를 통해 아래에서 자신을 쳐다보는 사람들을 응시했다. 우리는 그가 자신이 당하는 모욕을 방관하며 항의하거나 말리지 않는 사람들을 보면서 느꼈을 무기력감과 절망감을 상상할 수 있다. 잔혹함은 보기에는 재미있을지 몰라도 정상적인 사고를 방해하는 것이다. 베처먼이 자신의 불편함, 죄의식의 압박, 그리고 앵거스의 고통을 말하기 전 수년 동안 느꼈을 무기력감과 절망감을 생각해보라. 괴롭힘으로부터 무관한 사람은 없다.

죄 없는 방관자란 없다

작가 윌리엄 버로스(William Burroughs)는 "죄 없는 방관자는 없는 법이다"라는 도전적인 말과 함께 도전적인 질문을 한다. "그때 그들은 어디에 있었는가?" 괴롭힘과 또래 간 희롱에 대한 세계적인 연구자 중 1명인 노르웨이 베르겐 대학교의 댄 올베우스(Dan Olweus) 박사가 개발한 괴롭힘 서클(〈그림 1〉 참조)은 그리 결백하지 못한 이 방관자들이 누구인가와 괴롭힘이 벌어지는 상황에서 그들이 어떤 행동을 하는가를 보여준다. 그는 괴롭힘의 대상을 둘러싸고 있는 구성 인물들을, 좌측 상단에 있는 가해자를 시작으로 괴롭힘에 관여한 정도에 따라 시계 반대 방향으로 배치한 뒤 각각에 이름을 붙였다.

〈그림 1〉 괴롭힘 서클

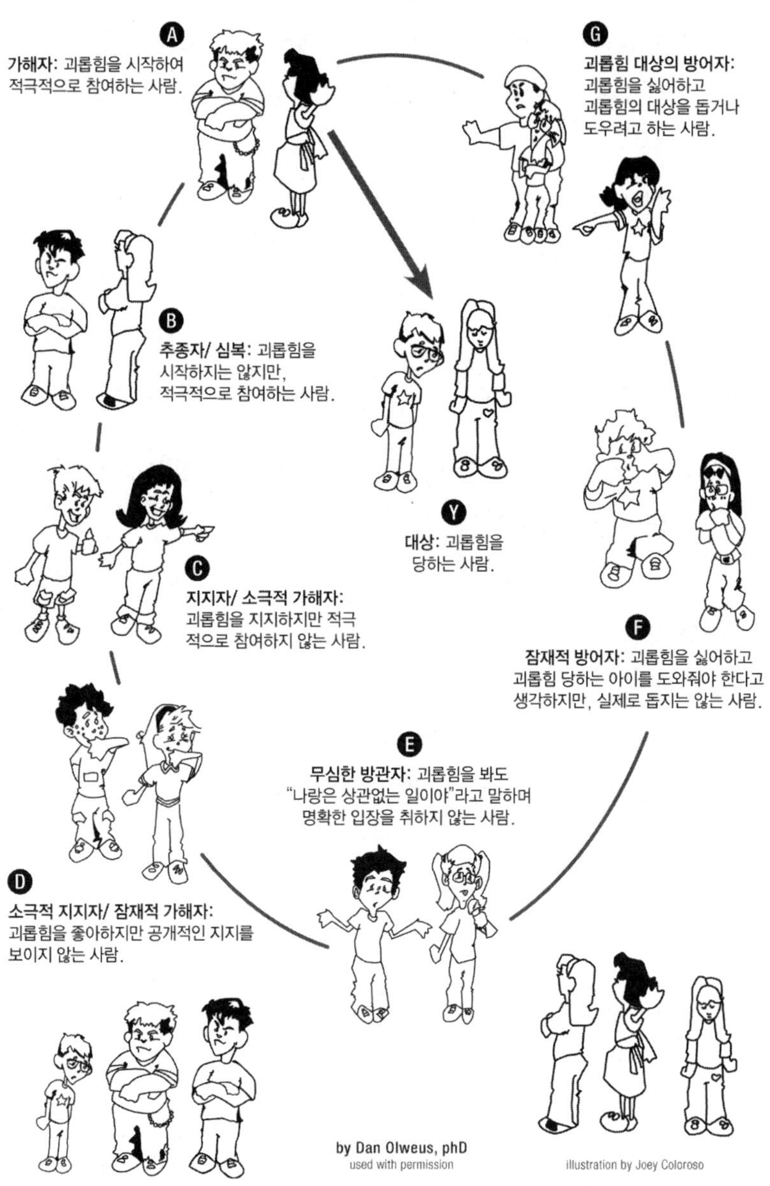

A
가해자: 괴롭힘을 시작하여 적극적으로 참여하는 사람.
G
괴롭힘 대상의 방어자: 괴롭힘을 싫어하고 괴롭힘의 대상을 돕거나 도우려고 하는 사람.
B
추종자/ 심복: 괴롭힘을 시작하지는 않지만, 적극적으로 참여하는 사람.
Y
대상: 괴롭힘을 당하는 사람.
C
지지자/ 소극적 가해자: 괴롭힘을 지지하지만 적극적으로 참여하지 않는 사람.
F
잠재적 방어자: 괴롭힘을 싫어하고 괴롭힘 당하는 아이를 도와줘야 한다고 생각하지만, 실제로 돕지는 않는 사람.
E
무심한 방관자: 괴롭힘을 봐도 "나랑은 상관없는 일이야"라고 말하며 명확한 입장을 취하지 않는 사람.
D
소극적 지지자/ 잠재적 가해자: 괴롭힘을 좋아하지만 공개적인 지지를 보이지 않는 사람.
by Dan Olweus, phD
used with permission
illustration by Joey Coloroso

A. **가해자**: 괴롭힘을 시작하여 적극적으로 참여하는 사람.

B. **추종자/심복**: 괴롭힘을 시작하지는 않지만, 적극적으로 참여하는 사람.

C. **지지자/소극적 가해자**: 괴롭힘을 지지하지만 적극적으로 참여하지 않는 사람.

D. **소극적 지지자/잠재적 가해자**: 괴롭힘을 좋아하지만 공개적인 지지를 보이지 않는 사람.

중간에 있는 사람:

E. **무심한 방관자**: 괴롭힘을 봐도 "나랑은 상관없는 일이야"라고 말하며 명확한 입장을 취하지 않는 사람.

오른쪽에 있는 사람:

F. **잠재적 방어자**: 괴롭힘을 싫어하고 괴롭힘 당하는 아이를 도와줘야 한다고 생각하지만, 실제로 돕지는 않는 사람.

방관자에 속하지 않는 또 한 명:

G. **괴롭힘 대상의 방어자**: 괴롭힘을 싫어하고 괴롭힘의 대상을 돕거나 도우려고 하는 사람.

『교사를 위한 괴롭힘과 반사회적 행동에 대응하는 핵심프로그램(Olweus'

Core Program Against Bullying and Antisocial Behavior: A Teacher Handbook)』에서 저자 올베우스는 괴롭힘 서클이 괴롭힘에 대응하고 그것을 예방하는 방법을 논의하는 교사, 부모, 학생 들에게 유용할 뿐 아니라 옳은 행동을 하고 싶어 하고 또 할 수 있는 아이들에게도 중요하다고 설명했다.

1995년 캐나다 온타리오 토론토에서 수행된 연구는 대다수의 아이들이 괴롭힘의 대상이 된 아이를 돕지 않는다는 올베우스 박사의 관찰 결과를 뒷받침했다. D. J. 페플러(D. J. Pepler)와 W. M. 크레이그(W. M. Craig)는 도시의 학교 운동장에서 발생한 괴롭힘 사건에서 또래 아이들이 맡은 역할에 대해 연구했다. 그들의 연구결과는 다음과 같다.

- 또래는 괴롭힘 사건의 85%에 관여했다.
- 또래는 괴롭힘 사건의 81%에서 괴롭힘을 강화시켰다.
- 또래는 괴롭힘의 대상보다 가해자를 더 존중하고 그에게 더 우호적인 태도를 보였다.
- 또래는 괴롭힘 사건의 48%에서 적극적인 참가자였다.
- 또래의 단 13%만이 괴롭힘을 막으려 했다.

괴롭힘을 선동하지 않은 아이들 중 81%가 가해자가 되는 이유는 무엇일까? 표적이 된 친구가 고통을 당하고 있을 때 모르는 척하는 이유는 무엇일까? 이와 관련하여 몇 가지의 설득력 있는 이유들이 있는데, 그중에서도 또래가 괴롭힘을 멈추기 위해 개입하지 않는 네 가지의 이유를 꼽을 수 있다.

- 방관자는 자신이 다치는 것을 두려워한다. 가해자는 덩치도 크고 힘도

세니 그를 무서워하는 것은 부끄러운 일이 아니며 그와 싸우려 하는 것은 영리한 일이 아니다.

- 방관자는 가해자의 새로운 대상이 되는 것을 두려워한다. 설령 방관자가 성공적으로 개입한다 해도 나중에 보복당할 가능성이 있다. 가해자들은 방해꾼을 경멸하고 비방하는 데 능숙하다.
- 방관자는 상황을 더 악화시킬 수 있는 일을 하는 것을 두려워한다. 캘리포니아 샌티에서 앤드류 윌리엄스의 친구들은 자신을 괴롭힌 아이들에게 복수하겠다는 앤드류의 말을 학교 당국에 보고할 경우 그가 퇴학당할지도 모른다는 두려움을 가졌다. 결과만 놓고 이야기하자면, 살인죄로 종신형을 사는 것보다 차라리 퇴학당하는 편이 더 나았을지 모른다.
- 방관자는 무엇을 해야 할지 모른다. 방관자는 어떻게 개입하고, 어떻게 괴롭힘을 보고하고, 어떻게 괴롭힘의 대상을 도와야 하는지를 배우지 않았다. 괴롭힘이 학습된 행동인 것처럼, 그것을 멈추는 방법 또한 학습을 통해 습득할 수 있다.

앞서 열거한 이유들이 합리적이라고 할지라도, 방관자가 잔인한 괴롭힘을 막지 않거나 막지 못하는 순간 상처받게 되는 그들의 자신감이나 자존감은 회복되지 않는다. 가해자에 대한 두려움 혹은 자신의 능력 부족으로 괴롭힘을 막지 못했다는 자책감과 자괴감은 경멸의 가장 가까운 친구인 무관심으로 변화한다. 경멸은 무관심의 환경에서 가장 잘 자란다. 제2장에서 살펴본 것처럼 괴롭힘은 경멸에 뿌리를 두고 있다.

방관자는 괴롭힘에 대응하지 않는 것에 대해 타당한 이유를 대기보다는 변명을 늘어놓으려 한다. 이 그럴싸한 변명은 사회적 환경에 나쁜 영향을 미치고, 방관자가 가해자 편에 가담할 가능성을 키우며, 실제로 그들이 가해자 역할을 흉내 내게끔 만든다. 방관자의 그럴싸한 변명은 대략 아홉 가지 정도로 생각해볼 수 있지만, 이것 말고도 얼마든지 추가할 수 있다.

1. **가해자는 나의 친구이다.** 아이들이 가해자를 친구로 여기게 되면 설령 이 친구가 또래들을 불공평하게 대하거나 그들로부터 존경을 받지 못한다고 해도 괴롭힘에 개입하지 않으려 한다.
2. **괴롭힘은 나와 상관없는 일이고, 내가 싸우는 것도 아니다.** 다른 사람 일에 끼어들지 말고, 자신의 일만 하고, 자기 자신만을 걱정하라고 교육받은 방관자들은 내 할 일만 하면 그만이라고 스스로에게 변명한다. 이러한 태도는 무관심이라는 이름으로도 알려져 있다. 신시아 오직(Cynthia Ozick)은 『구원자: 홀로코스트 속 도덕적 용기의 초상(Rescuers: Portraits of Moral Courage in the Holocaust)』에서 이런 변명이 초래할 본질적인 위험에 대해 기술한 바 있다. "무관심은 궁극적으로 치명적인 …… 외면의 행위로, 그것이 설령 무해한 것이었다 해도 잔인한 행위라는 사실은 변하지 않는다."
3. **피해자는 내 친구가 아니다.** 아이들은 괴롭힘의 표적이 자신의 친구일 때 개입할 가능성이 더 높다. 그래서 가해자는 주로 친구가 없는 아이들을 대상으로 삼는다.
4. **피해자는 패배자이다.** 치열한 경쟁 문화에서 괴롭힘을 당하는 아이를 패배자로 평가절하하는 것은 쉬운 일이다. 방관자는 대상이 된 아이를 보호하려 하기는커녕 그들과 함께 있는 것이 목격되었을 경우에 집단에서 자신의 지위를 잃지 않을까 하는 두려움을 갖는다.

5. **피해자는 괴롭힘을 당해도 싸다.** 피해자는 괴롭힘을 자초했다. 게다가 피해자 스스로 자신을 지키지 못하는데, 왜 누군가가 그를 지켜주어야 하는가? 이 변명은 방관자를 자유롭게 만들어주는 것처럼 보이지만, 괴롭힘이 피해자의 악덕이 아니라 가해자의 경멸에서 비롯된다는 기본원칙을 고려한다면 틀린 말이다. 또 위엄과 자존심을 짓밟혀도 싼 사람은 이 세상 어디에도 없다. 대상이 된 아이들 혼자의 힘만으로는 가해자 혹은 가해자 집단으로부터 성공적으로 벗어날 수 없다.
6. **괴롭힘이 피해자를 강하게 만들 것이다.** 괴롭힘은 대상을 강하게 만들지 않는다. 오히려 피해자에게 모욕감을 주거나 그를 분노하게 한다.(제1장 '세 부류의 등장인물과 비극' 참조.)
7. **아이들의 마음 깊은 곳에는 침묵의 벽이 자리 잡고 있다.** 밀고자나 변절자로 낙인찍히면서까지 다른 사람을 곤란하게 만들고 싶은 사람이 어디 있겠는가? 물론 이 변명은 악의에 직면했을 때 드러나는 침묵의 부도덕성을 전혀 고려하지 않은 것이다.
8. **피해자를 옹호하는 것보다 집단에 속해 있는 편이 더 낫다.** 한 집단의 리더가 어떤 아이를 괴롭힘의 대상으로 규정짓고 나면, 집단의 나머지는 별생각 없이 리더를 따른다. 이때 그들은 피해자의 권리와 감정에 대해 그리 고려를 하지 않는다. 또 집단 내의 아이들은 한마음 한뜻으로 단단히 맺어져 있기 때문에 여기에는 괴롭힘에 대한 반대나 항의, 회의가 파고들 여지가 없다. 방관자는 순간적으로 대상이 된 아이에게 행해지는 악에 저항해야 한다는 의무감을 느낄 때도 있지만, 집단 내에서 승인과 수용을 받고 싶다는 욕구가 너무 강력하기 때문에 이 의무감은 금방 사라진다. 집단이 하나의 표준이 될 때 '우리', '그들', 그리고 경멸받

아 마땅하며 걱정해줄 가치도 없는 '우리와 그들 밑에 있는 아이들'에 대한 명확한 경계선이 생긴다. 앞에서 예시했던 사건을 적용하면 이런 식이다. "컬럼바인은 몇몇 보기 싫은 아이들을 제외하면 참 깨끗하고 살기 좋은 곳이다. 대부분의 아이들은 그 아이들이 이 학교에 다니길 원치 않았다."

9. **골치가 너무 아프다**. 방관자는 가해자 집단에 충성할 것인지 대상이 된 아이 편을 들 것인지 명확히 밝혀야 한다. 이 두뇌 계산은 엄청난 감정적 긴장을 초래할 수 있다. 이 긴장을 완화하는 가장 빠른 방법은 가해자 집단과 발을 맞추면서 피해 학생을 돕지 않겠다는 의지를 명확히 표현하는 것이다. 앞의 절에서 괴롭힘 사건에 개입하지 않는 합리적 이유 네 가지와 앞서 언급한 여덟 가지를 섞어 보면 아주 간단한 답이 나온다. '개입하지 말라. 두통이 사라지는 건 덤이다.' 아이들에게 — 그리고 많은 어른들에게 — 괴롭힘 사건을 목격하고 '멈춰'라고 말하는 것은 골치가 아프고, 위험하고, 어렵고, 고통을 수반할 수 있는 일이다.

앞서 언급한 이유와 변명들은 또래집단 간의 상호작용에 필요한 정중함을 부식시킨다. 서로에 대한 정중함이 결여된 자리에는 아이들로 하여금 동정이나 부끄러움 없이 타인을 해치게 만드는 잘못된 특권의식과 차이에 대한 무관용, 그리고 배척할 자유가 들어서게 된다. 또한 예의나 정중함이 사라지게 되면 문제해결, 갈등해소, 차이의 평화로운 조정에 필요한 세 가지의 중요한 능력인 의사소통, 중재, 타협 능력도 역시 기대할 수 없다.

2000년 11월 20일, 14세의 돈-마리 웨슬리는 방에서 개 목줄로 목을 맸다. 그녀는 유서를 통해 자신을 괴롭혀 죽음에 이르게 했던 3명의 여학생을 지목했다. 2002년 3월 26일, 캐나다 브리티시컬럼비아 애버츠퍼드에서 괴롭힘과 관련하여 법률적으로 새로운 장을 열게 된 기념비적인 판결이 내려졌다. 3명의 여학생 중 1명이 협박과 괴롭힘 혐의로 유죄를 선고받았다. ≪글로브 앤드 메일≫에 실린 기사에서 로드 미클버러(Rod Mickleburgh)는 재판심리 중에 이루어진 증언을 이렇게 정리했다. "3명의 여학생들은 다른 학생들이 보고 있는 공공장소에서 돈-마리를 빤히 쳐다보면서 두들겨 패겠다고 위협했다. 돈-마리는 두려움에 떨었으며 위협을 받을 때마다 자주 울곤 했다. 집에도 혼자 가지 않으려 했고, 학교 카운슬러를 찾아가기도 했다." 지방법원 판사 질 라운스웨이트(Jill Rounthwaite)는 돈-마리의 가해자를 지지했던 방관자들을 이렇게 비난했다. "자신들의 행동이 어떤 결과를 초래할지도 모른 채 …… 그들은 가해자들에게 힘을 빌려주었고 협박을 도왔다. 나는 특히 방관자 누구 하나도 돈-마리 웨슬리 앞에 서서 '멈춰, 그만두지 못 해'라고 말할 수 있는 도덕적 힘이나 용기가 없었다는 점에 충격을 받았다."(2002년 3월 26, 협박 혐의를 받고 있던 2명의 여학생 중 1명은 무죄를 선고받았고, 1명은 심리를 기다리고 있다.)

괴롭힘은 아이들을 불안하게 만드는 공포 분위기를 조성한다. 아이들은 서로 돕고 돌봐주며, 위협을 없애고, 상대를 존중하면서 괴롭힘 없는 환경을 만들 책임이 자신들에게 있다는 것을 인식하는 것이 중요하다. 한 사람이라도 일어나서 큰소리로 말할 수 있는 도덕적 힘과 용기를 가지고 있다면, 폭력의 악순환을 중단시킬 수 있으며, 배려의 순환 고리를 더 크고 강하게 키울 수 있다. 모든 지역사회가 가해자의 폭력에 대해 "멈춰, 그만두지 못 해"라고 말할 수 있을 때 폭력의 악순환은 해체될 것이다.

덴마크인들은 입장을 정했다

1940년 나치(무시무시한 가해자 집단)가 덴마크를 침략했을 때, 시민들은 단결하여 강력한 저항운동을 펼쳤다. 나치의 덴마크계 유대인 국외추방계획에 협력하지 않기로 결의한 덴마크인들은 작은 어선을 이용하여 유대계 이웃과 친척들을 해협 건너에 있는 스웨덴으로 밀항시켰다. 과학자와 어부들은 협력하여 밀항선을 조사하는 나치의 수색견이 냄새를 맡지 못하게 하는 방법을 고안했다. 그런 식으로 작은 어선들은 해협에 대기 중인 스웨덴의 큰 배와 합류할 수 있었다. 결국 7,800명의 덴마크계 유대인 중 7,200명과 비유대계 친척 700명이 덴마크에서 안전하게 탈출하는 데 성공했다.

레지스탕스 중 1명이었던 프레벤 뭉크-닐손(Preben Munch-Nielson)은 당시의 대담한 구조작전을 회상했다. 작은 어촌 출신으로 당시 17세에 불과했던 그는 많은 덴마크인들이 게슈타포에 저항했던 이유를 이렇게 설명했다.

당신은 곤경에 처한 사람을 모른 척할 수 없다. 당신은 도움을 청하는 사람에게서 등을 돌릴 수 없다. 우리 인간의 삶 속에는 반드시 품위라 부를 수 있는 부분이 있으며, 그것이 곤경에 처한 사람들의 처지를 무시할 수 없게 만든다. 그래서 '왜 도와주었느냐?' 또는 '왜 도와주지 않았느냐?'와 같은 질문은 의미가 없다. 당신은 그냥 도와주었을 뿐이니까. 당신은 자라나면서 그렇게 행동하도록 배웠다. 이것이 내 조국의 전통이다. 만약 고통을 당하는 사람이 도움을 청하는데 "내가 상관할 바 아니다"라고 대답한다면 당신은 자존심을 유지할 수 있을까? 아니다. 전혀 그렇지 않다. 그래서 그것은 해야만 하는 일이었다.

— 워싱턴 D.C. 홀로코스트 박물관

독일의 유대인 국외추방계획을 사전에 알려준 젊은 독일 해군무관 게오르크 두크비츠(Georg Duckwitz)의 용기도 빼놓을 수 없다. 두크비츠는 생명을 구하고자 어떤 벌이라도 받을 각오를 하고 양심적으로 명령에 불복했다. 만약 방관자 중 몇 사람만이라도 돈-마리 같은 아이들을 위해 두크비츠 같은 일을 할 의지가 있었고, 할 수 있었다면 상황은 달라졌을 것이다.

우리는 다음의 제5장에서 어떻게 가족이 품위 있고, 약자를 돌볼 줄 알며, 책임감이 있는 아이 — 최선의 결과를 위해 행동할 줄 알고 남에게 좌지우지되지 않으며, 타인의 권리와 합법적 욕구를 존중하면서 자신의 권리를 행사할 줄 알고 정직하게 행동하며 불의에 맞서 당당하게 일어나 반대할 수 있는 도덕적 힘과 용기를 가진 아이 — 를 키울 수 있는지를 알아볼 것이다.

> 어찌 되었든 지지자로서, 가해자로서, 희생자로서, 또는 섬뜩한 시스템을 반대했던 사람으로서, 우리에게 어떤 변화가 일어났다. 우리 남아프리카공화국인 모두가 하나는 아니었다. …… 특권을 누렸던 사람들은 약자를 돌보지 못하고, 동정하지 못하고, 가엾게 여기지 못하게 되었을 때, 그래서 더 이상 인간적이지 못하게 되었을 때 자신들이 가진 모든 것을 잃었다. …… 우리의 인간성은 모든 타인의 인간성과 연결되어 있다. 우리는 소속되어 있기 때문에 인간인 것이다. 우리는 상호의존의 정교한 네트워크를 존속시키기 위해 지역사회를 만들고, 서로 친목을 도모하고, 가족을 형성하는 것이다. …… 우리는 서로가 좋아하든 싫어하든 형제자매이며 각자는 귀중한 개인이다.
>
> — 데즈먼드 투투(Desmond Tutu) 대주교, 『용서 없이 미래 없다(No Future without Forgiveness)』

제2부 폭력의 악순환 끊기: 배려의 순환 고리 생성

건강한 가족과 지역사회는 개인에게 사적 이해관계를 넘어선 삶의 경험을 제공한다. 이곳에서 우리는 타인에 대한, 타인을 위한 책임을 배우게 된다. 이곳은 덧없이 급격하게 변하는 사회에 절실히 필요한 신뢰와 사회적 지지의 연계망을 개인에게 제공한다. 이곳에서는 단순하고 고전적인 메시지를 던지면서 개인의 불안전과 싸운다. 예를 들면, 이런 식의 메시지이다. '당신은 혼자가 아니다.' 사람들은 효과적으로 기능하는 지역사회의 일원이 될 때, 소외된 개인이라면 결코 가질 수 없는 책임감을 느끼게 된다.

— 존 W. 가드너(John W. Gardner), 「국가재건(National Renewal)」, 전국시민연맹(National Civic League) 연설

제5장

폭력은 가정에서 생성된다

> 부모로서 우리의 가장 중요한 과업은 품위 있고 책임감이 있으며, 이 세계를 더 정의롭고 동정심이 넘치는 곳으로 만드는 데 헌신할 아이들을 키우는 것이다. 우리는 우리 자신과 우리 아이들이 어둠과 소외가 없는 더 따뜻하고 친절한 세상에서 살게 할 수 있다.
>
> —닐 커샨(Neil Kurshan), 『훌륭한 자녀로 키우기(Raising Your Child to Be a Mensch)』

어찌 되었든 일일 드라마에서 당신의 자녀가 괴롭힘의 가해자, 피해자, 방관자가 될 가능성은 있기 마련이다. 우리가 반사회적 행동을 생성하는 폭력의 악순환을 끊기 위해서는 연기자의 역할을 재조정하고, 각본을 다시 쓰고, 연극의 주제를 바꿔야 한다. 외출금지, 특권폐지, 가해 학생 처벌, 그리고 피해 학생의 보호와 같은 방안은 미봉책에 지나지 않고, 간혹 사태를 더 악화시킬 수 있다. 또 방관자들이 괴롭힘에 관여한다는 사실을 아는 사람은 거의 없을뿐더러, 그들이 괴롭힘을 막을 수 있는 잠재적인 세력이라는 사실을 인식하는 사람도 드물다. 덴마크의 실천가 프레벤 뭉크-닐손의 말은 "폭력의 악순환을 끊고 배려의 순환 고리를 생성하자"라는 내 주장을 정확하게 대변한다. "당신은 자라나면서 그렇게 행동하도록 배웠다. 이것이 내 조국의 전통이다." 새뮤얼(Samuel)과 펄 올리너(Pearl Oliner)는 『이타적인 품성(Altruistic Personality)』에서 제2차 세계대전 동안 유대인을 구조한 사람들 중 다수는 자라면서 배운 대로 행동했으며, 부모를 본보기로 삼았다고 기술했다. 이 영웅적인 사람들은 '내적 갈등을 겪은 후에 지성과 합리성에 따라 옳고 그름에 대한 결론에 도달하는 도덕적 영웅'이 아니다. 이와 반대로 '그들을 돋보이게 하는 것은 헌신과 배려의 관계를 통한 타인과의 연계'였다. 이들은 지역사회와 가족에 대한 규범을 내재화했던 사람들이었다. 이들은 타인을 돕기로 결정하기까지 얼마나 시간이 걸렸냐는 질문을 받았을 때 70% 이상이 '몇 분'밖에 걸리지 않았다고 답변했다. 그들이 타인을 돕는 것은 오랜 시간 고민 끝에 내린 의사결정이 아니라 일상적인 사건에 대한 습관적인 반응처럼 보였다.

어떻게 우리는 용기 있게 행동할 수 있고, 일상 속에서 마치 습관적인 반응처럼 타인을 친절하게, 공정하게, 정당하게 대우할 수 있을까? 무엇을 해야 할 것인가를 아는 것과 실제로 실천에 옮기는 것은 다른 차원의 문제이다. 도덕교육은 선(善)을 배우는 것뿐 아니라 무엇이 선한 행동인가를 알고, 그것을 실천할 힘을 기르는 것이기도 하다. 아이는 용기 있게, 또는 친절하게, 또는 공정하게, 또는 정당하게 행동하는 사람이 되기를 원해야 하고, 어떻게 그렇게 될 수 있는지를 알아야 하며, 이를 이루기 위한 의지를 갖춰야 한다. 우리는 아이들에게 어떻게 그런 사람이 될 수 있는지를 가르칠 수는 있지만, 그들이 스스로를 품위 있고, 약자를 돌볼 줄 알며, 책임감이 있는 인간이라고 생각하지 못한다면 아이들은 그런 사람이 되고 싶어 하지도, 그를 위한 의지를 갖추려 하지도 않을 것이다.

우리 아이들이 '헌신과 배려의 관계를 통한 타인과의 연계' 속에서 갖게 되는 힘은, 그들이 속한 가족 유형에 따라 부분적으로 결정된다. 학교와 지역사회 또한 중요한 역할을 담당하지만, 가정은 아이들의 도덕교육에 핵심적인 장소이다.

세 가지 유형의 가족

나는 저서 『아이들은 그 자체가 축복이다: 아이들에게 내적 규율을 선물하라(Kids are worth it!: Giving Your Child the Gift of Inner Discipline)』에서 가족을 벽돌담형(Brick-wall), 해파리형(Jellyfish), 척추형(Backbone)의 세 가지 유형으로 구분했다. 가족을 세 가지 유형으로 구분한 것은 각 유형이 가진 고유한 구조 때문이다. 이 가족 구조는 가족의 모든 관계, 즉 자녀와 부모, 부모와 자녀, 부모와 부모, 자녀와 자녀 간의 관계뿐 아니라 가족이 외부세계와 관계를 맺는 방식에까지 영향을 준다. 세 가지 가족 유형의 특성을 검토해보면, 가정에서 당신의 자녀가 품위 있고, 약자를 돌볼 줄 알며, 책임감 있는 사람이 되는 데 도움이 되는 긍정적인 요인뿐 아니라 부정적인 요인도 구분해낼 수 있게 된다. 중요한 것은 당신이 직간접적으로 자녀에게 주는 메시지를 의식하고, 당신이 자신과 자녀를 위해 조성하는 정서적 · 물리적 환경을 인식하는 것이다.

벽돌담형과 해파리형 가족의 특성은 괴롭힘의 가해자와 공격을 받았을 때 가해자로부터 벗어날 내적 자원이 없는 피해자, 그리고 가해자를 도와주고 부추기거나 옆에서 지켜보면서 행동하지 않는 방관자를 만드는 데 기여한다. 이와 대조적으로 척추형 가족은 자녀가 타인을 돌보는 선천적 능력과 선할 일을 하려는 욕구와 의지를 개발하는 데 필요한 지원과 체계를 제공하는데, 이러한 특성은 벽돌담형 가족이나 해파리형 가족에서는 억압되고 무시된 것들이다. 척추형 가족은 자녀가 내적 규율을 개발하도록 돕는데, 이 가족 유형에 속하는 자녀는 설사 고난을 겪고 또래들의 압력을 받더라도 자신에게 긍정적인 변화를 만들어낼 능력이 있다는 믿음을 잃지 않는다.

벽돌담형 가족

이 가족 유형에서 가족의 형성을 위해 결합된 건물 벽돌은 질서, 통제, 복종, 규칙 준수에 대한 관심, 그리고 권력의 엄격한 위계를 나타낸다. 아이들은 통제되고, 조종받으며, 명령에 따른다. 아이들의 감정은 자주 무시되고, 조롱을 받으며, 부정된다. 부모는 지시하고, 감독하고, 잔소리하고, 명령하고, 위협하고, 규칙을 상기시키고, 자녀의 일로 속을 태운다. 이 가족의 유형은 본질적으로 독재자형으로 분류되는데, 후하게 평가하면 온정적 독재자로 생각될 수도 있지만 어쨌든 독재자 이미지를 벗어날 수는 없다. 벽돌담형 가족에서 권력은 통제와 동일시되고, 통제의 모든 것은 최상층부에서 나온다. 이 가족 유형은 가해자가 되려는 자녀에게는 최상의 훈련장이 될 수 있으며, 자존감의 결여, 능력 부족, 그리고 가해자로부터 벗어나는 데 필요한 개인적인 자원의 부족을 확인하려는 피해자에게는 더할 나위 없는 성능 시험장이 될 수 있다.

다음은 폭력의 악순환과 관련된 벽돌담형 가족의 특성을 간략하게 나타낸 것이다.

1. **부모가 절대적 권한을 가지고 명령을 강제하며 항상 이긴다.** 부모가 자녀를 통제하는 데 사용하는 기술이 알기 쉬울 정도로 투박하다.("좋은 말로 할 때 들어라, 안 그러면 혼난다." "시키는 대로 해라.") 물론 가끔 노련한 기술을 구사할 때도 있지만, 이것 역시 상처를 주기는 마찬가지이다.("저리 비켜. 내가 어떻게 하는지 직접 보여주마." "똑바로 할 수 없니?") 이 가족 유형의 자녀들은 명령을 내린 사람에게 질문하지 않고 지시받은 대

로 행동하는 법을 배운다. 이들은 또한 자신이 하는 일의 목적이나 결과에 대해서도 의문을 품지 않게 된다. 가해자들은 주변 사람을 지배하는 법을 배우고, 피해자는 지배에 따르는 법을 배우며, 방관자는 리더를 따르는 법을 배우면서 현재 상태를 바꿀 수 없다고 생각한다.

2. **부모는 실제 폭력이나 폭력의 위협, 또는 아이가 상상할 수 있는 폭력을 수단으로 삼아 규칙을 엄격하게 강제한다.** 자주 자녀에게 잔인한 힘을 사용하고, 자녀가 기대수준에 도달하지 못할 경우에는 체벌을 통해 '교정'한다.("네가 열두 살인지 아닌지는 내 관심사가 아냐. 이번에 매 좀 맞아야겠다." "입 벌려. 내가 경고했었지. 그런 말을 다시 하면 비누로 그 더러운 입을 씻어낼 거라고.") 체벌은 쉽게, 신속하게, 즉각적으로 비행을 멈출 수 있다. 그러나 우리의 목적이 내적 규율, 즉 외적 통제보다 내적 통제를 통해 스스로에게 부여하는 규율을 개발하는 데 있다면, 체벌은 결국 비참하게 실패하고 만다. 당신의 자녀가 체벌 때문에 뭔가를 하지 않는 것과 그것이 잘못되었기 때문에 하지 않는 것은 차원이 다르다. 연구에 따르면, 가해자와 괴롭힘에 쉽게 굴복하는 아이들의 다수는 혹독한 체벌이 지속적으로(또는 무작위적으로, 그리고 해파리형 가족에게서 나타나는 것처럼 변덕스럽게) 사용되는 가정에서 성장했다고 한다. 체벌은 분노와 공격성을 강화시켜 교감 능력의 개발을 크게 방해한다. 아이를 때리는 것은 사람이 사람을 때리는 것이 괜찮다는 것, 특히 더 큰 사람이 더 작은 사람을 때리거나 더 강한 사람이 더 약한 사람을 때리는 것이 괜찮다는 것을 보여주는 행동이다. 가해자는 이것을 학교생활에 적용하여 작거나 약한 또래들을 희생양으로 삼는다. 괴롭힘의 대상이 된 아이들은 괴롭힘으로부터 벗어날 수 있게 해주는 내적 자원 ― 강한 자의식과 단호한 대

응 능력 — 을 갖추지 못한 경우가 많으며, 이러한 자원을 가진 가해자에게 글자 그대로 두들겨 맞게 된다.

3. **공포와 처벌을 통해 자녀의 의지와 정신을 파괴하려 한다.**("나한테 변명할 생각하지 마. 그럴 바에는 썩 나가서 하키나 해라." "울지 마. 그렇지 않으면 진짜 울음을 맛보게 해주지.") 강한 의지와 정신은 조롱받는 아이에게 힘을 줄 수 있다. 그것은 또한 아이로 하여금 다른 이들의 시선을 신경 쓰지 않고 누군가를 도울 수 있게 만든다. 꺾여버린 의지와 정신은 피해자와 방관자에게 무기력감과 절망감을 남긴다. 가해자로 하여금 타인을 괴롭히고 즐거워하도록 만드는 것 역시 이 꺾여버린 의지와 정신이다.
4. **자녀에게 모욕을 준다.** 부모가 자녀의 행동을 조정하고 통제하기 위해 빈정대고 조롱하며 창피를 준다.("넌 어쩌면 그렇게 멍청하니?" "넌 갓난애보다 못해. 그러니 애들이 놀아주지 않지." "계집애처럼 행동할 거면 옷도 그렇게 입어라.") 가해자들은 피해자와 방관자의 행동을 조정하고 통제하기 위해 이 심한 질책과 욕하는 법을 배운다. 자신의 감정과 생각과 선호가 무시되고, 조롱당하고, 처벌을 받게 될 때 아이들은 자신에게 뭔가 심각한 문제가 있다고 생각하게 되고 그 생각이 사실인 양 행동하게 되는데, 이것이 그들을 가해자의 잠재적 표적으로 만든다.("그 앤 정말 겁이 많아." 부모의 분노를 피하기 위해 소극적인 태도를 배운 게 아닐까? "왜 그 애는 저렇게 맥없이 당하냐?" 집에서도 똑같은 소리를 들어왔던 게 아닐까? 잠재적 표적에게 내뱉는 가해자의 부정적 메시지는 그 아이가 집에서 들었던 말의 재방송에 지나지 않는다.)
5. **부모는 자녀에게 위협과 뇌물을 광범위하게 사용한다.** 부모는 당근과 채찍 사이를 오간다. 아이는 부모가 다음번에 당근을 사용할지 채찍을

사용할지 전혀 모른다. 선택의 여지가 없는 아이들에게 관용, 정직, 신뢰, 동정심, 친절과 같은 선한 행위를 하도록 요구하는 것은 역효과를 낳는다. 뇌물과 보상, 위협과 처벌은 아이들의 의사결정 능력을 방해한다. "만약 네가 동생에게 장난감을 빌려준다면, 가게에서 선물을 사줄게."(뇌물) "동생에게 장난감을 빌려줘라. 그렇지 않으면 오후 내내 네 방에서 지내야 할 거다."(위협) "네가 동생에게 장난감을 빌려주었으니 가게에서 장난감을 사줄게."(보상) "네가 동생에게 장난감을 빌려주지 않았으니 너도 장난감을 가지고 놀 수 없다."(처벌) 이 네 가지 예시 중에서 어느 것 하나도 아이가 자신의 의지대로 장난감을 빌려줄 것인지 그렇지 않을 것인지를 선택할 기회가 없다. 이러한 예시들은 우리가 아이에 대해 신뢰보다는 우려를 더 강하게 느끼고 있음을 보여준다. 아이에게 대가 없이 타인과 공유하는 방법을 가르쳐야 한다는 말을 들을 때마다, 우리는 이렇게 걱정한다. '이 아이가 공유하는 것을 배울 수 있을까? 이 아이가 타인과 공유할 때마다 보상을 받지 않아도 계속 공유할까? 이 아이가 공유하도록 격려하지 않거나 공유하지 않는 것에 대해 처벌하지 않는다면, 우리는 이기적인 아이를 길러내는 것일까?' 외적 동기는 아이가 특정 과업을 하도록 조종할 뿐이다. 이것은 관대하고, 동정심 많고, 정직하고, 신뢰할 수 있고, 공정한 인간이 되는 데 아무런 영감을 불어넣지 못한다. 심지어 뇌물과 위협이 효과가 있는 것처럼 보일 때도 '다른 사람을 기쁘게 하기 위해 행동하는' 아이들은 자신들의 행동에 대한 깊은 이해가 없으며, 적지 않은 경우 자신들이 하고 있는 일에 대해 조금밖에 또는 전혀 책임감을 느끼지 않는다. 무엇보다 중요한 것은 그들이 자신들의 형제자매나 또래에 대해 진정한 관심을 갖지 못하게 된다는 점이다. 그들이 하는 선행의 대부분은 그저 대가를 바라고 하는 행동이다. '다른 사람을 기쁘게 하기 위해 행동하는' 아이들은 대개 외부의 승인과 인정을 받기 위해 타인에게 지나치게 의존하며 자신감 및 책임감이 결여되어 있는데, 이는 가해자 편에 자발적으로 가담하거나 옆에서 팔짱을 끼고 지켜보는 방관자가 되기에 이상적인 특성이다.

6. **부모는 자녀에게 지나친 경쟁의식을 자극한다.** 부모는 자녀에게 어떤 일을 시키고 싶을 때나 그들이 남들보다 앞서도록 만들고 싶을 때 경쟁을 부추기거나 강요한다.("누가 저 차까지 제일 빨리 달려가는지 보자." "왜 너는 형만 못하니?" "너도 열심히 하면, 그 여자아이를 이길 수 있어.") 경멸, 즉 누군가를 쓸모없고, 열등하고, 존경할 가치가 없다고 여기며 싫어하는 감정은 괴롭힘의 근본적인 원인이 된다. 벽돌담형 부모는 자녀가 패배한 형제자매나 또래의 감정에 정상적으로 공감하는 대신 개인의 성공으로 기분 좋아지길 바란다. 공감은 모든 아이가 갖고 있는 선천적인 능력이지만, 이것은 길러져야 하는 것이다. 경쟁은 형제자매나 또래에 대한 아이의 감정에 부정적인 영향을 끼쳐 공감 능력의 개발을 방해한다는 점에서 어두운 면을 갖고 있다. 다양성을 존중하고 차이를 소중하게 여기도록 가르치는 대신 경쟁에 지나치게 의존하는 것은 아이로 하여금 타인을 자신의 성공을 가로막는 장애물이나 적으로 생각하도록 훈련시키는 것이다. 또한 과도한 경쟁은 아이들을 승자와 패자로 나눈다. 만약 가해자가 승자(대상이 된 아이의 존엄과 자존감을 희생시키고 승리한)로 보인다면, 방관자는 승자 편에 가담할 가능성이 더 높고, 패자가 자신에게 도움을 요청해도 패자 편에 가담하길 원하지 않을 것이다.

7. **자녀는 공포 분위기에서 학습을 한다.** 실수는 나쁜 것이며, 잘못은 결코

용납되지 않는다. 완벽함이 목표이다.("바지에 오줌을 지리면, 갓난애처럼 다시 기저귀를 차게 할 거야." "B학점은 용서할 수 없어.") 실수할지도 모른다는 두려움은 가해자에게 거짓된 허세를 부리게 하고("난 할 수 있어. 그러나 단지 하고 싶지 않을 뿐이야."), 괴롭힘을 처음 당했을 때 제대로 대응하지 못한 아이로 하여금 자신이 하찮은 인간이라는 생각을 갖게 만들며("내가 뭔가 괴롭힘을 당할 만한 짓을 한 게 틀림없어."), 위험을 감수하지 않고 옳은 일을 하지 않은 것에 대해 걱정하는 방관자의 부작위("내가 뭔가를 해봤자 일이 더 악화되지 않을까?")를 초래한다.

부모가 공포감을 조성하여 복종을 요구할 때, 자녀들은 아주 어린 나이에 자신의 진실한 감정을 감추는 법을 배우게 된다. 부모가 자녀의 모든 감정 표현을 억누르기 때문에 자녀는 즐거움, 걱정, 행복감에 대한 즉각적인 감정 표현을 하지 않게 된다. 실제 어떤 자녀는 자신의 어떤 감정도 즉각적으로 표현하지 않아 부모를 걱정하게 만드는 경우가 있다. 이런 경우에 이 자녀는 자신의 감정을 표현해도 좋은지 확인하기 위해 부모의 표정을 먼저 살피게 된다. 부모는 분노, 공포, 슬픔의 표현을 억누를 뿐 아니라 거부하고 심지어는 그것을 표현한 아이에게 벌을 준다. 이런 감정의 표현을 금지당한 자녀는 분노, 공포, 슬픔을 마음속에 담고 있다. 그들은 자신이 화가 났거나 상처를 입었다는 것을 타인에게 알리려 하지 않으며, 이로 인해 이러한 감정이 만들어내는 에너지를 제거하지 못하게 된다. 이 에너지는 보일러의 증기 압력처럼 내부에서 생성되어 아래의 세 가지 중 하나의 결과를 초래한다.

① 자신에 대한 수동적·파괴적 행동: 이 행동은 매우 낮은 자존감이나 심할 경우 자기혐오를 나타낸다. 이 유형의 아이는 자신의 감정을

잘 표현하지 않으며, 일이 잘못되었을 때 다른 사람을 탓한다. "슬프지 않아." "아무렇지도 않아." "그 애의 잘못이야." 이런 행동은 문제를 해결하는 대신 문제를 가진 당사자에게 부정적인 영향을 준다.

② 타인에 대한 공격적 행동: 공격적인 사람은 언어적 · 신체적 · 관계적 괴롭힘으로 타인을 통제하려 한다. 이런 행동은 근본적인 문제를 해결하지 못하고, 새로운 문제를 만든다.

③ 수동적·공격적 행동(①과 ②): ①과 ②를 창의적으로 결합한 것으로, 이는 자신에게나 타인에게나 책임감을 느끼지 못하는 사람이 하는 행동이다. 이 행동 유형에 해당하는 아이는 특정한 인물이나 이슈에 대해 직접적으로 자신의 생각을 표현하는 대신 우회적인 방식 – 비아냥거리거나 창피를 주는 표현을 하고, 농담으로 해본 말이라고 발뺌을 하고, 소문을 퍼뜨리거나 실제로는 상처를 입힐 의도를 가지고 있으면서도 돌보는 척하는 등의 – 을 사용하여 사람들에게 상처를 입힌다. 이런 유형의 아이는 분노를 숨기고 있다가 자신보다 더 인기 있고, 더 잘 생기고, 더 똑똑하고, 더 친절한 대상을 공격하기 위한 부정적인 에너지로 사용한다.

8. 자녀에 대한 '사랑'이 고도로 조건적이다. 애정과 인정을 받기 위해 자녀들은 지시받은 대로 행동해야 하며, 불복종했을 때는 기피 대상이 된다.("저리 꺼져. 언니에게 상처를 입히는 너 같은 계집애는 보기도 싫어." "난 네가 하키를 계속 하길 원한다. 삼대째 해오고 있잖니. 네가 맞는 게 싫다고 도망치게 두지 않겠어. 내 자식은 누구도 낙오자가 되어서는 안 돼.") 사랑이 조건이 될 때 그것은 사랑이 아니다. 지속적으로 부모의 인정을 받아야 하는 자녀들은 자신이 누구이고, 자신의 선천적인 재능이 무엇인가를 생

각하는 데 써야 할 시간이나 에너지를 타인을 즐겁게 하는 데 사용하게 된다. 그들은 자신의 가치 혹은 무가치를 확인받기 위해 타인에게 의존한다. 그들은 자기보다 우월한 또래가 요구하는 것은 무엇이든 기꺼이 하면서 그들의 애정과 인정을 받으려 한다.

9. **부모는 자녀에게 어떻게 생각할 것인가를 가르치는 대신 무엇을 생각할 것인가를 가르친다.** 만약 자녀가 무엇을 생각할 것인가를 배운다면 그들은 더 쉽게 조종되고, 자신이나 도움이 필요한 누군가에게 유익한 어떤 일을 하는 것보다 누군가를 즐겁게 하는 어떤 일을 할 가능성이 더 높다.("빨간 드레스를 입는 것이 어때? 푸른색보다 더 잘 어울리는데." "코트를 입어야 되지 않니?" "그 애와 놀지 마라. 우리와 같은 부류가 아냐.") 만약 아이들이 '무엇을 생각할 것인가'에 대해서만 배우고 '어떻게 생각할 것인가'에 대해, 또는 어른의 지도 아래 합리적인 범주 내에서 자신의 힘으로 선택과 결정을 내리는 방법에 대해 배우지 못한다면, 그들은 고정관념에서 벗어난 생각을 할 수 없게 된다. 이럴 경우 아이들은 자신의 욕구를 충족하기 위해 다른 사람을 괴롭히는 것 또는 괴롭힘에 굴복하는 것을 대신할 새로운 대안을 모색하거나 괴롭힘을 받는 또래를 효과적으로 돕는 데 필요한 내적 자원을 모을 수 없게 된다.

벽돌담형 가족은 외부에서 보았을 때 끈끈하게 결합된 가족 단위로 보인다. 그러나 이것은 외관상 그렇게 보일 뿐이다. 표면 아래에는 잔혹한 힘, 억압, 협박에 억눌린 폭발 일보 직전의 노여움, 격노, 불명예, 좌절이 불안정하게 혼합되어 있어 가해자, 상처받기 쉬운 피해자, 그리고 주저하는 방관자를 만드는 이상적 조건을 형성한다. 벽돌담형 가족은 자녀에게 자신이 누구이고, 무엇을 할 수 있고, 무엇이 될 것인가에 대해 생각할 수 있는 기회를 주지 않는다. 자녀들은 부모가 직접 보여주는 공격적이고, 반사회적인 행동을 목격하고 경험한다. 그들이 대인 관계에서 자신의 욕구를 충족시키기 위해 부모가 보여준 것과 같은 기술을 사용하는 것은 이상한 일이 아니다. 친사회적인 행동은 자주 무시되거나 어떤 이기적 목적을 위한 수단으로 여겨진다. 자녀들의 의견과 감정의 표현은 허용되지 않는다. 신체적 폭력을 통해 협박당하고, 억압당하고, 위협당하거나 실제로 학대를 당한 일부 아이들은 자신들이 당했던 것을 돌려줄 타인을 찾아낸다. 일부는 노여움과 적개심을 쌓아놓고 있다가 자신이나 또래를 상대로 폭력적인 행동을 해 모든 것을 발산한다. 일부는 순종적이고 비굴한 인간이 되어 동네 불량배와 같은 힘을 가진 사람들을 따라다니며 그들의 조종과 지배를 받는다. 일부는 너무 허약해져서 가해자에게 대항하거나 도움을 청하는 데 필요한 내적 자원도 없다.

해파리형 가족

해파리형 가족은 벽돌담형 가족과는 정반대의 특성을 나타내는데, 이 유형은 벽돌담형 가족처럼 견고한 구조는 아니지만, 또 다른 방식을 사용하여 자녀의 감정과 정서의 건강한 표현을 억압한다. 해파리형 가족 내부에는 지나치게 관대하고 자유방임적인 분위기가 만연해 있다. 자녀들은 억압받거나 방치되고, 경멸당하고, 창피당하며, 뇌물, 위협, 보상, 처벌로 조종된다. 결국 그들은 불쾌하고, 버릇없고, 겁 많고, 원한에 가득 찬 인간이 된다. 그들은 척추형 가족에서 자란 자녀들처럼 자신과 그들을 둘러싼 세계를 낙천적으로 바라볼 수 있는 확고한 삶의 메시지를 받지 못한다.(낙천적인 자녀들은 실패, 실수, 그리고 부정적인 사회적 상호작용에 얽매이거나 그것들의 희생양이 되는 대신, 그것들을 통제하려 하거나 하다못해 뭔가를 시도해보려 한다. 이들은 다른 사람을 탓하거나 포기하기보다 문제를 해결할 방법을 찾으려고 한다.)

해파리형 가족은 해파리 A형 가족과 해파리 B형 가족으로 나눌 수 있다. 해파리 A형 가족에서 부모는 자신의 성장 경험 때문에 어떻게 해야 건강한 구조와 지속성, 그리고 자녀를 위한 안전한 경계를 갖춘 가정환경을 조성할 수 있는지 알지 못한다. 이런 유형의 부모는 벽돌담형 가족이나 벽돌담형과 해파리형을 결합한 가족 유형에서 성장했을 가능성이 높다. 이 부모는 자신이 경험했던 학대를 반복하는 것을 두려워하지만 그것을 대신해 어떤 행동을 해야 하는지 모른다. 이 부모는 규율에 대해 극단적으로 느슨하여 거의 또는 전혀 제한을 두지 않고, 과한 애정으로 자녀들을 숨 막히게 만드는 경향이 있다. 부모 자신의 욕구가 한 번도 받아들여진 적이 없기 때문에 자신의 욕구를 인식하는 데 어려움을 느끼며, 자녀의 욕구와 자신의 미실현 욕구를 혼동한다. 또한 이 유형의 부모는 자녀에게 정말로 필요한 것과 자녀가 표면적으로 요구하는 것을 구별하지 못해 간혹 자녀와 의미 있고 필요한 시간을 보내는 것을 사치스러운 선물을 주는 것으로 대체한다.

해파리 A형의 부모는 자녀의 생활에 휘말리는 경향이 있어서 자녀의 문제를 해결하고 자녀가 역경에서 벗어나도록 하는 데 많은 시간을 보낸다. 연구 결과에 따르면, 모든 상황을 부모에게 의지하거나 정규적으로 부모의 도움을 받는 자녀들은 가해자의 별난 행동으로 상처를 입을 가능성이 더 크고, 그의 요구에 굴복하는 경향이 더 크다고 한다. 부모는 괴롭힘을 당하는 자녀를 도와주려고 하지만, 이런 부모의 행동은 오히려 가해자를 도와줄 뿐 아니라 자녀에게 '너는 자신을 지킬 능력이 없다'라는 선명한 메시지를 보내는 것이나 다름없다.(어떤 상황에서도 어른이 개입해서는 안 되는 것인가? 사실 어른이 괴롭힘 문제를 목격하거나 듣는다면 개입하는 것이 마땅하다. 문제는 해파리형 가족이 개입하는 방식에 있다.)

해파리형 가족에는 가족의 일상생활(식사, 취침, 허드렛일, 여가 시간 등) 속에서 맞닥뜨리게 되는 중요한 국면에 대응하는 일정한 체계, 즉 구조가 없다. 구조의 결여가 절대적인 무질서를 초래하게 될 때 중대한 문제가 생기게 된다. 좌절이나 혼란 상태에서 해파리 A형 부모는 자신이 유일하게 알고 있는 부모의 기술, 즉 위협, 뇌물, 처벌을 다시 사용하는 경향이 있다. "네가 공을 빌려주지 않으면 쓰레기통에 던져버리겠다." "네가 지금 당장 차에 타면 선물을 사주겠다." "그만해라, 더는 못 참겠다. 모두 방으로 가라. 또 식사 시간에 싸우면 저녁밥은 없을 줄 알아." 이 유형의 부모는 분위기가 잠잠해지면 화해를 시도하여 어릴 적 자신이 목격했던 부모의 행동을 그대로 답습하면서 느낀 죄책감을 누그러뜨리려 한다. "어제 성질을 내지 않았어야 했는데. 내가 버렸던 공보다 더 좋은 공을 샀다." "어제 굶겨서 미안하구나. 네가 원하는 식당은 어느 곳이든 데려가주마." 부모가 벽돌담형과 해파리형 가족 사이에서 왔다 갔다 할 때 자녀들은 방향을 잃고 혼란스러워하며 자신이 누구이고 무엇을 할 수 있는가에 대한 모든 감각을 쉽게 잃어버린다. 그들은 간혹 소속감과 안전함 그리고 일관성을 제공하려고 하는 누군가(광신적 종교 집단과 갱 집단 등)로부터 위로와 지지와 인정을 받고자 한다.

해파리 B형의 부모는 신체적 또는 심리적으로 자녀를 방치하고 스스로 살아가도록 강요한다. 이 유형의 부모는 개인적인 문제로 인해 타인을 돌볼 여유가 없다. 다시 말해 그들은 자존감 결여나 마약 · 술 · 성 중독 또는 정신장애 때문에 자녀를 돌볼 능력이 없다. 다른 경우 이 유형의 부모는 일생 동안 자녀의 복지에 매달린다. 자녀들은 원하는 모든 것을 가질 수 있지만, 이것들은 양육, 포옹, 따뜻한 격려의 말이 없는 차가운 물질에 불과하다. 이 상실감과 슬픔은 멍든 자국이나 부러진 뼈가 아니라 무기력과 절망이라는 상심(傷心)에서 나타난다. 자녀들은 어떤 일을 해야 한다면 자신의 힘만으로 그것을 해야 한다고 믿기 시작한다. 그들은 어느 누구에게도 의지하지 않는다. 그들은 자신이 사랑받지 못하고 버림받았다고 생각하며, 타인을 불신하기 시작한다. 그들은 자신들의 욕구가 무시되거나 하찮게 여겨졌기 때문에 기본적 욕구를 충족시키기 위해 거짓말하고 사람을 조종하는 법을 배운다.

다음에서는 해파리형 가족에서 나타나는 다섯 가지의 주요 특성이 폭력의 악순환에 어떻게 기여하는지를 설명한다.

1. **자녀에 대한 처벌과 보상이 임의적이고 일관성이 결여되어 있다.** 어느 날 오빠는 여동생에게 상처를 입힌 것 때문에 벌을 받았다. 다음 날도 오빠가 같은 행동을 했는데 이번에는 그냥 넘어갔다. 이틀 후 오빠는 오후 내내 누이를 때리지 않았다는 이유로 상을 받았다. 오빠에게 얻어맞은 여동생은 가족의 어느 누구도 자신을 보호할 수 없다고 생각한다. 가정이 더 이상 안전한 장소가 아닌데 어떻게 운동장 같은 곳을 안전한 장소라고 생각할 수 있을까? 그리고 이런 문제를 어른에게 말해봤자 뭐가 나아질까? 그녀의 오빠는 자신의 감정과 충동에 대한 내적 통제가 자리잡지 않았다. 오빠는 자신의 행동에 대해 항상 일관된 제재가 없다는 것을 배우게 되고 여동생을 괴롭힌 뒤에 그저 들키지 않으려고만 한다.
2. **자녀에게 두 번째 기회를 임의적으로 제공한다.** 자녀가 실수를 하고, 말썽을 피우고, 난장판을 만들었을 때 그들은 자신의 행동에 책임을 질 때

도 있고 그렇지 않을 때도 있다.("네가 차를 망가뜨렸을 때는 네가 고쳐야 한다고 말했었지? 이번에는 내가 수리비를 내지만, 다음번에는 네가 지불해야 한다." "이번에는 네가 그를 때린 것을 못 본 척하겠다. 다음번에는 용서하지 않을 거다." "여동생에게 그런 짓을 하다니 너무 실망했다. 다시는 그러지 말거라.") 이러한 불일치는 자녀가 자신의 행동에 대한 강한 책임감을 개발하는 것을 방해한다.

3. **일상적으로 위협하고 뇌물을 제공한다.** 위협과 뇌물이 행동을 통제하는 목적으로 사용되면 자녀는 잘못된 것을 한 뒤 들키지 않는 요령과 좋은 일을 한 뒤 칭찬받는 요령을 배운다. 이렇게 되면 자녀는 새 친구를 사귀거나 자신의 실수를 인정하고 바로잡기 위해서, 또는 타인을 친절하게 대하고 돕는 것이 옳기 때문에 선행을 하는 것이 아니라 대가를 받기 위해 선행을 한다. 자녀는 타인을 조종하지 않고서도 자신의 욕구를 충족시킬 수 있는 방법을 배우지 못한다. 모든 것이 거래라고 생각하게 된다면 자녀는 친구를 사귀는 데 필요한 기술을 개발하지 않을 것이다. 건강한 방법으로 자신의 욕구를 충족시키고, 강한 우정을 개발하는 것은 괴롭힘을 방지하는 두 가지의 주요 해결책이다.
4. **감정이 부모와 자녀의 행동을 다스린다.** 감정의 지배를 받게 되면, 자녀는 나쁜 행동을 하기 전에 말을 걸어오는 양심의 목소리(개인적 도덕률), 즉 이기적이고 공격적인 충동에 대한 자기 통제의 중요한 요소를 개발하기 어렵게 된다. 그들은 자신이 초래할 결과와 더 나은 선택지를 생각하지 않고 행동한다. 만약 분노가 자녀의 마음을 가득 채운 가장 일반적인 감정이라면 그는 타인의 선의의 실수에 대해서도 적대적인 의도를 찾아내려 할 것이다. 이것은 가해 자녀와 피해 자녀 모두에게 나타나는

공통의 문제이다. 가해자는 누군가에게 상처를 입히기 위한 구실을 찾게 될 것이며, 충동 조절에 어려움을 갖고 있는 피해자는 의도적이든 우연이든 가해자를 짜증나게 만들어 그 구실을 제공하게 될 것이다. 감정에 의해 지배받는 방관자는 군중의 열광에 쉽게 휩쓸려 한패가 되거나 두려움으로 판단력이 마비된다. 어떤 경우든 방관자는 피해자에게 도움이 되지 않는다.

자녀는 자신의 감정을 어떻게 정의하고 책임감 있게 표현할 것인가에 대해 배우지 않는다. 적지 않은 경우, 어른들은 극단적인 형태로 자신의 감정을 표현하거나 자녀의 감정에 반응한다. 부모는 과보호로 자녀를 숨 막히게 만들거나 자녀의 감정을 자신에게 투영하려 한다. 그렇게 해서 자녀로 하여금 자신만의 감정을 가진 채 행동할 수 없게 만들고, 자신의 감정 표현으로 발생한 결과를 책임지지 못하게 만든다. "우리 애가 그 애를 다치게 하려고 한 건 아니에요." "그쪽 애가 우리 애를 약 올렸겠죠. 우리 애 잘못이 아니에요." 과보호를 받게 된 자녀는 가해자의 공격을 막아내는 데 필요한 강력한 사회적 기술을 개발할 수 없다. 특히 이렇게 자란 남자아이들은 또래가 소중하게 여기는 사회적 기술, 즉 모험과 탐구심, 신체 놀이, 건강한 위험부담 등을 개발하지 못한다. 과보호를 받은 남자아이와 여자아이는 건설적인 갈등해결 기술을 키울 기회를 갖지 못한다. 또한 여자아이들은 가해자의 부적절한 행동을 인식하거나 막아내는 데 필요한 자신감이나 자기 인식을 개발할 수 없다. 만약 해파리형 부모가 자녀의 감정과 상황을 통제한다면, 그 자녀는 타인에게 의존하여 자신의 감정을 정의하게 된다. 또 자녀는 자신의 문제를 해결하는 데 무기력해지고 쉽게 타인의 탓으로 돌리게 된다. "그 녀석 때문에 미치겠어." "그 애가 나를 우습게 봐." "이것은 내 실수가 아니야."

부모가 자녀를 방치하거나 무시하게 되면 자녀도 자신의 감정을 완전히 무시하게 되어 공포, 슬픔, 분노의 감정을 외면하거나 감추는 법을 배운다. 자녀는 다른 사람을 신뢰하지 않고 자신이 필요한 것을 얻기 위해 타인을 조종하는 법을 배운다. 부모가 방치하거나 무시한 아이 중 일부는 타인을 깎아내리는 것으로 자신을 치켜세운다. 타인을 기분 나쁘게 하면서 자신을 기분 좋게 한다. 그가 원하는 것을 얻는 데 방해가 되는 사람은 누구나 냉혹하고 재빠른 방식으로 정리한다. 부모가 방치하거나 무시하는 아이 중 또 다른 일부는 지나치게 독립적이어서 자신에게 가까이 다가오는 사람을 누구도 용납하지 않는다. 부모가 방치하거나 무시하는 아이의 마지막 부류는 심각한 애정결핍에 시달리게 되면서 자신을 지켜주고, 사랑하고, 안심할 수 있게 만들어주는 타인을 지속적으로 찾아내려 한다. 이 때문에 그들은 가해자의 심복 역할을 하기에 딱 알맞은 최상의 후보자가 된다.

5. **부모의 자녀에 대한 '사랑'은 고도로 조건적이다.** 자녀는 애정과 인정을 받기 위해 부모를 즐겁게 해야 한다. 자녀는 부모를 기분 좋게 해야 한다는 압박감을 느낀다. 부모로부터 인정과 사랑을 획득해야 하는 것이다. 벽돌담형 가족에서 자라난 자녀와 같이 이들도 자신의 가치 또는 무가치를 확인하기 위해 타인에게 의존한다. 만일 이들이 자신을 무가치하게 생각한다면, 타인도 무가치하다고 생각할 수 있으며, 결국 타인을 해치는 것에 대해 어떤 양심의 가책도 느끼지 못하게 된다. 그들은 이런 식의 논리를 편다. '내가 가치가 없다면, 너도 마찬가지다.' 또한 자신을 향한 공격을 피하는 방법을 모르는 이들은 상처를 받기가 쉬워 가해자

가 욕만 한마디 해도 큰 충격을 받는다. 이들은 애정과 인정을 받거나 자신을 향한 괴롭힘을 멈추게 하기 위해서 자신보다 우월한 또래가 시키는 것은 뭐든 다 하려고 한다.

해파리 A형과 B형 가족은 가해자, 상처받기 쉬운 피해자, 그리고 방관자를 양성하는 데 기여할 수 있다. 공격적인 행동에 대해 어떤 제재도 받지 않은 일부 자녀들은 가족들에게 횡포를 부리며 형제자매와 부모를 공포에 떨게 할 것이다. 깊은 상실감에 압도된 또 다른 아이들은 가해자의 폭력으로부터 벗어날 내적 자원이 없다. 어떤 아이들은 그저 누군가와 어울리고 싶어서 가해자 편에 쉽게 가담하며, 어떤 아이들은 괴롭힘을 말리기에는 너무 무기력하고 그런 행동이 중요하다고 생각하기에는 어떤 기대도 할 수 없어 그저 뒤에서 구경만 한다.

어떤 유형의 가족에 속하든 아이들은 살아가겠지만, 벽돌담형이나 해파리형 가족 환경에서는 정상적으로 성장할 수 없다. 아이들은 벽돌담형 가족처럼 거칠고 엄격하고 완고한 구조가 아닌 유연하고 개방적이고 적응하기 좋은 척추형 가족 구조의 경계와 가이드라인을 필요로 한다. 그리고 아이들은 척추형 가족이 조성하는 안정된 환경, 즉 무질서하고 불안한 해파리형 가족에서는 찾아볼 수 없는 창의적이고 건설적이며 책임감이 있고 관대한 환경을 필요로 한다.

척추형 가족

척추형 가족은 형태, 규모, 특성 면에서 다양하게 나타난다. 이 가족 유형은 어떤 특정한 배경이나 사회계층으로부터 만들어지지 않는다. 특별한 이웃 관계를 가지고 있지 않다. 반드시 늙은 부모 또는 젊은 부모가 이끌지 않는다. 꼭 종교적 또는 세속적이지 않으며, 특정한 인종이나 민족적 기원을 갖고 있지도 않다. 그들에게 무엇을 하는지, 혹은 하지 않는지는 중요한 것이 아니다. 그들에게 중요한 것은 일상생활의 모든 행위를 통해 자의식과 공동체 의식 간의 균형을 맞추는 것이다. 상호의존은 축복받는 행동이다. 폭력의 악순환이 존재하지 않고, 배려의 순환 고리만이 있다.

또한 척추형 가족은 위계적 · 관료적 · 폭력적이지도 않다. 척추형 부모는 존경을 요구하는 대신 어떻게 하면 존경을 받는지 직접 보여주고 가르친다. 자녀들은 부당한 권위에 대해 질문하고 도전하는 법을 배운다. 그들은 '아니오'라고 말하는 법, 생각과 의견을 듣고 말하는 법, 존경하고 존경받는 법에 대해 배운다. 척추형 가족의 자녀들은 스스로를 사랑하고, 타인과 공감하는 법을 배운다. 진심에서 우러나오는 배려를 받으며 자란 아이들은 타인을 배려하고 타인의 고통을 인식하며, 그 고통을 해소하기 위해 기꺼이 타인을 돕는 법을 알게 된다. 척추형 가족은 자녀에게 그들의 도덕 기준을 구체화하는 데 필요한 조용하고 평화로운 구조뿐 아니라 지속성, 확고성, 공정성을 제공한다. 이들 가족의 자녀는 타인을 통제하려는 속성을 지닌 권력에 복종하거나 타인이 자신을 통제하도록 허용하는 대신 자신의 자율권을 행사한다. 그들은 자유로운 존재이기 때문에 타인을 통제하거나 조종하고, 누군가를 경멸하며, 괴롭힘에 굴복할 필요가 전혀 없다. 다음에서는 척추형 가족의 열다섯 가지 특성을 설명한다.

1. 부모는 매일 여섯 가지의 중요한 생활 메시지를 통해 자녀를 위한 지지 기반을 다진다.

- 우리는 너를 믿는다.
- 우리는 너를 신뢰한다.
- 우리는 네가 인생의 여러 상황에 잘 대처할 수 있다는 것을 안다.
- 우리는 너의 말을 경청하고 있다.
- 우리가 너를 보살펴주겠다.
- 우리에게 너는 매우 중요한 존재다.

척추형 가족의 자녀는 사랑, 승인, 격려를 통해 인정받고, 스스로를 소중하게 생각하며, 타인의 존경을 받는다. 이들은 가해자의 언어적 공격을 막아낼 수 있으며, 자신들이 직면한 다양한 상황에 단호하게 대응할 수 있고, 자신이 무엇을 해야 할지 잘 모를 때는 망설이지 않고 도움을 요청한다. 이들은 도움이 필요할 때마다 사람들이 자신의 말을 경청해줄 거라는 사실을 잘 알고 있다. 이들이 말하거나 행동하는 어떤 것도 하찮게 다뤄지고 무시되거나 부끄럽게 여겨지지 않는다.

매일 여섯 가지의 중요한 생활 메시지를 듣는 자녀들은 부모와 건강하고 안정된 관계를 개발할 수 있다. 이 관계는 자녀들이 낙천적이며 인내심 많고 관대한 사람으로 자랄 수 있도록 한다. 긍정적이고 자신감 있는 태도를 의미하는 '낙천주의'는 실패, 실수, 그리고 부정적인 사회적 상호작용에 효과적으로 대처하는 데 매우 중요하다. 낙천적인 성향의 자녀는 실패, 실수, 그리고 부정적인 사회적 상호작용에 얽매이거나 그것들의 희생양이 되는 대신, 그것들을 통제하려 하거나 하다못해 뭔가를 시도해보려 한다. 이들은 다른 사람을 탓하거나 포기하기보다 문제를 해결할 방법을 찾으려고 한다. 고난이나 좌절에도 불구하고 장기간에 걸쳐 꾸준하고 지속적으로 이어지는 행동이나 믿음을 의미하는 '인내'는 자녀의 자신감을 키우고, 타인을 돕는 데 수반되는 위험을 기꺼이 감수할 수 있는 힘을 제공한다. 누군가를 돕기 위해 기꺼이 힘을 빌려주거나 시간을 내주는 것을 의미하는 '관대함'은 자녀들이 자신을 극복할 수 있도록 하고, 자신의 욕구와 필요를 충족시키고자 하는 욕심에서 벗어날 수 있도록 한다. 이 세 가지의 선천적 능력을 개발하는 것은 자녀들이 선천적인 공격적 경향을 완화하고 조절하며, 또래에 대한 공감 능력을 키우는 데 도움을 준다.

2. **자녀는 민주주의를 경험하며 학습한다.** 공식적 또는 비공식적인 가족 모임을 통해 모든 가족 구성원은 특정한 사건이나 일정, 문제 등을 주제로 논의하게 된다. 이 과정에서 그들은 활동을 계획하고, 일정문제를 조정하고, 갈등을 해결하는 데 가능한 한 참여한다. 자녀들의 감정과 생각은 존중받고, 수용되며, 자녀들은 모든 가족 구성원의 욕구와 필요를 조정하는 일이 언제나 쉽지만은 않다는 것을 알게 된다. 자녀의 책임감과 의사결정 능력이 커짐에 따라 그들이 책임을 지고, 의사결정을 할 기회 또한 커지게 된다. 가족 모임은 자녀가 타인과의 관계에서 자신의 욕구와 필요를 살필 수 있게 돕는다. 이들은 집단으로서 함께 일하고, 차이를 소중히 여기고, 평화롭게 갈등을 해결하는 데 무엇이 필요한가에 대해 깨닫게 된다.
3. **창의적이며 건설적이고 책임감 있게 행동하도록 하는 환경이 만들어진**

다. 척추형 가족의 물리적 · 정서적 · 도덕적 환경은 경직되거나 완고하지 않으며, 일관적이지 못한 메시지나 형편없는 롤모델로 구성되지 않는다. 자녀는 부모의 본보기를 통해 친사회적 행동을 알거나 배우게 된다. 자녀는 탐구하고, 놀고, 건전한 형태로 위험을 감수하고, 단호하고 평화롭게 갈등을 해결할 용기를 얻는다. 실수는 비난의 대상이 아니라 배우고 성장할 기회로 여겨진다.

4. **규율은 자녀의 학습에 꼭 필요한 권위로만 다루어진다.** 자녀가 무책임한 장난을 치거나 행동을 할 때 부모는 자녀가 무엇이 잘못했는지 보여주고 문제의 근본을 밝혀주면서 그 문제를 해결할 방법을 제시한다. 자녀의 존엄성은 타격을 받지 않는다. 부모의 목적은 자녀의 자기 절제, 즉 자녀가 품위 있고 책임감을 갖추었으며, 약자를 돌볼 줄 아는 사람이 될 수 있도록 하는 내적 규율을 개발하는 것을 도와주는 것이다.
5. **규칙은 단순하고 분명하게 제시된다.** 부모는 자신의 지혜와 책임감을 통해, 그리고 자녀가 가진 욕구를 인식하면서 규칙을 만든다. 이 규칙은 지속적으로 자녀가 자신의 나이에 걸맞은 결정을 내리고, 나이에 걸맞은 책임을 지고, 자신의 정서적 · 신체적 · 도덕적 · 윤리적 경계를 설정하는 것을 배울 수 있게 한다.("넌 사고 싶은 자전거 헬멧을 결정할 수 있다. 자전거를 타려면 헬멧을 써야 한다." "이번 주에 개를 산책시키는 것은 네 담당이다." "너는 그 남자아이가 하는 행동을 싫어할 수는 있지만, 그에게 지저분하고 상처를 주는 욕을 할 권리는 없다.")
6. **자녀의 무책임한 행동에 대한 대처는 자연스러우면서도 합리적이다.** 이런 대처는 단순하면서도 가치 있으며, 목적지향적이기 때문에 위협이나 뇌물, 처벌이 필요 없다.["네가 빌려서 잃어버린 친구의 상의를 새로 사줘야

할 것이다."(합리적이고, 단순하며, 가치 있고, 목적지향적이다.) "너는 반에서 그 남자아이에게 상처를 입혔다. 네가 한 행동을 바로잡아야 한다. 앞으로 그런 일이 일어나는 것을 방지하기 위해 어떻게 할지 생각하고, 친구의 상처를 치유할 방법을 찾아봐라. 너를 화나게 만드는 그 아이의 행동을 어떻게 품위 있고 존중받을 만한 방식으로 지적할지도 생각해봐라."(합리적이고, 단순하며, 가치 있고, 목적지향적이다.)]

7. **자녀에게 두 번째 기회를 제공한다.** 이것은 해파리형 가족에서 사용되는 책임감이 결여되고 임의적인 두 번째 기회와는 성격이 다르다. 자녀는 분명한 책임을 부여받고, 책임을 다하지 않았을 경우 합리적인 제재를 받게 된다. 자녀가 첫 기회를 살리지 못했을 경우, 실수의 결과를 경험한 뒤에 재시도할 수 있도록 두 번째 기회를 부여한다.("너는 보험회사와 연락하고, 뒤쪽 범퍼의 손상을 수리한 후에 다시 운전할 수 있다. 그때까지는 걷거나, 자전거를 타거나, 버스를 타야 할 것이다.") 그들은 자신이 한 일에 대한 책임을 지고, 자신이 만든 문제를 바로잡아 가면서 또래를 비롯한 다른 사람의 행동에 책임을 전가하지 않게 된다.
8. **자녀가 할 수 있는 모든 일을 하도록 동기를 부여한다.** 자녀가 자신의 힘으로 할 수 있다고 생각하는 것 이상의 것을 하도록 동기를 부여해준다. 학습은 수용과 높은 기대의 분위기 속에서 이루어진다.("나는 네 친구 질의 행동이 친구들을 괴롭게 한다는 것을 안다. 그러나 밤샘 파티에 다른 친구들은 다 초대하고 그 애만 뺀다는 것은 옳지 않다. 너는 파자마 파티를 어떻게 준비할 것인지 생각하고 있을 것이다. 필요하면 나도 돕겠다.") 이들이 갖춘 높은 수준의 행동규범은 단지 부모를 기쁘게 하기 위해서가 아니라 자신이 품위 있고, 책임감 있고, 약자를 돌볼 줄 아는 사람이 될 거라

는 부모의 기대에 부응하기 위해 존재하는 것이다. 그들은 큰 이득에 대한 욕구와 관심을 억누르고, 불의를 비판하며, 자신의 행위에 책임을 지고, 그러면서도 항상 타인의 인간성을 존중하며, 평화롭게 차이를 해결하려 할 때 항상 정중함 — 설령 자신이 어떤 사람을 좋아하지 않더라도, 그 사람을 동등한 존엄성을 갖춘 인간으로서 대우하고 존중하는 것 — 을 가지고 행동하라고 배운다.

9. **자녀는 웃음과 애정 어린 신체 접촉과 유머가 넘치는 환경에서 성장한다.** 이 세 가지는 자유롭고 조건 없이 주어진다. 자녀는 부모가 서로에게 애정을 주고받고 서로를 돌보는 것을 지켜보면서 신체 접촉이 인간 유대에 중요하다는 것을 배운다. 자녀는 부모가 삶을 즐기고, 서로를 비웃는 대신 함께 웃는 것을 지켜본다. 자녀가 집에서 누군가의 조롱의 대상이 되지 않는다면, 밖에서 또래를 조롱할 가능성이 훨씬 더 적다.

10. **자녀는 자신의 감정을 수용하고 감정에 따라 행동하되 강한 자의식을 통해 책임감 있게 행동하는 법을 배운다.** 부모는 자녀의 감정에 공감하며 그들에게 정서적인 도움을 주고, 모든 범주의 감정을 표현하는 적절한 방법을 보여준다.("그 애가 신도시로 이사를 가게 되어 너무 슬퍼요. 그 애가 보고 싶을 거예요." "아들아, 울어도 좋단다. 나도 그들의 가족이 더 이상 우리의 이웃이 아니라는 것이 슬프구나. 너와 샘은 많은 시간을 즐겁게 보냈지. 그가 이사하는 데 조금이라도 도움이 될 만한 일을 생각해보자." "나는 사라가 너무 싫어요. 그 애가 나를 난잡한 아이라고 소문냈어요." "수잔, 사라에게 화가 난 것은 당연해. 그녀의 행동은 잘못되었으니까. 너의 분노를 건설적으로 다스릴 수 있는 방법을 생각해보자. 네가 그녀와 대면했을 때 어떤 행동을 취할지도 생각해보자.") 자녀는 자신의 감정을 받아들이고 소중하게

다루는 법을 배운다. 또한 이들은 자신의 모든 감정에 휘둘릴 필요가 없다는 것도 배운다. 아이들은 공감하는 능력을 키우고, 타인의 관점에서 생각하는 능력을 개발하며, 타인을 동정하여 한 행동에 대해 칭찬을 받는다. 자녀의 감정이 부모에 의해 인정받고 타당하게 여겨질 때 자녀는 또래의 감정에 휘말려들 가능성이 적다. 자신의 감정을 또래의 감정과 분리하여 생각하고, 평상심을 가진 상태에서 또래의 슬픔과 두려움, 또는 상처받은 마음에 휩쓸리지 않는 것은 건설적인 방식으로 또래에게 공감하는 데 중요하다. 자녀는 고통이 무엇인지 알 수 있고, 그것이 어떤 기분인가도 알 수 있으며, 그 고통을 줄이기 위한 대응을 할 수도 있다.

11. **부모는 어떻게 경쟁과 협력을 하는지를 자녀에게 보여주면서 직접 그것들을 해보도록 격려한다.** 부모는 다양한 과업을 수행하는 기술을 직접 보여주고 자녀가 새로운 기술을 배우도록 돕는다. 부모는 자녀에게 타인과 어떻게 일하고 노는지에 대해 보여준다. 부모는 어떻게 경쟁력을 갖추고, 협력하며, 결단을 내리는지를 보여준다.("이번 주말 자전거 여행에 대해 생각해보자. 이번에는 내가 자전거를 점검할게. 누가 물병에 물을 채우고, 간식을 만들고, 지도에서 이동 경로를 찾아볼래? 누구 또 데려갈 사람 있니?" "저녁에 새로 이사 온 이웃을 초대하려고 한다. 새로운 사람이 오면 그렇게 하는 거야." "반에 새로 전학 온 친구가 다른 아이들과 어울리게 하려면 어떻게 해야 할까?" "친구들이 새 친구와 함께 점심을 먹는 걸 싫어한다면 넌 어떤 일을 할 수 있겠니?") 경쟁은 삶에서 필수불가결한 것이지만, 아이들은 자신의 성공을 기뻐하는 동시에 실패한 사람들에게 공감하는 법을 배운다.

12. **자녀는 조건 없는 사랑을 받는다.** 자녀는 다른 이유가 없어도 그 자체로 위엄과 가치가 있는 존재이다.("너를 사랑한다." "네가 함께하니 재미있다." "도움이 필요하면 언제든 말해라.") 부모가 자신을 사랑하고 원하며, 존중해준다는 느낌을 받을 때 자녀는 다름을 존중하고 타인을 배려의 순환 고리 속으로 기꺼이 초대할 것이다.
13. **자녀는 어떻게 생각하는지에 대해 배운다.** 부모는 아이들이 자신의 직관에 귀를 기울이고, 자발적으로 행동하고, 창의적으로 생각하고 행동하며, 문제를 해결하는 과정에서 합리적으로 생각하도록 장려한다. 그들은 일방적으로 지시를 받거나 무시당하는 대신 상대와 더불어 대화한다. 그들은 어른의 진정한 지혜를 존경할 뿐 아니라 부당한 권위에 도전하도록 격려를 받는다. 그들은 과거의 지식에 대한 갈망과 미래의 새로운 세계에 대한 호기심을 갖는다.("네가 뭔가에 대해 느낌을 가질 때는 네 직감을 믿어라." "너는 문제를 해결할 방법을 찾아낼 것이다. 난 네가 그러리라 믿는다." "네가 그것을 어떻게 생각하고, 그것을 바로잡기 위해 우리가 할 수 있는 일이 뭔가에 대해 말해줄 수 있니?" "네가 무슨 말을 하는지 알았다. 그 방법은 미처 생각해보지 못했구나." "만약 너보다 윗사람이 너를 불친절하게, 부당하게, 불공정하게 대하고 네게 상처를 입히거나 부정직한 뭔가를 하도록 요구한다면, 자신의 양심의 목소리에 귀를 기울여라." "네가 부당한 일이 벌어지는 것을 본다면 정정당당하게 큰 소리로 말해라. 네 반 친구 중 1명이 다른 아이를 괴롭힐 경우에 괴롭힘을 멈추는 데 도움이 되는 몇 가지 방법이 있다. 네게 몇 가지를 보여주마.")

자녀는 도덕적 딜레마에 직면했을 때, 좋은 행동방침을 생각해내는 법을 배운다. 그들은 괴롭힘을 멈추는 데 무엇이 좋은 행동방침인가를 생각하는 과정에서 객관적인 '공정함'(무엇을 생각할 것인가?)과 주관적인 '인식'(어떻게 생각할 것인가?)을 양립시킬 수 있다. 그렇게 해서 '무엇을 생각할 것인가?'와 '어떻게 생각할 것인가?'를 행동(내가 무엇을 할 수 있는가?)과 의도(내가 왜 그것을 하려 하는가?)와 상황적 환경(대상, 시간, 장소, 방법, 의도하거나 하지 않은 잠재적 결과, 가능한 대안)을 조합하는 데 사용할 수 있다. 이 좋은 행동방침은 그들의 생활 방식이 된다.

14. **부모는 자녀에게 강한 자의식을 고양시키는 일상적인 메시지를 반복함으로써 자녀가 가해자로부터 받을 수 있는 잠재적인 충격, 또는 가해자가 되고자 하는 욕구를 차단한다.**

① 나는 나 자신을 좋아한다. 자녀는 자신이 무조건적으로 사랑받고, 자신의 생각과 행동에 대해 완전하게 책임질 수 있음을 안다. 가해자가 그들을 조롱할 때 그들은 긍정적인 자기와의 대화를 할 수 있다. '나는 선량하고 능력도 있으며 동정심이 많은 인간이다. 나를 조롱하는 저 아이는 실수로 저러는 것이거나 오늘 일진이 좋지 않았던 것이거나 야비한 방법으로 자신의 욕구를 충족시키려 하고 있는 것이다.'

② 나는 스스로 생각할 수 있다. 스스로 생각할 수 있는 자녀는 또래에 의해 조종되거나 군중에 휩쓸릴 가능성이 적다. 어른의 '지시'가 아닌 '지도'에 따라 많은 선택과 결정을 할 기회를 경험한 그들은 모든 사람이 관심을 두지 않을 때 발 벗고 나서고, 모든 사람이 침묵할 때 큰소리로 말하며, 자신의 행동에 대한 비판을 견뎌낼 수 있다.

③ 풀리지 않을 정도로 대단한 문제는 없다. 문제를 해결할 수 있다고 격려를 받은 자녀는 역경에 직면했을 때 능력을 발휘하고 강인함을 보여준다. 현실을 인정하면서 문제를 해결한다. "네게는 다

른 친구를 괴롭히는 반 친구가 있다."(현실), "네가 괴롭힘을 당하는 그 친구를 도울 수 있는 방법들을 생각해보자."(해결해야 할 문제), "너는 가해자가 외톨이라고 말했지. 아마 많은 아이들이 그 애를 좋게 보지 않을 거야. 점심시간에 그 애를 초대하면 어떨까?"(해결해야 할 문제), "네가 한 말은 그 여자애에게 상처를 줄 거야."(현실), "무엇이 너로 하여금 그 애를 잔인하게 헐뜯게 만들었는지에 대해 이야기해 보자꾸나."(문제), "넌 잘못을 바로잡기 위해 뭘 할 수 있니?"(해결해야 할 문제), "좋은 방법을 생각해낸다면 그대로 따를게."

15. **가족은 망설이지 않고 도움을 요청한다.** 그들은 문제를 거부하거나 감추지 않는다. 부모는 언제 연장자나 전문가로부터 조언을 받아야 하는지 알고 있으며 열린 마음과 가슴으로 그 조언을 받아들인다.("우리 아들이 다른 아이들을 괴롭히고 있습니다. 아이의 행동과 마음을 바꾸기 위해 뭘 할 수 있을까요?" "내 딸이 운동장에서 자기보다 어린아이들을 괴롭히는 급우에게 당당하게 맞서지 못합니다." "내 아들이 동네 불량배로부터 괴롭힘을 당하고 있습니다. 어떻게 하면 그를 돕고 폭력을 멈출 수 있을까요?")

척추형 가족이 되는 것은 결코 쉬운 일이 아니다. 척추형 가족이 되는 즉효 약이나 확실한 방법 같은 건 없다. 그저 그런 형태로 서서히 변화할 가능성이 있을 뿐이다. 만약 당신이 현재 척추형 가족이 아니라면 척추형 부모가 되는 것은 더 어렵다. 당신이 자신을 벽돌담형이나 해파리형 또는 세 가지 유형의 혼합형으로 생각한다면 하룻밤 사이에 모든 것을 바꿀 수는 없을 것이다. 당신이 척추형 가족으로 변화하기 위해서는 도움과 지원이 필요할 것이다. 당신은 이웃, 친구, 또는 멘토로부터 지원과 도움을 받을 수 있다. 간혹 가족 치료사 또는 카운슬러가 당신의 현재 위치와 목표로 하고 있는 곳, 그리고 거기에 닿기 위해 당신이 할 수 있는 일에 대한 조언을 해줄 것이다. 만약 당신이 현재 자녀를 지나치게 엄하게 대하거나 감싸고돌고 있다면, 당신은 태도, 행동, 습관을 바꿀 수 있다. 그러면 당신은 자녀와의 관계를 바꿀 수 있고, 변화된 관계는 자녀들이 형제자매나 또래와 관계를 맺는 방식에도 영향을 줄 것이다.

만약 우리가 폭력의 악순환을 해체하기 위해 자녀에게 긍정적인 영향을 주고 힘을 실어주길 원한다면, 우리는 일상적인 행동을 통해 그것을 보여줘야 한다. 만약 우리가 지역사회의 누군가에 대한 험담을 한다면, 자녀에게 불관용, 편협, 증오를 가르치는 것이나 마찬가지이다. 만약 우리가 말과 행동을 통해 관용, 수용, 친절, 동정심을 보여준다면, 자녀도 우리와 똑같이 말하고 행동할 것이다. 만약 우리가 믿고 있는 가치를 당당하게 말하고, 불의에 대항해 큰소리로 말하는 것을 우리의 자녀가 목격한다면, 그들은 우리에게서 배운 교훈을 자신들의 일상생활에 그대로 적용할 가능성이 높다. 이것은 우리가 그들에게 직접적으로 남을 괴롭히지 말라거나, 형제자매와 무언가를 나누지 않으면 가만두지 않겠다고 말하는 것보다 훨씬 효과적이다.

적대감을 드러내며 냉혹하게 처벌을 일삼는 가족의 유형은 자녀가 품위 있고 약자를 돌볼 줄 알며 책임감 있는 사람으로 성장할 가능성을 방해한다. 가능성을 방해한다는 극단적인 표현보다는 그런 가족의 환경이 그럴 가능성을 줄인다는 말이 더 정확할 것이다. 솔직히 말해 우리가 안정된 양육 환경을 조성해 아이를 따뜻하게 잘 돌봐준다고 해도, 아이들이 품위 있고 약자를 돌볼 줄 알며 책임감 있는 사람으로 성장할 거라는 보장은 없다. 하지만 그런 가족 환경에서 자란 아이가 그런 품성을 가지고 성장할 가능성이 더 큰 것은 명백한 사실이다.

> 학대와 억압이 없는 가족은 우리가 마음속 가장 깊은 곳에 있는 비밀을 공유할 수 있고, 있는 그대로의 모습을 드러낼 수 있으며, 단순히 '더 좋은 것' 이상의 것을 추구하는 법을 배우고, 자신을 잃지 않으면서 타인을 위해 희생하는 법을 배우는 곳이 될 수 있다.
>
> ― 레티 코틴 프로그레빈(Letty Cottin Progrebin), 『가족의 정치학(Family Politics)』

제6장
집 안의 가해자

> 우리가 상대방을 고귀한 존재로 여기지 않을 때, 상대방을 자신의 목적을 달성하기 위한 수단으로 여기게 될 때, 괴로워하는 사람의 고통을 느끼지 못할 때, 우리는 끔찍한 폭력 행위가 만연하는 세상을 만들게 된다. …… 나는 폭력이 정당화될 수 있다는 어떤 말에도 단호하게 반대한다. 폭력은 신을 부정하는 행위이며 타인을 신성하게 볼 수 없게 만든다.
>
> ―랍비 마이클 러너(Michael Lerner), 「신과의 불화(Our Estrangement from God)」, 『잿더미에서(From the Ashes)』

어떤 부모도 자기 자녀가 다른 아이들을 괴롭히고 있다고 생각하길 원하지 않을 것이다. 만약 당신의 자녀가 괴롭힘의 가해자일지도 모른다는 걱정을 하고 있다면, 이제부터는 그런 걱정만 하지 말고 당신을 걱정하게 만드는 원인을 신중하게 찾아보도록 하자. 우선 괴롭힘은 분노나 갈등에서 비롯되는 것이 아니라, 경멸 ― 누군가를 열등하고, 존경할 만한 가치가 없는 인간으로 여기며, 싫어하는 감정 ― 에서 비롯된다는 것을 우리는 기억해야 한다. 랍비 마이클 러너는 경멸을 "신을 부정하는 행위로 타인을 신성하게 볼 수 없는 것이다"라고 정의했다. 또한 피에르 테야르 드 샤르댕은 경멸을 "타인에게서 인간성을 볼 수 없는 비인간성이다"라고 정의한다. 경멸에 대한 정의를 어떤 식으로 내리든 우리의 걱정을 유발하는 괴롭힘에는 네 가지의 요인이 있다. 네 가지 요인이란 '힘의 불균형', '타인을 상처 입히려는 의도', '추가 공격의 위협', 그리고 '공포'를 말한다. 이 네 가지 요인과 더불어 당신은 자녀에게서 다른 아이를 통제하고, 지배하며, 복종시키거나 학대하려는 태도를 감지할 수 있다. 당신은 또한 자녀에게서 다름을 받아들이지 못하는 편협한 태도와 존중하거나 돌봐줄 가치가 없어 보이는 사람을 배제할 자유가 자신에게 있다고 생각하는 잘못된 특권의식을 감지할 수 있을 것이다. 당신의 아들이 동급생에게 휘두른 주먹은 분노나 좌절에서 비롯된 것이 아니고 지극히 계산된 공격에서 비롯된 것이다. 그에게는 어떠한 공감, 연민, 또는 수치심도 없는 것처럼 보인다. 사실, 언젠가 아들이 당신에게 '그 아이는 덩치 큰 울보야'라고 말할 때 아들은 그 아이에 대해 지극히 무관심한 태도를 드러냈을 것이다. 다른 예를 들어보자. 당신의 딸이 남동생의 팔을 등 뒤로 젖혀 그가 고통으로 비명을 지를 때까지 비틀면서 즐거워하고 있다. 그러다 당신이 방에 들어오는 것을 본 딸은 재빨리 동생을 끌어안고 그의 고통을 달래주려 한다. 그러나 딸이 당신을 보기 전에 이미 당신은 딸의 차가운 웃음을 보았을 것이다. 또 다른 예를 들어보기로 하자. 교사가 당신에게 전화하여 당신의 아들과 그의 친구들이 학교 식당에서 어린 남자아이들을 둘러싸고 케첩을 여기저기 뿌려대며 '게이'라고 놀렸다고 알려왔다. "애들이 장난으로 그랬겠죠?" "아닙니다. 그것은 그저 장난으로 치부할 만한 일이 아닙니다." "우리 애가 주범이었다고요?" "맞습니다. 친구들을 선동한 아이는 바로 자제 분입니다." 당신은 운전을 하면서 당신의 딸과 그녀의 친구가 새로 전학 온 여자아이에게 지저분한 장난을 친 이야기를 하며 즐겁게 웃는 것을 우연히 듣는다. 또 당신의 아들은 그 새로 온 아이가 마치 살이 통통하게 오른 고깃덩어리라도 되는 것처럼 말한다. 당신은 충격을 받지만, 오히려 아들은 이게 요즘 아이들이 말하는 방식이라며 이런 것도 모르냐고 당신에게 핀잔을 준다.

공포심 조장, 위협, 따돌림, 학대, 조롱은 형제자매나 또래 간의 갈등에서 일어나는 것이 아니다. 이런 것들은 괴롭힘과 관련된 행동이다. 당신은 괴롭힘을 가볍게 다루며 형제자매나 또래 사이에서 흔히 일어나는 일로 취급하지 말아야 한다. 당신은 또한 괴롭힘을 정당화하거나 합리화하거나 과소평가하지 말아야 한다. "어느 녀석이 내 아들을 괴롭히네." "여자아이들이 장난 좀 치는 거지 뭐. 새로 온 아이에게 상처를 줄 생각은 아닐 거야." "다들 저렇게 장난치면서 노는 거야." 당신의 자녀가 이런 행동을 하는 것을 보고도 그냥 넘어가는 것은 바람직하지 않을 뿐 아니라 현명한 부모로서의 역할을 저버리는 행동이다. 그것은 은연중에 자녀에게 더 큰 기대를 하지 않는다고 말하는 것이며 그들에게 잔인하고 폭력적인 행위에 대한 준비된 변명을 선물하는 것이다.

또한 당신은 자녀를 처벌하려 해서도 안 된다. 당신의 자녀를 처벌하는 것은 자녀를 더 공격적이고, 타인에게 상처를 주는 인간으로 만드는 것이나 마찬가지이다. 그렇게 되면 당신의 자녀는 가장 눈치 빠르고 세심한 관찰력을 가진 어른조차 알아챌 수 없을 정도로 교활한 괴롭힘의 기술을 완성하게 될 것이다. 처벌은 처벌의 대상이 되는 자녀를 비하하고 모욕하며 그들의 인간성을 말살하는 행위이다.(나는 처벌을 괴롭힘으로 생각한다.) 자녀에 대한 처벌은 비난과 고통을 수반하는 행위로서, 이유를 고민하거나 해결책을 찾는 행위가 아닐뿐더러 자녀와 더 건설적인 관계를 맺는 것을 어렵게 하는 행위이다. 처벌은 사람들 간의 관계를 더 멀어지게 하고, 부모와 자녀가 괴롭힘의 근본적인 원인을 파악하는 것을 방해한다. 처벌의 최우선 관심사는 '어떤 규칙을 어겼느냐? 누가 했느냐? 그 아이가 받아야 할 처벌은 무엇이냐?'에 있다. 처벌은 자신의 행동이 초래한 결과를 이해하고, 자신이 했던 행동을 바로잡고, 자신이 상처를 준 아이와 공감할 기회를 빼앗아버리는 행위인 것이다.

가해자와 피해자의 성장 배경에 대한 연구에 따르면, 체벌 또는 방임, 혹은 양쪽 모두는 가해자와 피해자의 삶에 매우 중요한 영향을 미친다고 한다. 좀 더 미묘한 형태의 처벌에 관한 연구는 아직 이루어지지 않았지만, 나는 이것 또한 자녀에게 부정적인 영향을 주기는 마찬가지일 거라고 생각한다. 다음은 가장 빈번하게 이루어지는 처벌의 유형을 나열한 것이다.

- 격리("한 번만 더 동생의 팔을 비튼다면 종일 네 방에 있어야 할 거야.")
- 당혹감과 모욕감("네가 한 살 먹은 애처럼 행동한다면, 그에 맞는 옷을 입어야 할 거야. 가서 기저귀 가져와.")
- 수치심("동생을 다치게 한 게 넌 부끄럽지도 않니?")
- 정서적 소외감("널 안아주지 않을 거야. 넌 동생을 다치게 한 나쁜 애니까.")
- 금지("네가 동생을 잘 대해줄 때까지는 친구 집에도 못 놀러가고, TV도 못 보고, 전화도 못 쓸 줄 알아.")

앞서 언급한 미묘한 형태의 처벌이 얼마나 관계적 · 언어적 괴롭힘과 닮았는지 주목하자. 부모는 자녀에게 신체적 처벌 외에도 당혹감, 모욕감, 수치심을 주는 것을 통해 기분이 한껏 고무될 수 있겠지만, 가해자의 행동을 변화시킬 가능성은 없다. 이때 가해자는 자신의 잘못된 행동에 대한 책임을 회피하고, 자신이 처벌을 자초했다는 생각보다 얼마나 부당한 처우를 받는지에 대해 집중하게 될 것이다. 아이들은 당혹감, 모욕감, 수치심, 그리고 체벌 등을 겪으면서 자신의 내적 규율(자신들의 행동을 통제하는 외적인 의무가 없을 때에도 정직하고 지혜로우면서도 친절하고 자비롭게 행동할 수 있는 능력)을 개발할 수 있는 기회를 박탈당한다.

자녀는 자신의 행동에 대해 부끄러운 감정을 느낄 수 있는가? 물론 느낄 수는 있겠지만, 수치심이나 죄책감, 양심의 가책을 가지는 것을 기대할 수는 없다. 이런 감정들은 외부가 아닌 내부에서 나오기 때문이다. 사실 고의적으로 타인에게 상처를 주는 행위에 대한 죄책감을 느끼는 것은 중요하다. 그것은 양심에 관한 문제이기 때문이다. 하지만 죄책감은 공감 능력이 배양되지 않았다면 생길 수 없다. 공감과 죄책감은 서로 연결되어 있기 때문이다. 당신의 아들이 친구들에게 상처를 주거나 그들을 공정하게 대우하지 않은 일에 대한 죄책감을 느끼기 위해선, 먼저 타인의 감정을 살피고 그들의 입장이 되어 생각해보는 시간을 가져야 한다. 당신의 역할은 자녀에게 수치심을 주는 것이 아니라 그가 한 행동이 잘못되었고, 그 잘못을 바로잡는 일에 당신이 도움을 줄 수 있다는 것을 알리는 것이다. 당신이 자녀에게 많은 관심을 가질 때, 자녀 역시 타인에게 많은 관심을 가질 것이다. 사회 운동가이자 작가인 칼 업처치는 이러한 관심이 공감적 관계 형성에 얼마나 중요한가를 설명했다. "난 그들이 중요하다고 생각한다. 왜냐하면 나의 부모님도 날 중요하다고 생각하기 때문이다."

만약 당신의 자녀가 형제자매나 또래들을 괴롭히고 있다는 것을 안다면, 당신은 즉각적이며 단호하게 행동할 필요가 있다. 당신 자신의 행동을 생각해보라. 당신은 혹 괴롭힘을 부추기거나 지지하는 행동을 하고 있지 않는가? 만약에 '그렇다'라고 한다면 제5장에서 언급했던 것처럼 당신의 태도, 행동, 그리고 습관을 바꿔야 한다. 그렇게 하면 당신은 자녀와의 관계를 바꿀 수 있고, 당신의 자녀는 형제자매나 또래와의 관계를 바꿀 수 있다.

만약 그 대답이 '아니다'라고 한다면 자녀의 괴롭힘에 영향을 주는 다른 사회화 요인(또래 관계 또는 어린이집과 학교와 같은 사회적 · 교육적 환경)이 관련되었을 수 있다. 괴롭힘은 경멸에서 비롯되기 때문에 정서적 · 신체적 · 정신적 장애와 같은 변명은 그저 변명일 뿐이다. 괴롭힘은 열등해 보이거나 존중하고 관심을 가져줄 가치가 없어 보이는 사람을 해하기 위한 의도적이면서도 용의주도한 행동이다. 자녀의 주의력결핍과잉행동장애나 신경손상이 공격적 행동의 한 원인이 될 수는 있겠지만, 그것들이 타인을 무시하고 혐오하며, 증오하는 행위의 근본적인 원인이 될 수는 없다. 그러한 행위들은 학습되어야 가능한 것들이기 때문이다.

대답이 '그렇다'이건 '아니다'이건 당신은 괴롭힘을 멈출 수 있다. 제임스 가르바리노 교수는 저서 『포위당한 부모(Parents Under Siege)』에서 "부모로서 우리는 자녀의 행동에 대한 책임이 있지만 그들의 행동을 비난할 권리는 없다"라고 했다. 가장 이상적인 것은 당신의 자녀가 가해자로서 고정배역에 익숙해지기 전에 초기 단계에서 괴롭힘을 멈추게 하는 것이다. 당신의 자녀는 무례하고 악의적이며 냉담한 인간이 될 가능성과 존경받고 친절하며 사려 깊은 인간이 될 가능성 모두를 가지고 있다. 결국 괴롭힘도 학습을 통해 습득되는 것이기 때문에, 당신의 자녀는 그것 대신 또래와 더 건전하게 어울리는 다른 방법을 배울 수도 있다. 앞에서 언급했듯이 가해자들은 공통적으로 타인을 돌보고, 형제자매나 또래들을 친절히 대하며, 가진 것을 나누고, 사이좋게 지내며, 친구를 만드는 일에 서툴다. 당신의 자녀가 이러한 일들을 익숙하게 할 수 있도록 돕는 것은 궁극적으로 당신의 자녀가 새롭고 더 건설적인 역할을 수행하도록 돕는 것이나 마찬가지이다. 당신이 자녀를 위해 할 수 있는 일곱 가지를 나열해보고자 한다.

1. 규율에 따라 즉시 개입한다.
2. 선한 일을 할 기회를 만든다.
3. 공감 능력을 키워준다.
4. 적극적이고 공손하면서도 평화로운 방식으로 타인과 관계를 맺을 수 있는 사교 기술을 가르친다.
5. 자녀가 즐기는 TV 프로그램과 비디오 게임, 컴퓨터 활동, 음악 등을 늘 주의 깊게 관찰한다.
6. 더 건설적이고 재미있으며 정력적인 활동에 참여하게 한다.
7. 선한 의지를 갖도록 가르친다.

1. 규율에 따라 즉시 개입한다.

규율이란 누군가를 심판하기 위한 임의적이고, 혼란스러우며, 억압적인 수단이 아니다. 그것은 우리가 자녀에게 부모의 권한으로 하는 특정한 무엇도 아니다. 그것은 학습에 꼭 필요한 과정이며, 회복제인 동시에 화해를 제안하는 손짓이다. 그것의 목적은 자녀가 자제심(외부의 강압이 아니라 자신의 내부로부터 나오는 명령)을 개발하도록 지시하고 가르치고 안내하고 도와주는 것이다. 우리는 누군가를 괴롭힌 자녀를 훈련시킬 때 복종("괴롭히지 말고 미안하다고 말해라. 그 애를 가만 내버려두란 말이다.")이 아니라, 자녀가 자신의 내면을 깊이 들여다보면서 외부에서 요구하는 것 이상의 경지에 이를 수 있도록 돕는 일에 집중해야 한다. 자녀가 자신의 도덕적 기준을 개발하고, 친절하고 정당한 행동을 하는 데 전념하며, 자신이 스스로의 행동을 통제할 수 있고 어떻게 행동할지를 선택할 수 있다고 믿을 때, 그는 타인을 자신과 같은 위엄으로 대할 것이고, 자신이 대우받고 싶은 대로 타인을 대우하면서 자신의 욕구를 충족시킬 수 있을 것이다.

규율은 심각한 물질적 또는 인격적 상해가 일어났을 경우 그것을 치료하는 과정을 시작할 때 필요한 수단을 제공한다. 그것은 어른의 권력과 통제가 아닌 현실적인 상황에 따라 이루어진다. 그것은 괴롭힘의 원인이 되는 태도와 습관을 변화시키고, 가정에서 진정한 평화를 촉진시키는 데 도움을 준다.

규율의 과정은 처벌 행위와 차별화되는 네 가지 단계가 있다.

① 가해자가 무엇을 잘못했는지를 보여준다. 다시 말해, 무엇을 잘못했는지에 대해 구체적이고 분명하게 말해주는 것으로 에둘러 말하거나 축소하지 않는다.("에이, 식당에서는 다들 욕한다고요.")

② 가해자로부터 문제가 시작되었다는 점을 확실히 한다. 그 어떤 변명("그 애를 해치려는 것은 아니었어요. 단지 놀리려고 했을 뿐이에요.")도, 책임 전가("제임스가 먼저 시작했어요. 전 아니에요.")도, 군소리("딱 봐도 저 애는 찌질해 보이잖아요.")도, 가정("그가 그렇게 행동만 안 했어도, 우린 괴롭히지 않았을 거예요.")도 용납하지 않는다.

③ 가해자에게 그가 일으킨 문제를 해결하는 과정(보상, 해결, 화해)을 제공한다. 다시 말해, 그는 자신이 일으킨 문제를 바로잡고, 어떻게 하면 재발되지 않을지를 생각하며, 자신이 상처를 준 상대방을 치유해야 한다.

④ 가해자의 위엄을 보호한다. 가해자는 악인이 아니다. 비록 그가 야비한 짓을 하긴 했지만, 우리는 그가 품위 있고 약자를 돌볼 줄 알며 책임감 있는 아이가 될 것이라 믿는다.

규율은 괴롭힘에 대한 건설적이면서도 연민 어린 반응으로 괴롭힘의 의도, 그 행동의 심각성, 그리고 가해자가 새롭고 더 친사회적인 역할을 하도록 돕는 데 필요한 회복 단계를 고려하는 것이다. 이것을 하기 위해서는 당신의 자녀는 물론, 당신 자신도 많은 시간을 투자해야 한다. 그러나 당신이 자녀를 위해 공들인 시간은 자녀가 자신의 모든 행동이 의도했거나 의도치 않았던 결과를 낳는다는 것을 깨닫기 시작할 때 빛을 발할 것이다. 자녀는 자신의 행동에 대한 책임의식을 배우게 될 것이고, 또 책임질 수 있게 된다. 더 나아가서는 보복이 두려워서가 아니라 그렇게 하는 것이 옳은 일이라 생각하기 때문에 자신이 일으킨 상해에 대해 완전한 책임을 지게 될 것이다.

팔 비틀기와 규율

당신이 동생의 팔을 비튼 딸의 팔을 비트는 것은 딸에게 교훈을 주지 못한다. 같은 방법으로 보복하는 것은 딸을 고립시키고 당혹케 하며 그녀에게 수치심을 주는 동시에 어린 동생을 괴롭히는 딸을 사랑하지 않는다고 암묵적으로 말하는 것이다. 외출금지조차도 약효가 없을 것이다. 오히려 다음번에는 당신에게 들키지 않고 동생을 괴롭힐 방법을 찾아내도록 도와주는 결과가 될 수 있다. 딸을 처벌하면 그녀는 자신을 동생에게 고통을 준 가해자로 생각하기보다 처벌의 희생양으로 생각할 가능성이 높다. 반대로 딸의 행동을 무시하거나 일시적인 일탈 현상쯤으로 기대하는 것은 그녀가 동생을 더 괴롭히도록 자극할 것이다. 세 가지 'R[보상(Restitution), 해결(Resolution), 화해(Reconciliation)]'을 병용하며 규율의 네 단계를 밟는 것이 건설적인 대안일 것이다.

우선 당신은 딸의 잘못된 행동을 확실하게 말해야 한다. 그 뒤 당신은 그녀에 대한 믿음, 즉 그녀가 자신의 행동을 바로잡을 수 있으리라 믿는다는 것을 보여줘야 한다. "넌 동생의 팔을 비틀어서 그를 아프게 했어. 넌 동생의 아픔을 치료해줄 필요가 있단다. 그러니 너에게 세 가지 'R'에 대해 알려줄게.

네가 잘해내리라 믿는다."

첫 번째 'R[보상(Restitution)]'은 딸이 저지른 일을 바로잡는 것이다. 만약 그녀가 동생이 좋아하는 장난감을 망가뜨렸다면, 장난감을 고치거나 새것으로 대체할 필요가 있다. 물질적 손상은 인격적 손상보다 해결이 쉽다. 동생이 느낀 고통, 누나가 다시 괴롭힐지도 모른다는 공포, 누나가 자신을 친절하게 대해주지 않을 것이라는 불신은 깨진 장난감보다 고치기 어려울 것이다.

사과할 필요가 있을 경우 그것을 넌지시 추천할 수는 있지만, 강요해서는 안 된다. 만약 당신이 사과를 강요한다면, 딸은 건성으로 '미안해'라고 사과한 뒤 앞으로 팔을 비틀 때마다 건성으로 사과하는 행동을 반복할 것이다. 이런 진정성이 없는 의무적인 반성으로는 어떤 상처도 치료할 수 없다. 만약 자녀가 어떻게 하는 것이 진정한 사과인지에 대해 자세한 설명을 듣거나 자신이 직접 진정한 사과를 받아본다면, 진정한 사과를 할 가능성이 더 높아진다.

그 사과의 말이 충분히 절실할지라도 "미안해"라는 말을 하는 것만으로는 충분치 않다. 어느 초등학교 교사는 학생들에게 이것에 대해 생생한 예시를 들어 설명했다. 교사는 연질의 나무판에 못을 박았다. 그녀는 계속 못을 박으면서 학생들에게 그들이 타인을 다치게 했거나 조롱했거나 따돌린 횟수를 세어보라고 말했다. 그런 다음 장도리의 뒷부분을 사용하여 못을 나무에서 빼냈다. 그녀는 못을 들고 이렇게 말했다. "이것은 '미안해'이지만 이것만으로는 충분치 않단다." 이번에는 나무판을 들고 이렇게 질문했다. "나무판에 남겨진 못 구멍은 어떻게 해야 할까?" 정직하고 무조건적인 반성이란 자신의 행동에 대한 책임을 지고, 잘못을 인정하고, 다시는 그런 행동을 반복하지 않겠다는 강한 욕구를 표현하고, 손해에 대해 책임지고, 틀어진 관계를 회복하는 것을 말한다.

당신이 딸에게 반성을 강요할 수는 없지만, 세 가지 'R'을 통해 그녀가 반성할 수 있도록 이끌어줄 수는 있다. 하지만 반성 자체는 우리의 궁극적 목표가 아니다. 그것은 단지 화해의 전체 과정에서 나오는 부산물일 뿐이다.

두 번째 'R[해결(Resolution)]'은 사건이 재발되지 않게 하는 방법을 모색하는 것이다. 어떻게 하면 당신의 딸이 저지른 행동으로부터 그녀를 새롭게 태어나도록 할 수 있을까? 새롭게 태어난다는 것은 파괴적 행동(동생의 팔을 비트는 것)과 이 행동이 초래한 모든 결과와 영향을 끌어안은 채 새롭게 시작한다는 의미이다. 물은 이미 엎질러졌으며 다시 주워 담기 어렵다. 그 사건이 일어나지 않았더라면 하고 바라는 것은 생산적이지 않다. 그녀는 자신의 실제 행동("아니야, 그것은 사고가 아니었어. 해칠 의도가 있었어.")과 그 행동을 초래한 것("맞아, 질투를 했고 화가 났어. 동생 때문에 화가 난 것이 아니야. 동생은 늘 아무런 문제없이 지내는 것 같은데, 나는 늘 온갖 문제에 휘말리는 것 같아서 화가 난 거야."), 그리고 그것으로부터 배울 수 있는 것("난 질투나 화가 날 때, 타인의 감정을 무시할 때, 그리고 타인의 관점에서 생각하려고 하지 않을 때 누군가를 해칠 수 있어. 내 동생을 해치지 않는 방법으로도 내가 원하는 것을 얻을 수 있어. 신경질을 부리거나 화를 내는 것은 괜찮아. 그러나 동생의 팔을 비틀어 고통을 주는 것은 절대 옳지 않아.")을 생각할 필요가 있다. 그리고 바로 이 시점에서 당신은 딸이 초래한 결과에 대해 그녀와 대화할 수 있다. 딸의 행동이 초래한 결과를 구체적으로 나열하면, 그녀의 행동이 동생에게 미친 영향("나는 동생의 팔을 비틀어 상처를 주었어."), 그녀와 동생 간의 관계에 미친 영향("누구도 자신을 해치려는 사람을 가까이하지 않으려 할 거야."), 그리고 딸 자신에게 미친 영향("팔을 비트는 행위는 타인을 놀리는 비열한 방법이야. 조만간 아무도 나와 놀지 않으려 할 거야. 난 누나로서 품위 있고, 약자를 돌볼 줄 알고, 책임감 있는 아이가 되길 원하고, 또 그렇게 될 수 있어.")이 있다. 당신은 이때 딸이 자신의 감정에 충실해지고, 더 친사회적으로 행동할 수 있도록 도움을 줄 수 있다. 만약 딸의 행동이 질투 – 종종 형제자매에 대한 무시 또는 경멸은 질투에 뿌리를 둔다 – 에서 비롯되었다면, 당신이 딸과 아들을 대하는 방식을 검토하는 것이 중요하다. 형제자매 간의 다툼에서 부모가 특정한 아이에게 '가해자'나 '피해자'의 고정배역을 맡기는 일은 아주 흔하기 때문에 언제나 이러한 함정에 빠지지 않도록 주의해야 한다.

세 번째 'R[화해(Reconciliation)]'은 상처받은 사람을 치유하는 과정이다. 이 과정은 가해자가 보상과 해결을 위해 자신의 계획을 실천에 옮기는 행위를 수반한다. 또한 이 과정은 피해자(동생)가 가해자(누나)를 신뢰하고 위험을 감수하면서 그녀와의 관계를 재설정하고자 하는 의지를 내포한다. 보상을 하고 실제적 해결책을 만들어낸 다음에, 당신의 딸이 동생에게 시간과 재능을 제공한다면 도움이 될 것이다.("네 동생은 오늘 좋은 감정으로 하루를 시작하지 않았어. 넌 동생의 기분을 좋게 해주기 위해 무엇을 할 수 있지?" "네 동생은 장난감 마차를 탈 때 누군가가 끌어주는 걸 좋아하지.") 당신의 딸은 동생이 탄 마차를 끌어주게 된다. 이 행위는 두 가지의 목적을 실현하는 것이다. 첫째는 피해자인 동생이 누나의 호의를 경험하는 것이고, 둘째는 가해자인 누나가 자신도 착한 사람이라는 걸 깨닫고, 착한 일을 할 수 있다는 사실을 경험하는 것이다. ("내가 어리석었어. 나는 품위 있고, 약자를 돌볼 줄 알며, 책임감 있는 사람이야. 난 내 잘못을 바로잡고 어떻게 하면 이 일이 다시 생기지 않을지 생각해본 뒤에, 내가 다치게 한 동생을 낫게 할 거야.")

대부분의 아이들은 두 번째 'R(해결)' 단계에서 멈추게 되는데, 이렇게 되면 그들은 더 큰 시련을 겪을 가능성이 높다. 두 번째 단계에서 세 번째로 이행하는 것이 중요하다. 상황을 알맞게 조정하는 것은 어른에게 달려 있다. 아직 가해자로서 역할이 고정되지 않은 당신의 딸은 겨우 몇 번 동생의 팔을 비틀었을 뿐이다. 이 단계에서 당신은 아주 신속하게 개입하여 딸이 더 친사회적인 역할을 하도록 도울 수 있다. 또 아직 누나로부터 지속적인 괴롭힘을 당해 본 경험이 없는 동생은 누나가 끌어주는 마차에 올라탈 것이다. 이렇게 되었을 때 폭력의 악순환이 멈추고, 배려의 강력한 순환 고리가 형성된다.

하지만 만일 당신 아들의 담임교사가 당신에게 전화해 그가 어떤 아이를 지속적으로 괴롭혔고, 이후 자신의 행동을 깊이 후회한 뒤 훌륭한 보상과 해결을 위해 노력했지만, 피해아동은 화해는커녕 당신의 아들과 마주치려고도 하지 않는다는 이야기를 들려주는 상황이라면 이야기는 달라진다. 대부분의 경우, 가해자와 피해자는 강제로 갈등해결워크숍에 참여하게 된다. 그러나 이 점을 기억하라. 괴롭힘은 갈등에서 비롯되는 것이 아니라 경멸에서 비롯된다. 이 상황에서 해결해야 할 갈등 같은 것은 없다. 워크숍에서 가해자는 어른들 앞에서 후회하는 척하면서 잘 보이려 하는데, 이는 새로운 대사가 들어간 또 다른 연극에 지나지 않는다. 피해자는 어떤 구조나 지원도 받지 못하고, 가해자 역시 진정으로 공감하는 방법이나 친사회적인 행동을 개발하는 방법을 배우지 못한다. 이때 가해자는 피해자에게 보복할 수도 있고, 보복을 당한 피해자가 또 다른 보복을 두려워해 입을 다물어버릴 수도 있다. 이렇게 되면 결국 괴롭힘은 지속될 가능성이 높다.

당신의 아들은 화해가 이루어질 때까지 앞서 언급한 모든 것을 하면서, 인내심을 갖고 피해자가 진심으로 마음을 열어주길 기다려야 한다. 시간만으로는 관계를 치유하지 못하지만, 치유하는 데는 시간이 걸리게 마련이다. 만약 당신의 아들이 가슴 깊은 곳에서 우러난 사과를 하기 위해 피해자에게 보상을 제안할지라도, 피해자는 화해하기 전 자신의 마음을 정리하기 위해 더 많은 시간이 필요할 수 있다. 피해자가 시간을 요구하는 의도는 당신의 아들에게 상처를 주려는 것도, 그가 안긴 것과 동일한 고통을 느끼게 하려는 것도, 그에게 자신이 겪었던 만큼의 괴로움을 주려는 것도 아니다. 당신의 아들이 괴롭혔던 피해자가 상처를 감내하고, 감정을 발산한 뒤 모든 원한과 파괴적인 감정을 방출하기 위해서는 시간이 더 필요하기 때문이다. 이를 통해 피해자는 마음의 평화, 안전감과 안정감, 그리고 안녕을 되찾을 수 있을 뿐 아니라 당신의 아들과 화해하기 위해 가슴을 열고 손을 내밀 수 있게 된다.

당신의 아들은 기다리는 동안 일정한 거리를 둠으로써 피해자에 대한 존중의 마음을 보일 수 있다. 이 시점에서는 누구보다도 당신의 아들이 가장 불편할 것이다. 그는 복도나 과학실 또는 축구 경기에서 피해자와 함께 있는 상황을 피하려 할 것이다. 피해자가 당신의 아들과 함께 있는 것을 지나치게 두려워한다면 당신의 아들은 집에서 공부해야 할 것이다. 당신의 아들은 학교에서 엄격한 감독을 받을 것이고, 운동장에서도 일정한 구역 안에서만 놀아야 할지도 모른다. 그의 행동은 아마도 빈틈없이 감시당하게 될 것이다. 당신의 아들이 이런 조건들을 거부한다면 괴롭힘의 가해자는 바로 그라는 사실을 다시 한 번 상기시킬 필요가 있다.

피해자가 준비가 되었을 때 그와 당신의 아들은 화해를 위해 해결해야 할 문제들에 대한 창의적인 해결책을 함께 찾아낼 수 있다. 이것은 괴롭힘 자체를 갈등으로 보는 태도와는 구별된다. 문제해결을 해나가면서 정말 고려해야 할 것은 괴롭힘을 멈춘 후 가해자가 앞에서 언급한 규율의 단계를 밟은 뒤에 두 사람이 어떻게 학교 공동체에서 함께 생활할 수 있는가와 관련된다.

2. 선한 일을 할 기회를 만든다.

당신의 아들이 할 수 없는 일을 그에게 말하는 것만으로는 충분치 않다. 그가 할 수 있는 것을 생각할 필요가 있다. 당신의 지도와 감독을 받아 그는 타인을 돌보고 돕는 행동을 할 기회를 찾을 수 있다. 그는 화해의 과정에서 그가 상처를 준 타인에게 이로운 행동을 할 것이다. 당신의 자녀가 지금 할 수 있는 것은 그가 누군가를 해할 생각을 하기 전(사건이 발생한 후가 아니라)에 선한 일을 해보는 것이다. 그가 타인을 돌보고 돕는 행동을 할 시간이 많으면 많을수록 타인을 무시할 가능성은 더 줄어들 것이다. 당신은 자녀와 함께 집과 이웃과 학교에서 타인에게 도움이 되는 방법에 대해 브레인스토밍을 할 수 있다. "네 동생은 구구단을 잘 외우지 못해. 넌 잘하잖아. 동생을 도와 구구단을 외우게 할 수 있니?" "스미스 부인이 아파 정원이 온통 잡초로 뒤덮여 있단다. 네가 보기 좋게 만들 수 있니?" "학교는 횡단보도 안내원을 구하고 있단다. 넌 머리도 좋고 법을 잘 지키잖니. 그 일을 할 수 있지?" 당신은 또한 자녀가 공동체에서 도움이 되는 일을 하도록 동기를 부여할 수 있다. "헤비타트에서 이번 주말 집을 짓는단다. 그 단체는 많은 도움이 필요할 거야. 그 사람들은 목재를 들어줄 사람을 찾고 있어. 넌 힘이 세잖니. 네가 도와주면 그 사람들은 고마워할 거야. 나도 너와 함께 일하려 한단다."

당신 아들에게 쓰레기 버리기와 같은 허드렛일을 시키고, 개밥 주기와 같은 '중책'을 맡기는 것은, 자녀에게 선행을 가르치는 데 그리 도움이 되지 않는 방법으로 보일지도 모른다. 그러나 이런 일상적인 활동은 자녀가 자신의 자원을 체계적으로 조직하고, 과업의 마무리를 경험하고, 시간을 관리하고, 목표를 설정하고, 더 복잡한 과업 수행에 필요한 기술을 개발하는 데 도움을 줄 뿐 아니라, 자녀에게 특별한 메시지를 주기도 한다. "넌 우리 가족의 중요한 구성원이다. 우리는 널 필요로 하고, 네 도움을 바라고 있어." 자녀로 하여금 자신이 가족, 이웃, 학교에 기여할 수 있고, 중요한 존재라는 것을 믿게 할 필요가 있다. 선할 일을 하는 것은 당신의 자녀가 자신의 욕구를 충족하는 것 이상의 것이다. 그것은 또한 당신의 자녀가 타인의 권리와 욕구를 알아채고 배려하게 함으로써 타인에게 공감할 수 있는 능력을 키우는 데 도움을 준다.

3. 공감 능력을 키워준다.

공감은 다른 모든 미덕을 개발하는 데 필요한 핵심적인 덕목에 해당한다. 미셸 보바(Michele Borba)는 저서 『도덕적 지능의 형성(Building Moral Intelligence)』에서 공감을 이렇게 정의했다. "공감은 타인의 우려를 식별하고 느낄 수 있는 능력이다. …… 도덕적 미덕 가운데 첫 번째에 해당하는 공감은 우리 자녀가 다른 관점에 민감해지도록 하고, 타인의 사상과 생각을 인식하는 힘을 키워준다. 공감은 인간성과 교양과 도덕성을 증진시킨다. 공감은 자녀가 타인의 고통에 귀 기울이도록 하고, 그의 양심을 불러일으키는 감정이다. 그것은 자녀가 관대해지고 동정심을 갖게 하며 타인의 욕구를 이해하고 상처 입고 고통당하는 사람들을 돌보게 하는 동기를 부여한다."

공감은 인간에게 선천적인 기질이다. 우리의 정서 상태는 우리를 둘러싼 사람들의 정서 상태로부터 영향을 받는다. 심지어 신생아조차도 다른 아이들의 고통스러운 울음소리에 반응한다. 신생아가 한 살이 되면 슬퍼하거나 상처받은 누군가를 위로하려는 모습을 관찰할 수 있다. 물론 아직까지 자신의 감정과 타인의 감정을 분리시켜 완전히 이해하기는 어렵지만, 한 살짜리 신생아들도 스스로를 위안하는 뭔가를 하면서 다른 신생아들을 위로하려고 한다. 그들은 다른 아이의 엄마가 있어도 자기 엄마만을 찾으며, 슬퍼하는 아이에게 자신이 가장 좋아하는 장난감을 준다. 두 살 된 아이들은 감정이 유발되는 과정을 이해할 수 있다. 이제 막 걸음마를 배우는 그들은 누군가를 즐겁게 하거나 슬프게 할 수 있다. 네 살이 된 대부분의 아이들은 타인의 관점을 이해할 수 있는데, 이때가 바로 자신의 행동이 타인에게 미치는 영향을 살필 수 있고, 고통 중에 있는 누군가를 도울 수 있는 중요한 전환점의 연령이다. 여섯에서 일곱 살의 아이들은 더 지적으로 반응할 수 있고, 더 감정적으로 공감할 수 있다. 그들은 타인의 스트레스를 해소하기 위해서는 무엇이 필요한지 알 수 있으며, 타인이 무엇을 느끼고 있는지 더 정교하게 구별할 수 있다.

마틴 L. 호프먼(Martin L. Hoffman) 교수는 저서 『공감과 도덕성 개발: 돌봄과 정의에 대한 함의(Empathy and Moral Development: Implications for Caring and Justice)』에서 사람은 공감의 최상위 단계에서 비언어적 및 언어적 메시지와 상황적 실마리, 그리고 타인의 생활조건에 대한 지식을 토대로 감정과 경험을 상상하고 자신의 행동에 그것을 반영할 수 있다고 설명했다. "이런 방식으로 사람들은 타인과 분리되어 있다는 생각을 하면서도 효과적으로 상황과 감정과 타인의 기대를 이해하고 이에 반응한다." 우리 아들, 딸들이 이 수준의 공감 능력을 갖추게 되었을 때 당신의 아들이 냉혹하게 반 친구를 괴롭히는 것을 멈출 수 있으며, 당신의 딸이 악의적으로 동생의 팔을 비트는 것을 방지할 수 있다. 그들은 다른 아이들도 자신과 같이 존중받을 가치가 있다고 여기게 될 것이며, 자신의 행동으로 다른 아이들이 고통을 받는 것을 미리 내다볼 수 있게 된다. 그들은 또한 누군가가 다른 아이를 부당하거나 불공평하게 대우하는 것을 보게 될 때 당당히 반대할 가능성이 더 높다.

가해자는 낮은 수준의 조망수용능력(Perspective-Taking Skills)*을 갖고 있기 때문에 자신의 관점에서만 사건을 보고, 자신의 감정만을 생각하는 경향이 있다. 가해자는 "넌 내가 원하는 것을 줘야 해. 네가 어떻게 느끼는지는 관심 없어" 또는 "난 네가 어떤 기분인지 궁금해. 네 기분이 나빠질수록 내 기분은 좋아지거든"과 같은 말을 자주 입에 담는다. 당신의 자녀가 다른 아이를 괴롭힌다고 해서 공감이 없는 것은 아니다. 그것은 분명 존재하지만, 여전히 내면 깊은 곳에 잠복되어 있어 밖으로 드러나려면 시간과 노력이 필요하다.

당신의 자녀는 형제자매나 또래의 슬픔과 상처받은 마음, 좌절을 인식하고, 그것들을 그들의 고통과 동일시하는 법을 배울 수 있다. 그는 또한 그들의 입장이 되어본다면 어떤 기분이 들지에 대해서도 배울 수 있고, 어떻게 하면 친절을 베풀고 도움을 줄 수 있는가를 알 수 있다. 당신이 자녀를 돕는 방법은 다양하다. 예를 들면, 당신은 자신의 감정을 자녀와 공유하면서 당신이 왜 그렇게 느끼는가에 대한 이유를 설명하고, 그에게 공감하면서 반응하는 방법을 가르치고, 상처를 주는 그의 행동이 타인에게 어떻게 영향을 주는가를 깨닫게 하고, 그에게 타인을 해치는 것을 방지할 수 있는 도덕적 금기사항을 가르치고, 그가 조망수용능력을 개발하도록 도울 수 있다.

감정과 사고는 행동으로 이어진다. 당신은 일상의 상황을 이용하여 우선 자녀가 자신의 감정을 인식하고, 거기에 이름을 붙인 뒤 자신의 사고를 정의하도록 가르칠 수 있다. "네가 시험을 망쳤을 때 기분이 어땠니?" "네가 팀 동료를 도와 득점했을 때 기분이 어땠니?" "네가 그 애를 로커에 가둘 때 기분이 어땠니?" "네가 누나를 도와주었을 때 기분이 어땠니?" "네가 동생의 팔을 비틀었을 때 기분이 어땠니?" "득점을 올린 팀 동료에 대해 어떻게 생각해?" "네

---

* 타인의 시각에서 상황을 이해하는 타인 중심의 이해능력으로, 이 능력은 이후 타인과의 관계를 위한 공감수용능력으로 발전한다.

가 로커에 가둔 그 애에 대해 어떻게 생각해?" "누나에게 도움을 준 네 능력을 어떻게 생각해?"

다음 단계는 자녀가 타인의 관점에서 생각하도록 도와주는 것이다. 이를 위한 한 가지 방법은 당신의 자녀가 타인의 입장이 되게 하고, 타인이 느끼는 것을 같이 느끼도록 하고, 타인이 생각한 것을 같이 생각하도록 하는 것이다. "네가 팀 동료를 도왔을 때 그 애가 어떻게 느꼈을 거라고 생각해?" "네가 누나 숙제를 도와주었을 때 누나가 어떻게 느꼈을 거라고 생각해?" "네가 그 애를 로커에 가뒀을 때 그가 어떻게 느꼈을 거라고 생각해?" "왜 그 애는 네가 자기를 로커에 가둔 이야기를 아무에게도 하지 않았다고 생각해?" "그 애가 너에게 이러지 말라고 말했다면 넌 무슨 생각을 했을까?" "왜 네 남동생이 너에게 장난감을 빌려주길 싫어하는 걸까?" "왜 내가 학교에서 온 전화를 받고 속상해하고 있을까?"

다음 단계는 자녀가 자신의 감정과 사고를 인식하는 것을 도와주고, 그가 행동하기 전에 타인의 관점에서 생각하도록 돕는 것이다. "너는 어떤 기분이 들어서 그 애를 로커에 가두려고 한 거니?" "다음에도 그런 기분이 들었을 때, 동급생들에게 상처를 주지 않으려면 넌 어떻게 해야 할까? 그런 기분을 건설적인 방향으로 쓰려면 어떻게 해야 할까?" "너는 어떤 기분이 들어서 동생의 팔을 비틀었던 거야?" "또 그런 기분이 들면 넌 뭘 할 수 있을까?" "네가 필요하다고 느꼈던 게 뭐니?" "어떻게 하면 다른 사람에게 상처를 입히지 않고 네가 필요한 것을 얻을 수 있을까?" "네가 그 애에게 지저분한 욕을 한다면, 그 애는 어떤 생각을 하고 어떤 기분을 느낄까?" "널 화나게 하는 그 애의 행동을 그 애에게 다른 방법으로 알려줄 수는 없을까?" "네가 그 애의 입장이라면 너는 그런 욕을 듣고 싶을까?" 다른 아이의 위엄과 가치를 존중하면서 네 생각과 감정을 표현하고, 네가 원하는 것을 알리는 다른 방법은 없을까?"

4. 적극적이고 공손하면서도 평화로운 방식으로 타인과 관계를 맺을 수 있는 사교 기술을 가르친다.

당신의 아들이 또래를 괴롭히는 데는 많은 이유가 있을 수 있다. 변명이 아닌 설명을 하는 이유들을 찾아보는 것은 바람직한 일이다. 어쩌면 당신의 자녀는 적극적인 동시에 공손하게 행동하는 법을 몰라 지나치게 잘난 체를 하거나 공격적인 태도로 자신이 원하는 것을 손에 넣으려고 할 수 있다. 어쩌면 당신의 자녀는 또래 간의 불가피한 갈등을 평화롭게 해결하는 법을 몰라 또래에게 공격적으로 반응할 수 있다. 그렇게 되면 아이들은 당신의 자녀를 무서워하거나 가까이하지 않으려 할 것이며, 심지어는 단지 그의 괴롭힘을 당하지 않으려고 겉으로만 그와 친한 척할 수도 있다. 거칠고 비열하게 행동하는 습관에 젖은 그는 과잉된 자의식, 하지만 연약한 자의식을 갖게 될 것이며 친구가 아닌 그저 얼굴만 아는 사람들과 어울리게 될 것이다. 당신의 자녀는 새로운 상황에서 친구를 만들 수 있는 다른 방법을 찾지 못해 또래를 괴롭히는 것일 수도 있다. 하지만 그가 시도한 방식은 사태를 더 악화시킬 뿐이다. 그는 이렇게 생각할지도 모른다. '최고가 못 된다면 최악이 되겠어.'

그가 친구를 만들기 위해서는 자신이 친구가 되어야 한다. 사실 아이가 가해자가 되는 것을 막는 가장 강력한 완충제는 좋은 친구가 되는 것이다. 좋은 친구와 가해자는 양립할 수 없다. 친구가 된다는 것은 배려와 공유를 의미한다. 당신의 자녀가 어떻게 하면 좋은 친구가 되는가를 배우기 위해서는 우선 건강한 관계 정립을 위한 세 가지의 기본원칙을 이해할 필요가 있다.

① 너는 급우와의 관계에서 50%만을 통제할 수 있다. 너는 상대방을 억지로 너와 놀게 할 수 없다. 그저 그에게 같이 놀자고 제안할 수 있을 뿐이다. 너와 놀지 말지를 결정하는 건 상대방이며, 그에게는 같이 놀자는 네 제안을 반드시 받아들일 의무가 없다.

② 넌 관계의 100%에 영향을 줄 수 있다. 네가 어떤 식으로 급우에게 같이 놀자고 제안하느냐에 따라 그의 대답은 달라질 것이다. 네가 그를 야유하고 비하하면서 밀치거나 때리면 너와 같이 놀 가능성은 점점 작아질 것이다. 반면 그의 의사를 묻고 가진 것을 공유하면서 부족한 점을 보완하고 그를 격려한다면 너와 같이 놀 가능성은 점점 커질 것이다.

③ "싫어"는 완전한 선언이다. 네가 얼마나 정중하게 그에게 제안하든, 네가 얼마나 그와 함께 놀고 싶어 하든, 그가 너와 놀기를 원하지 않는다면 너는 그의 "싫어"를 존중하고 다른 사람을 찾아야 한다.

당신의 자녀가 자신은 관계의 50%만을 통제하고 나머지 50%는 상대방이 통제하며, 자신의 말과 행동이 전체 관계에 영향을 주고, 자신이 상대의 제안을 수락하거나 거부할 수 있으며, "싫어"가 완전한 선언이라는 것을 알게 되면 3명의 주역, 즉 가해자, 피해자, 방관자가 역할을 바꾸고 폭력의 악순환을 끊어내는 일에 기여할 수 있다. 당신의 자녀를 짜증나게 하는 아이는 아마도 싸움을 걸고 싶은 것이겠지만, 자녀는 그런 도발을 받아들일 필요가 없다. 게다가 상대방이 짜증나게 한다고 해서 그를 괴롭히는 것은 정당화될 수 없다. 가해자의 조롱은 상대방의 기분을 나쁘게 만들거나 상대방이 적극적 혹은 소극적으로 반응하도록 만들기 위함이지만, 당신의 자녀는 그것을 무시할 수 있다. 가해자 집단이 당신의 자녀에게 함께 다른 아이를 괴롭히자고 제안할 수 있지만, 그는 그 제안을 거부하면서 표적이 된 아이를 더 생산적이고 창의적인 일을 하는 데 초대할 수 있다. 심지어는 괴롭힘의 가해자들을 초대할 수도 있다.

청소년이 이해하기 가장 어려운 것 중 하나는 그들이 놓인 사회적 환경의 복잡성이다. 트레보르 로맹(Trevor Romain)은 통찰력 있고 유머러스한 그의 책 『패거리, 사기꾼, 그리고 바보들(Cliques, Phonies, & Other Baloney)』을 통해 아이들은 언제나 자신의 교우 관계를 선택할 수 있다는 사실을 상기시킨다. 모든 아이들은 어딘가에 소속되길 원한다. 그렇다고 패거리를 만들 필요까지는 없다. 사실 그들은 별로 거기에 끼고 싶어 하지도 않는다. 그들은 친구들에게 인기 있는 존재가 되려면 오로지 평판만이 중요하다는 점을 안다. "너 하기에 달렸어. 네게 한두 명의 좋은 친구가 있다면 대단한 일이야. 하지만 거기서 멈추려고 하지 마. 어쨌든 있는 그대로의 네 모습을 좋아해주는 친구는 많으면 많을수록 좋으니까." 그는 아이들에게 좋은 친구가 되고 친구 관계를 유지하는 방법을 알려준다.

친구 관계를 유지하는 열 가지 방법

① 친구들에게 친절함과 정중함을 보여줘라.

② 친구의 입장이 되어라.

③ 친구가 도움이나 조언을 필요로 할 때 지지자가 되어라.

④ 진실을 말해라.(그러나 친절하게 말해라.)

⑤ 친구에게 상처를 주었다면 미안하다고 말해라.

⑥ 친구가 너에게 상처를 준 뒤 사과한다면 그 사과를 받아들여라.

⑦ 약속을 했으면 지켜라.

⑧ 우정을 위해 노력해라. 그렇지 않으면 네 친구는 자신이 무시당한다는 느낌을 받을 것이다.

⑨ 친구를 바꾸려고 하지 마라. 그를 있는 그대로 받아들여라.

⑩ 네가 친구에게 대우받고 싶은 대로 그를 대우해라. 한 가지가 더 있다. 친구에게 항상 감사해라.

가해자는 아이들을 겁주고 윽박질러 자신이 원하는 것을 그들이 하게 한다.("나와 놀려면 그 여자아이와 놀면 안 돼.") 친구가 되길 원하는 아이는 다른 아이들에게 친구가 되자는 제안을 하고, 그 제안에 대한 수락이나 거절을 존중한다. 누군가 그 제안을 받아들이면 그와 친구 관계를 유지하기 위해 적극적이고 정중하며 평화롭게 행동하려 노력한다.

5. 자녀가 즐기는 TV 프로그램과 비디오 게임, 컴퓨터 활동, 음악 등을 늘 주의 깊게 관찰한다.

기원전 374년 플라톤은 아이들의 사회화에 부정적인 영향을 미치는 것들에 대한 우려를 이렇게 기술했다. "우리는 부주의하게도 아이들에게 경박한 사람들이 지어낸 이야기들을 듣게 하고, …… 그들이 성장한 뒤에 갖추었으면 하는 것들과 완전히 반대되는 사상을 받아들이도록 하고 있지 않은가?" 모든 유형의 미디어는 우리 아이들이 자신들이 사는 세계를 인식하는 방식에 중대한 영향을 준다. 시간이 흐를수록 미디어 기술은 점점 강력해지기 때문에 우리는 더 이상 그것이 우리의 자녀에게 미치는 영향을 방관할 수 없다. 과도한 미디어 몰입과 과소한 실생활에서의 사회적 상호작용 및 참여는 품위 있고, 약자를 돌볼 줄 알며, 책임감 있는 인간이 되는 데 필요한 사회적 기술의 개발을 가로막는다. 확실히 엔터테인먼트로 불리는 것 중 대부분은 예의의 기초를 가르치지 않는다. 잔인하고 선정적이며 무례하고 폭력적인 이미지와 노랫말은 예의의 중요한 두 가지 요소에 해당하는 공감과 존중의 발달을 방해한다. 교사들에 따르면 주기적으로 TV의 저질 프로그램을 시청한 아이들 사이에서는 군중심리가 증가한다고 한다. 특정한 아이를 괴롭히고 싶은 학생들은 무리를 지어 그의 외모, 행동, 성적 취향, 또는 지적 능력에 관한 저질스러운 말을 하면서 무자비하게 그를 조롱한다. 30분의 인성교육만으로도 연민, 공감, 정중한 언어의 미덕을 가르치기에 충분하다. TV는 이런 미덕의 중요성을 그 누구보다도 설득력 있게 가르칠 수 있는 교사이다.

연구에 따르면, 정규적으로 미디어 폭력에 노출된 아이들은 실생활의 폭력에 둔감해진다고 한다. 그 결과 그들은 타인의 고통과 시련에 둔감해지고, 도움이 필요하거나 위기에 빠진 누군가에게 반응할 가능성도 낮아진다. 또 또래가 다친 것을 알거나 목격하게 될 때도 무감각하거나 무심하게, 냉담하게 반응할 가능성이 높다. 반면 일상 세계에서 점차 증가하는 폭력에는 관대해질 가능성이 높다. 그들은 폭력적이고 잔인하며 무례한 사회에 익숙해져 그것을 당연하게 생각하고, 그 외의 삶에 대해서는 상상도 하지 못하게 된다.

폭력적인 환상을 담은 비디오 문화는 정서적으로 취약한 많은 아이들을 유혹한다. 아이들이 폭력을 문제해결을 위한 합법적 수단으로 미화하는 미디어의 생생한 이미지에 흠뻑 젖게 될 때 그들은 평화로운 갈등해결 기술을 배울 수 없다. 그들이 적군이나 먹잇감이나 표적으로 묘사된 타인을 조준하고 쏘는 비디오 게임을 반복적으로 할 때 실제 인간을 쏘는 행위에 둔감해지고, 사람을 죽여서는 안 된다는 타고난 억제 본능이 작동되지 않는다.

미디어에서 폭력의 가해자는 항상 거의 남자이다. 이것은 소년들로 하여금 강간, 살인, 가학 행위를 하도록 자극한다. 강간을 다룬 미디어와 가학적 엔터테인먼트는 여자들을 폄하하고 정복하도록 부추긴다. 즉, 그들을 경멸하도록 가르친다. 섹스를 동반한 폭력은 마치 재미있는 스포츠처럼 여겨진다. 당신이 폭력물에 인종차별, 고정관념, 극단적 경쟁심, 탐욕, 이기심, 그리고 냉정함을 덧붙이게 되면 괴롭힘의 매뉴얼을 완성할 수 있다. 미디어에서는 자주 사람들을 '나쁜' 사람과 '좋은' 사람으로 구분한다. 이것은 사람을 '그들' 아니면 '우리'로 나누는 것이다. 이렇게 되면 외부인, 즉 '우리'에 속하지 않은 사람을 대할 때 상대방의 입장에서 생각하고, 상대방에게 동정적으로 반응하고, 상대방을 자신과 동등하게 생각하는 능력을 개발하는 것은 불가능하다.

아이들은 그들이 보고 듣는 폭력을 모방한다. 그들이 보는 폭력 미디어는 공격적인 가치관의 형성 및 공격적인 행동의 과시와 명백한 상관관계가 있다. 습관적으로 미디어의 폭력을 보는 아이들은 더 공격적으로 행동하고, 문제해결을 위해 폭력을 이용하려는 경향이 있다. 실생활의 폭력 사건에서 발생하는 일과 미디어 세계에서의 폭력 사건에서 발생하는 일 사이에는 아무런 공통점이 없다. 미디어에서는 폭력의 가해자에게 나쁜 결과가 주어지는 경우가 그다지 없다. 만일 사람들이 가해자를 '좋은 사람'으로 여긴다면, 아무도 폭력을 저지른 것을 후회하지 않을 것이고, 폭력적인 프로그램들은 방송을 하면서 폭력에 반대하는 메시지를 내보내지 않게 될 것이다.

인기 많은 영화와 TV 쇼가 있는 것처럼, 게임 중에도 업계 최고의 베스트셀러에 속하는 미스트(MYST, 그래픽 어드벤처 비디오 게임)와 같은 몇 가지 재미있는 판타지 게임(아이들이 미스터리를 풀거나 목표를 달성하는 게임)이 있다. 다가오는 위협에 대한 신속하고 공격적이며 폭력적인 반응을 요구하는 다른 게임도 많다. 이 게임들은 신속한 반응과 대응을 보인 아이들에게 보상을 준다. 이를 통해 아이들의 두뇌 중 반응과 관련된 부분은 강화되지만, 진정한 의미의 반응과 대응 능력은 강화되지 않는다. 아니, 오히려 약화된다. 결국 강화되는 것은 고정관념뿐이며, 이것은 실생활에서 차별로 이어질 수 있다. 폴 키건(Paul Keegan)은 ≪마더 존스(Mother Jones)≫(1999년 11 · 12월호)에 기고한 「퀘이크 문화(Culture Quake)」에서 〈퀘이크 3〉라는 게임에 대해 이렇게 설명한다. "이 게임은 당신이 아주 분명한 메시지를 얻기 전까지 불과 몇 초밖에 기다려주지 않는다. 수백 피트를 떨어진 당신은, 다른 거주자들이 착륙 지점으로 몰려오는 모습을 볼 수 있다. 친절한 당신이 그들에게 다가간다. 그러면 큰 실수를 한 것이다. 그들은 총을 쏘아댄다. 당신도 반사적으로 두려움에 떨면서 반격을 시작한다. 머리와 팔다리가 터져나간다. 이 마술과 같은 환경에서 유일하게 허용되는 사회적 교류 유형은 죽이느냐, 죽느냐이다. 놀라운 그래픽 기술이 이용자의 뇌리에 홍건한 피와 찢어진 살덩어리의 이미지를 각인시킨다. 생각해볼 시간도 없이 반사적으로 두려움에 떨면서 반응한다는 것을 기억하라. 이 같은 게임을 반복해서 충분히 즐기는 아이들은 자신이 만나는 낯선 사람들의 안녕을 생각할 가능성이 더 적을 것이다. 그들은 자신들이 돌볼 필요가 없는 친구들에게 적대적 의도가 담긴 행동을 할 것이다."

십대 남자아이들에게 인기 있는 게임인 〈GTA 3〉에서 아이들은 경찰을 죽이고 바주카포로 경찰차를 터뜨리고 다른 사람들을 쏴 죽이면서 그들의 비명소리를 듣는다. 이 가상현실에서 아이들은 2명의 창녀를 골라 그들과 차에서 시간을 보낸 다음 발로 차고 때려 차 밖으로 밀어낸다. 아이들은 이 모든 행동들을 통해 추가 점수를 얻을 수 있다. 이런 모습은 앞에서 언급했던 플라톤의 우려를 떠오르게 한다. "우리는 부주의하게도 아이들에게 경박한 사람들이 지어낸 이야기들을 듣게 하고, …… 그들이 성장한 뒤에 갖추었으면 하는 것들과 완전히 반대되는 사상을 받아들이도록 하고 있지 않은가?"

반복적으로 미디어 폭력에 노출된 아이들은 위협적인 인간이 될 가능성이 높다. 그들은 이 세계가 불안하고 폭력적인 장소라고 믿으면서, 또 타인을 두려워하고 불신하면서 하찮고 사소한 사건에 대해 과잉 반응을 한다. 그들이 느끼는 위협은 우울증으로 이어질 수 있다. 실제로 괴롭힘의 피해자뿐 아니라 가해자도 우울증을 자주 겪는다.

만약 당신의 자녀가 타인을 괴롭힌다면 폭력적인 미디어의 영향에 더 취약할 가능성이 크다. TV와 관련된 문헌에 대한 광범위한 양적 검토 후, 조지 콤스톡(George Comstock)과 백해정(Haejung Paik)은 이렇게 결론을 내렸다. "TV 폭력에 노출되는 것과 반사회적 · 공격적 행동이 조합되었을 때 가장 나쁜 점은 둘 중 어느 한 가지만 있을 때보다 폭력에 노출되는 아이들의 수가 기하급수적으로 늘어난다는 점이다." 이 결론은 가해자는 물론 무자비한 괴롭힘을 당한 아이나 부정적인 또래 간의 상호작용에서 벗어나기 위해 폭력적인 미디어에 몰입하는 아이들에 대해서도 시사점을 제공한다.

부모로서 할 수 있는 일은 무엇인가?

① 당신의 자녀가 매일 즐기는 TV 쇼, 영화, 비디오, 음악, 컴퓨터 게임을 알고 있어야 한다. 이 모든 것들에 대한 지식을 쌓아야 한다. 그리고 그것들을 자녀와 함께 즐겨 보라. 그러면 자녀가 어떤 생각을 마음에 두고 있는가를 알게 된다.
② 가족이 지켜볼 수 있는 장소에 TV, 비디오, 컴퓨터를 배치하라.
③ 미디어를 즐기는 시간을 제한하라.
④ 다양한 미디어의 메시지, 의도, 조작도구를 평가할 수 있도록 비판적 사

고기술을 가르쳐라.

⑤ 배울 만한 가치와 미덕이 있는 TV 쇼, 영화, 연극, 책, 게임을 자녀가 즐기도록 하라.

⑥ 저질 미디어에 과잉 노출되었을 때 나타나는 네 가지 위험신호(폭력에 둔감, 무감각, 모방, 위협)를 경계하라.

⑦ 아이들이 창의적이고 책임감이 있으며 친사회적이고 예의바르게 행동하는 또래와 어울리도록 장려하라.

6. 더 건설적이고 재미있으며 정력적인 활동에 참여하게 한다.

당신의 자녀는 동생을 공격하면서 느꼈던 것과 동일한 열정을 가지고 암벽을 올라갈 수 있다. 그는 이런 과정에서 '누구도 다치지 않게' 하면서 목표를 달성해내고 성취감을 느낄 것이다. 그리고 동생에게 같은 암벽을 오르는 법을 가르치면서 '선한 일'을 할 수 있다. 그는 복도에서 점심 값을 갈취할 아이들을 기다리는 대신 강에서 자신이 정복할 세찬 급류를 기다릴 것이다. 그는 또래 친구에게 주먹을 날렸던 것과 같은 에너지와 정확성으로 농구 골대에 공을 던질 수 있다. 당신의 자녀가 참여하는 활동이 더 건설적이고 재미있으며 정력적일수록 누군가를 괴롭힐 시간은 더 적어질 것이고, 그가 욕구를 충족시키기 위해 반사회적 행동을 할 필요도 적어지며 반사회적인 인간이 되길 원할 가능성도 적어질 것이다. 그의 서투른 사회적 기술은 자신의 가치와 능력을 재확인하는 친사회적 습관으로 대체될 것이다. 그는 또래와의 관계에서 새로운 역할을 맡기 위한 다음 단계를 준비할 것이다. 그다음 단계는 선한 의지를 갖는 것이다.

7. 선한 의지를 갖도록 가르친다.

자녀가 가해자로서의 과거 역할을 벗어던져 버리고, 품위 있고 약자를 돌볼 줄 알며 책임감 있는 인간으로서 새로운 역할을 맡을 능력이 있느냐에 대한 실질적 검증은 그가 또래를 괴롭히는 1명의 가해자나 여러 명의 가해자와 조우했을 때 할 수 있다. 스티븐 L. 카터(Stephen L. Carter)는 저서 『정직(Integrity)』에서 자녀에게 '선한 의지', 즉 '감당하기 어려울 때조차도' 옳은 것을 말하고 행하는 것을 가르치는 일에 대해 언급한다. 선한 의지란 자녀가 외적인 결과에도 그것에 연연하지 않고 옳은 것을 하거나 말하도록 안내하는 내적인 도덕의 목소리(사적 규율)를 개발하는 것과 관련된다. 이 내적인 목소리는 아이들이 상해를 입힐 의도를 가진 또래의 압력과 같은 어려운 상황에 직면했을 때 정직하게 행동할 힘을 준다. 선한 의지는 아래와 같이 세 단계를 수반한다.

① **옳고 그른 것을 구별하라.** 우리는 자녀들에게 옳은 것과 그릇된 것의 차이를 가르칠 수 있지만, 만약 그들이 명령을 받았기 때문에, 말을 듣지 않을 경우 받을 처벌이 두렵기 때문에, 외적인 의무감 때문에, 외부의 인정을 받고 싶기 때문에 옳은 일을 한다면 우리가 그들에게 가르치게 되는 것은 그들의 사적 규율이 되지 않을 것이다. 만약 그것이 그들의 사적 규율이 되지 않는다면, 그들은 헐값에 양심을 팔 것이다.("난 하라는 대로 할 뿐이야." "그 애가 내게 그렇게 시켰어." "그 애는 괴롭힘을 당해도 싸." "모두 다 그렇게 해." "그를 괴롭히면 한패에 끼워준다고 했어.") 선한 존재가 되고 선한 일을 하는 당신의 자녀는 자신의 내적인 도덕의 목소리(사적 규율)를 개발하기 시작한 것이다. 그는 자신의 이상과 지지하는 가

치, 그리고 되고자 하는 인간상에 관해 자기 자신과 대화를 할 수 있다. 그는 타인의 입장이 될 수도 있고 타인에게 공감할 수도 있다. 그가 다음 단계로 넘어가기 위해서는 용기가 필요할 것이다.

② **심지어 개인적 비용을 치르더라도 옳은 것을 행하라.** "얘들아! 그만둬. 그 애를 내버려 둬." 이 시점에서 당신의 자녀는 자신의 친구를 구하기 위하여 선한 일을 선택한 것이다. 그는 또래 아이들로부터 비웃음과 야유를 받을 것이다.("넌 겁쟁이야?" "야! 너, 그 애 좋아하냐?" "여기 구세주 나셨네.") 선한 의지는 입장을 분명하게 하고 행동으로 보여주는 것이다. 당신의 자녀가 다른 아이의 고통을 느끼는 것만으로는 충분하지 않다. 그는 자신의 또래들과 멀어지는 비용을 치르더라도, 다른 아이의 고통을 줄일 수 있는 어떤 행동을 할 의지를 가져야 한다. 로버트 벅먼(Robert Buckman) 박사는 저서 『우리가 신의 도움을 받지 않고 선해질 수 있을까?(Can We Be Good Without God?)』에서 "왜 나는 선하게 행동해야 하는가?"라는 질문을 한다. 그의 답은 이렇다. "우리 모두가 그렇게 행동한다면 인류에게 더 좋은 세계가 될 것이기 때문이다."

③ **당신이 옳고 그름을 이해하고 이를 바탕으로 행동한다는 것을 공개적으로 말하라.** "난 누구 편에도 끼지 않을 거야. 이런 괴롭힘을 멈출 수 있는 것이라면 무엇이든 할 거야."

당신의 아들이 '감당하기 어려울 때조차도' 선한 일을 한다면, 설령 큰 대가를 치렀을지라도 또래 아이들에게 그가 옳다고 생각하는 행동을 하는 데 부끄러움이 없다는 것을 각인시킬 수 있다. 당신의 아들은 다시 원점으로 돌아와 누군가를 괴롭히는 가해자에서 그 아이를 돕는 목격자로 탈바꿈하게 된다. 그는 실천을 해나가면서 이 새로운 역할이 자신에게 잘 맞는다는 것을 알게 되고, 자신이 이 역할을 잘 해나갈 수 있으리라 생각하게 될 것이다.

너 자신을 알라

자녀가 책임감 있고 건설적인 방법으로 자신의 욕구를 충족하기 위해 '공격적'이 아닌 '적극적'으로 행동하고, '선해지고', '선한 행동을 하고', '선한 의지를 갖도록' 가르치는 것은 시간이 들고 노력이 필요하다. 이것은 당신 자신의 욕구를 충족시키는 방식, 당신 자신의 인생에서 크고 작은 갈등을 다루는 방식, 그리고 당신이 자녀의 실수와 짓궂은 장난과 분탕질에 반응하는 방식을 면밀하게 검토하는 과정뿐 아니라 위에서 언급한 모든 단계를 포함한다. 그러나 당신이 들인 시간과 노력은 그 자체로 가치가 있다. 이렇게 하면 집안에서 더 이상 가해자가 생기는 일은 없을 것이다.

> 아이들은 자신들이 경험한 배려를 통해 배려하는 법을 배운다. 그들은 자신들이 최초로 대우받았던 경험을 통해 온화함, 동감, 인내와 친절, 지지와 지원의 축복을 알게 된다.
>
> — 제임스 L. 하임스 2세(James L. Hymes Jr.), 『6세 미만의 아이 가르치기(Teaching the Child Under Six)』

제7장

집 안의 피해자

> 인간의 기본 법칙은 상호의존성이다. 한 인간의 존재는 다른 인간들의 존재를 통해 비로소 가능해진다.
>
> — 데즈먼드 투투(Desmond Tutu) 대주교

당신의 자녀가 누군가를 괴롭힌다는 사실을 아는 것이 끔찍한 것처럼, 당신의 아들이나 딸이 괴롭힘을 당할지도 모른다는 우려를 하는 것도 가슴 아픈 일이다. 내가 제3장에서 언급한 것처럼 당신의 자녀가 당신에게 정직하게 말할 것이라고 기대하지 않는 편이 좋다. 당신의 딸에게는 가해자들이 식당에서 친구들과 함께 앉지 못하게 하고, 그네에서 밀어 떨어뜨리며, 화장실 거울에 자신과 관련된 저질스런 낙서를 하고, 버스를 기다리는 동안 놀라게 하는 등의 행동으로 자신의 인생에 상처를 주고 있다는 것을 솔직하게 말하지 못할 이유가 있다. 그리고 같은 이유에서 당신의 아들 역시 친구들이 자신을 로커에 가두고 옷을 빼앗고, 복도에서 쌍소리를 해대고, 체육시간에 발을 걸어 넘어뜨리고, 점심 값을 주지 않으면 다칠 거라고 위협한 것에 대해 함구할 것이다. 만일 당신이 소문을 들었거나 자녀가 남긴 확실한 증거를 찾아냈다면, "아빠에게 왜 이야기하지 않았니?"라고 묻기 전에 그들이 당신에게 말하지 않은 이유를 먼저 생각해보아야 한다. 아래는 자녀가 부모에게 말하지 못하는 이유를 나열한 것이다.

- 그들은 괴롭힘을 당했다는 것을 부끄럽게 생각한다.
- 그들은 어른들에게 말할 경우 받게 될 보복을 두려워한다.
- 그들은 누구도 자신을 도와주지 못한다고 생각한다.(무력감을 느낀다.)
- 그들은 누구도 자신을 도와주지 않는다고 생각한다.(절망감을 느낀다.)
- 그들은 괴롭힘이 일종의 성장통이라는 근거 없는 말을 믿는다.
- 그들은 어른들 역시 거짓말을 하고 자신들을 괴롭히거나 괴롭힘을 과소평가할 것이라고 믿는다.
- 그들은 또래의 잘못을 밀고하는 것은 나쁘고 떳떳하지 못하며 유치하다고 배웠다.

내가 앞에서 언급한 것처럼 괴롭힘의 최악의 상황은 대상으로부터 자신이 원하는 것을 얻는 가해자와 이를 말하길 두려워하는 피해자, 괴롭힘을 목격하고 가담하거나 못 본 체하는 방관자와 괴롭힘을 장난이나 아이들의 성장통쯤으로 생각하면서 "남자아이들이 다 그렇지 뭐" 하는 식으로 말하는 어른들이 한자리에 모인 경우이다. 이 최악의 상황에 피해아동이 느끼는 무력감과 절망감, 그리고 고자질에 대한 금지령까지 더해지게 된다면, 부모인 당신은 매일 또래나 어른과의 관계에서 신음하는 자녀의 고통을 전혀 모를 수밖에 없는 것이다.

다시 생각해봐야 할 괴롭힘의 징후들

만약 당신의 자녀들이 좋은 일이나 나쁜 일, 추한 일을 겪고 그 이야기를 당신에게 할 때 당신이 적극적으로 경청하면서 그들을 지지해주고, 지도해주며, 그들에게 지혜를 제공해준다면, 그들은 괴롭힘을 당하고 있다는 사실을 당신에게 털어놓을지도 모른다. 설령 그들이 당신에게 직접 말하지 않는다 하더라도 당신이 자녀들의 일상적인 활동에 대해 대화할 시간을 가진다거나 그들의 친구를 알고 있다면, 당신은 무언가 잘못되었음을 알리는 단서를 찾을 수 있다. 당신이 자녀가 괴롭힘을 당한다는 경고나 신호, 단서를 보게 된다면, 자녀가 하는 말 이상의 것을 듣고 자녀가 보이는 행동 이상의 것을 봐야 한다. 다음은 괴롭힘을 당하는 자녀에게서 나타나는 징후이다.

- 갑작스럽게 학교에 대한 흥미가 떨어지거나 등교를 거부한다.
- 학교에 갈 때 잘 다니지 않던 길을 이용한다.
- 성적이 떨어진다.
- 가족 모임이나 학교 활동에서 빠지려 하고 혼자 있으려 한다.
- 방과 후에 배고파한다.(점심 값을 잃어버렸다거나 학교에서는 배가 고프지 않았다고 말한다.)
- 부모의 돈을 훔치고 추궁을 당하면 앞뒤가 맞지 않는 변명을 한다.
- 집에 오면 곧바로 화장실로 간다.
- 전화나 이메일을 받고 난 뒤에는 슬퍼하거나 침울해하고 화를 내거나 두려워한다.
- 평소와 다른 행동을 한다.

- 또래들에 대해 말할 때 경멸적이거나 비하하는 언어를 사용한다.
- 또래나 일상생활에 대해 말하려 하지 않는다.
- 옷이 단정하지 못하고 찢겨져 있거나 옷을 잃어버린다.
- 설명과 일치하지 않는 신체적 부상을 입는다.
- 복통, 두통, 공황 발작이 있고 잠을 잘 못 자거나 아주 많이 자며, 탈진 상태가 된다.

당신은 일상적인 일들에 대해 자녀와 대화하는 과정 중에 위험을 감지하고 경고신호를 찾을 수도 있지만 다음과 같이 직접 물어볼 수도 있다.

- 너희 반에 괴롭히는 아이가 있니?
- 그 애들은 무슨 행동이나 말을 하니?
- 그 애들이 주로 괴롭히는 아이들이 있니?
- 그 애들이 너를 괴롭힌 적은 없니?

당신이 괴롭힘에 대해 얼마나 알든지 간에 가장 먼저 해야 할 행동은 공포나 괴롭힘의 징후를 표현하는 아이에게 격려와 지지와 사랑의 마음으로 반응하는 것이다. 자녀는 자신이 괴롭힘을 당한다는 사실을 부모에게 말하는 것이 어리석은 행동이나 힘든 일이 아니라는 것과 자녀를 돌보는 어른인 당신이 그를 지지하고 그에게 힘을 실어준다는 것을 알 필요가 있다.

해야 할 것과 하지 말아야 할 것

당신이 자녀들에게 자신을 사랑하고, 자신에게 도움이 되는 것을 생각하고, 현재 직면한 곤경은 곧 해결될 거라고 가르친다면 그들은 과거의 경험을 통해 당신의 도움이 교훈적이고 건설적이었다는 것을 배웠기 때문에 다시 당신에게 도움을 요청할 것이며 상황을 더 악화시키지 않을 것이다. 그들은 또한 다음과 같은 당신의 메시지를 믿는다.

1. **난 언제나 네 곁에서 네 말에 귀 기울일 준비가 되어 있다.** 당신의 자녀가 무엇을 말해야 할지, 어떻게 말해야 할지 모른다 하더라도 당신이 해야 할 말은 "그 일에 대해 말해줄래?"이다. 그런 다음에는 조용히 경청해야 한다. 자녀에게 이런저런 질문들을 퍼부으며 앞서 나가는 대신 차분하게 그가 이야기를 꺼낼 때까지 기다려준다면, 당신은 자녀의 생각과 걱정, 불안을 깨닫게 될 것이다. 또한 당신은 그러한 괴롭힘이 왜 아이의 자존감과 자존심에 상처를 주었는지도 알게 될 것이다.(당신의 자녀는 가해자에게 두들겨 맞은 것 때문에 자신을 학대하지 않는가? 그는 자신이 괴롭힘에 대응한 방식, 혹은 대응하지 않았다는 것을 부끄러워하지 않는가? 그는 가해자를 지지하면서 그를 방치하거나 따돌린 또래들에 대해 모욕감을 느끼지 않는가?)

   우선은 자녀가 그동안의 상처와 고통에 대해 말하도록 한 다음에 누가 어디서 언제 그를 괴롭혔는가에 대한 이야기를 듣는 편이 바람직하다. 성급하게 그런 정보들부터 알려고 하면 사건의 가장 중요한 핵심, 즉 그 사건이 당신 자녀의 안녕에 끼친 영향을 간과해버릴 수 있다.

2. 네 잘못이 아니다. 비난받아야 할 사람은 가해자이다. 누구도 괴롭힘을 당해서는 안 된다. 당신의 자녀가 가해자를 화나게 하거나 짜증나게 만드는 행동을 했을지도 모른다. 그러나 이런 행동이 가해자의 경멸적인 행동을 정당화하는 것은 아니다. '네가 ㅇㅇ을 했다면'이나 '네가 ㅇㅇ을 하지 않았다면'이라고 말할 시간이 없다. 가해자가 이미 당신의 자녀를 경멸했다는 점을 기억해라. "넌 존경받을 만한 가치가 없어. 넌 자신을 보호할 수 없어. 넌 학교에서 네게 일어나는 일을 통제하지 못해. 누구도 널 좋아하지 않아." 당신의 자녀가 이런 지저분한 말들에 대응하기 위해서는 당신의 도움이 필요할 것이다.
3. 네가 할 수 있는 일이 있다. "내가 어떻게 도와주었으면 좋겠니? 넌 무기력하지도 절망적이지도 않아. 넌 혼자가 아니야. 우리는 함께 효과적인 계획을 세울 수 있어." 당신은 자녀가 단호하게 괴롭힘에 저항하고, 위험한 상황을 피하고, 자신의 힘을 되찾으며, 자신이 가진 재능과 기술을 더 개발할 방법을 생각하도록 도울 수 있다. 자녀가 대안을 탐색하고 분석하는 과정에서 당신은 상황을 악화시키거나 자녀를 더 위험에 빠뜨리거나 더 많은 폭력을 자극할지 모르는 대안들을 빼도록 도와줘야 한다. "그것이 어떻게 도움이 될까?" "네가 할 수 있는 것은 뭐니?" 문제해결에 도움이 되지 않는 대안들을 제외시키고 나면 자녀는 건설적인 대안에 따라 단호하게 행동할 수 있다.
4. 학교 관계자에게 괴롭힘을 보고하라. 당신 자녀의 교사들은 자녀가 경험하는 괴롭힘을 알아야 한다. 교사들은 괴롭힘과 관련된 사실(날짜, 시간, 장소, 관련된 아이들, 사건의 전모)과 그것이 자녀에게 준 충격에 대해 알 필요가 있다. 괴롭힘에 대한 후속적인 대응 절차를 통해 당신의 자녀

는 어른들이 자신이나 다른 괴롭힘의 피해자들을 보호하기 위해 적극적으로 행동한다는 것과, 가해자가 처벌이나 용서가 아닌 규율에 따른 제재를 받는다는 것을 알게 된다. 사실 고학년의 아이들은 부모가 학교에 오는 것을 원치 않는다. 부모가 관여하는 것이 오히려 문제를 더 악화시키지 않을까 두려워하기 때문이다. 하지만 그들은 학교 공동체가 괴롭힘을 심각한 문제로 다루지 않는다면 문제가 정말로 더 악화될 뿐이라는 사실을 알아야 한다.

당신이 하면 안 되는 다섯 가지의 행동은 다음과 같다.

1. **가해자의 행동을 축소하거나 합리화하거나 얼버무려 넘기지 마라.** 괴롭힘은 많은 사람에게 상처를 준다. 가해자의 일은 단순히 희롱하거나 조롱하거나 갈등을 유발하는 것만이 아니다. 가해자는 의도적으로 해를 입히려 한다. 당신이 가해자의 행동을 축소하거나 합리화하거나 대충 넘겨버리는 것은 자녀에게 그가 외톨이라고 은연중에 말하는 것이나 마찬가지이다. 이렇게 되면 자녀는 얼마 지나지 않아 침묵 속에서 고통을 당하는 게 최선일 거라고 생각하게 될 것이다.
2. **자녀를 위해 너무 성급하게 문제를 해결하려 하지 마라.** 당신의 자녀가 심각한 신체적 위험에 놓여 있는 상황이 아니라면, 당신의 성급한 개입은 당신의 자녀로 하여금 자신이 생각했던 것보다 훨씬 더 무력하다는 생각을, 가해자로 하여금 당신의 자녀는 정말 나약한 표적이라는 생각을, 그의 또래들로 하여금 가해자가 옳았다는, 즉 당신의 자녀는 겁쟁이, 더 나쁘게는 마마보이라는 생각을 갖게 만들 것이다. 물론 그렇다고

해서 괴롭힘을 중지시키는 일을 온전히 아이들의 힘에만 맡길 수는 없다. 어른들은 그들에게 괴롭힘을 피하고 가해자에게 맞설 수 있는 도구를 제공할 수도 있지만, 괴롭힘이 일어나지 않는 환경을 조성하고 괴롭힘을 목격하거나 사건을 전해 들을 때 그것에 맞서는 것 역시 어른으로서 해야 할 일이다. 이것은 성급하게 괴롭힘에 개입하여 피해자를 더욱 무력하게 만드는 것과는 다른 일이다. 가해자는 괴롭히는 것을 학습했다. 따라서 그는 괴롭히지 않는 방법 또한 학습할 필요가 있으며, 그중 일부는 어른이 가르쳐줘야 한다. 대다수의 방관자가 가해자를 지지하는 모습을 보면, 정말로 바뀌어야 하는 건 시스템 그 자체이다. 주어진 각본대로 연기를 하는 아이들이 그들의 연극 주제를 바꾸기 위해서는 어른들의 지지와 교육과 지도가 필요하다.

3. **당신의 자녀에게 가해자를 피하라고 말하지 마라.** 당신은 가해자를 두려워하는 자녀에게 무심코 도망치고 숨으라고 말한다. 가해자들은 자녀가 갖고 있는 두려움의 '냄새'를 맡는다. 당신의 아들이 허약한 먹잇감처럼 행동하기 시작하면 이것은 학교 운동장에 있는 모든 가해자들에게 그가 적절한 표적이라는 신호를 주는 것이다. 눈앞의 위험을 피하기 위해 가해자를 피하는 것은 괜찮지만 이것이 괴롭힘을 해결하는 장기적인 대안은 되지 않는다. 만일 16세 남학생이 교장에게 한 무리의 아이들이 자신에게 저질스런 욕을 하고 수업에 가려는 자신을 로커에 가둔 일을 보고했는데 교장이 그에게 사건이 일어난 그날뿐 아니라 남은 학기 내내 다른 복도를 이용하라고 제안했다면, 이는 가해자가 아닌 피해자에게 책임을 떠넘기는 형편없는 대처이다.
4. **당신의 자녀에게 맞서라고 말하지 마라.** 당신은 정말로 자녀에게 싸움

이 정답이라고 가르치고 싶은가? 그렇지 않을 것이다. 게다가 가해자는 아마 당신의 아들이 자신보다 싸움을 못한다는 것을 알기 때문에 그를 선택했을 것이다. 당신의 아들이 싸움에서 지게 되면 더 큰 괴롭힘이 그를 기다리고 있을 것이다. 자녀가 스스로를 지키려 하는 것은 좋다. 단호하게 행동하는 것도 좋다. 그러나 일반적인 경우 단호하게 행동한다는 것은 머리와 다리를 순서대로 사용한다는 것을 의미한다. 즉, 먼저 머리로 신중히 생각하고 나서 행동으로 옮기는 것이다. "이곳은 정말 바보 같은 곳이야. 난 여기에서 나가겠어." 그는 겁쟁이어서가 아니라 영리하기 때문에 자리를 피하는 것이다. 가해자에게 단호하게 반응하는 아이들은 되받아쳐 싸우는 아이들보다 성공적으로 괴롭힘에서 벗어날 가능성이 더 높다.

5. **가해자나 가해자의 부모와 대립하지 마라.** 가해자는 어딘가에서 괴롭히는 법을 배웠을 텐데 그 '어딘가'는 아마도 그의 부모일 것이다. 그들은 방어적이고 비협조적이며 괴롭힘의 대상을 비난하는 것에 익숙해져 있다. 가해자의 엄마는 자신의 일곱 살 딸이 몇 명의 친구들과 함께 반 여자아이를 포위하고 "노릇노릇한 못생긴 년"이라고 놀렸다는 이야기를 들었을 때 자기 딸은 그런 일을 절대 하지 않았을 것이고, 설사 했다면 다른 또래 여자아이들이 그렇게 하도록 부추겼기 때문이라고 우겨댈 것이다. 만일 당신이 당신의 자녀, 가해자, 가해자의 부모와 한자리에 모여 이야기할 생각이라면 학교 카운슬러에게 도움을 요청하는 편이 좋다.(이 부분은 제9장 '돌봐주는 학교, 참여하는 지역사회'에서 상세하게 소개할 것이다.)

말하는 것과 고자질하는 것의 차이를 구별하기

아이들은 자신들의 힘으로 괴롭힘을 멈출 수 있다고 하더라도 괴롭힘에 대해 어른에게 말할 수 있고 또 말해야 한다는 것을 알 필요가 있다. 상대를 괴롭히는 일이 생각처럼 되지 않을 경우 가해자는 또 다른 아이(가해자에게 대적할 수 없는 아이)를 찾아 괴롭힐 것이다. 누군가 자신과 같은 운명이 되는 것을 막고자 어른에게 말하는 피해자는 목격자로서 매우 중요한 역할을 하는 것이다.

내가 언급했던 것처럼 대부분의 괴롭힘은 어른들의 눈을 피해 발생하고 아이들은 어른들에게 말하는 것을 주저한다. 어른들은 아이들에게 신뢰할 수 있는 강력한 지원군이며, 아이들이 말만 한다면 기꺼이 행동할 거라는 믿음을 줘야 한다. 이렇게 하기 위해서 어른들은 아이들에게 말하는 것과 고자질하는 것의 차이를 가르쳐야 한다.

우리의 아이들이 형제자매와 또래에 대한 이야기를 하기 시작하는 시간부터 우리는 그들에게 "고자질하지 마라, 일러바치지 마라"라고 충고한다. 그러고서는 아이들이 매우 중대할지도 모르는 정보를 말하지 않았을 때는 "왜 내게 말하지 않았느냐?"라고 묻는다. 일반적으로 우리가 사용하는 영어 단어 중에 '고자질하다' 또는 '일러바치다'를 뜻하는 단어(tattle, snitch, rat, squeal, fink)에는 아이들에게 누군가에 대해 말하는 것은 좋은 것이 아니라고 윽박지르는 엄격함이 있다. 이 단어들은 아이들을 깊은 침묵에 빠지도록 한다. 그러나 아이가 괴롭힘에 직면했을 때 침묵하는 것은 더 큰 문제를 유발시킬 수 있다. 이른바 침묵의 부도덕성이다.

여기서 우리가 아이들에게 놀림(teasing)과 조롱(taunting), 집적거림(flirting)과 희롱(harassing), 싸움(fighting)과 괴롭힘(bullying)의 차이를 가르칠 수 있듯이 말하는 것과 고자질하는 것의 차이 역시 가르칠 수 있다. 간단한 예시를 사용하여 말하는 것과 고자질하는 것의 차이를 구별해보기로 한다.

- 고자질: 만약 다른 아이를 곤경에 빠뜨릴 말이라면 나에게 말하지 마라.
- 말하는 것: 만약 너나 다른 아이를 곤경에서 구해내는 말이라면 나에게 말해라.
- 만약 두 가지 경우에 모두 해당한다면 내가 알 필요가 있다.

이상의 예시는 아이들이 어른에게 무엇을 말해야 하고 말하지 말아야 하는지를 정해주는 것이 아니다. 이것은 아이들로 하여금 그들이 어떤 상황에 직면해 있든 말해야 할 것과 말하지 말아야 할 것을 구별할 수 있도록 도와주는 수단이다.

당신은 일상생활에서 일어나는 사건들을 예로 들면서 네 살짜리 아이에게 말하는 것과 고자질하는 것의 차이를 가르칠 수 있다.

- "제임스가 또 손가락을 빨고 있어요."(나에게 말하는 것은 그를 곤경에 빠뜨리기 위한 시도이다. 이때는 말하지 마라.)
- "제임스의 앞니가 빠져 입에서 피가 나와요."(내게 말하는 것은 그를 어려움에서 구하려는 것이다. 이때는 말해라.)
- "제임스가 손가락을 빨 때 앞니가 빠져 피가 나와요."(이것은 두 가지 모두에 해당한다. 나는 알 필요가 있다.)

아이들은 여섯 살이 되면 놀림과 조롱, 형제자매 간의 경쟁과 괴롭힘의 차이를 배운다.("만약 자니가 그네를 함께 타지 않으려고 할 때 나에게 말하는 것은 그를 곤경에 빠뜨리려는 시도이니 내게 말하면 안 돼. 내가 가르쳐주었던 협상의 기술을 이용해봐. 그 애는 관계의 50%를 통제하고 있고, 이 시점에서는 그네를 타고 노는 일의 100%를 통제하고 있어. 너는 관계의 50%만을 통제하고 있지. 하지만 너와 자니 모두 관계의 100%에 영향을 줄 수 있어. 또 '싫어'는 완전한 선언이지. 하지만 만약 자니가 제프를 그네에서 밀쳐 떨어뜨리고 욕을 했다면 내게 알려줘. 나는 알 필요가 있으니까. 만약 수지가 6학년 모든 여자애들에게 새로 전학 온 여자애를 따돌려서 그 애가 3주를 버텨내는지 보자고 말한다면 나에게 말해줘. 나는 알 필요가 있으니까.")

만약 아이들이 어렸을 때 말하는 것과 고자질하는 것의 차이에 대해 배웠다면, 십대에 효과를 볼 수 있을 것이다. 십대가 되면 괴롭힘을 당하던 친구가 동급생들에게 소지품을 다 나눠주고, 이별을 암시하는 것 같은 인사를 했다는 사실을 당신에게 말하는 것이 고자질이 아니라는 것을 이해할 것이다. 말하는 것은 그가 처한 어려운 상황에서 벗어나도록 돕는 것이다. 말하지 않는 것이 오히려 생명을 위협할 수 있다. 임신 5개월째이면서 이 사실을 숨기려고 하는 당신 딸의 친구가 딸에게 그 사실을 비밀로 할 것을 맹세하게 했다고 해보자. 말하는 것은 그녀를 포함한 몇몇의 사람들을 곤경에 빠뜨릴지 모르지만, 말을 함으로써 그녀와 아기를 곤경에서 구해낼 수 있다. 당신 딸은 무엇을 말해야 하는지를 구분할 수 있다. 방과 후에 싸움이 벌어졌고, 상대편 소년들의 로커에 대량의 무기가 숨겨져 있다. 이 사실을 어른에게 말하는 것은 단기적으로 그 아이들을 곤란에 빠뜨릴 수 있지만, 장기적으로는 대참사를 예방하고 일생 동안의 후회를 막을 수 있다.

줄리가 엄마에게 학교에서 있었던 일, 즉 메리디스가 메건에게 운동장에서 바지를 내리지 않으면 앞으로 영원히 그녀를 따돌릴 거라고 위협했던 일을 말한 것(제2장 참조.)은 누군가를 곤경에 빠지게 했고 누군가를 곤경에서 구해냈다. 줄리는 자신이 그 일을 엄마에게 말할 수 있고, 엄마가 자신의 말을 믿어줄 것이며, 자신을 돕기 위해 뭔가를 해줄 것을 알았다. 결국 줄리의 행동은 3명의 소녀를 구했다.

일상적인 상황에서 자녀와 소통하는 것도 중요하지만, 항상 대화의 창을 열어놓고 당신의 자녀가 말하는 것 또는 얼버무리는 말이나 몸짓 언어, 행동을 통해 말하려고 하는 것에 성심성의껏 귀를 기울이는 것은 더욱 중요하다. 자녀는 자신의 말에 당신이 섣부른 판단이나 불신, 위협 등의 반응을 보일 거라는 생각이 들 경우 입을 다물어버릴 것이다. "그런 말도 안 되는 얘긴 하지도 마." "고자질하지 마라." "그 앤 자살하지 않을 거야." "네가 그 애처럼 멍청한 짓을 하면 집 밖에도 못 나갈 줄 알아." 만약 당신이 십대라면 네 친구는 자살할 만큼 멍청하지 않다거나, 임신한 친구는 지저분한 애라거나, 그런 싸움은 이 동네에서 일어나지 않을 거라는 말을 듣고 싶을까? 만약 줄리의 엄마가 운동장에서 여자애에게 그런 일을 시킬 사람은 아무도 없다든가, 틀림없이 줄리가 잘못 알고 있을 거라든가, 그건 줄리가 상관할 문제가 아니라고 말했다면 무슨 일이 일어났을지 생각해보라.

이런 일이 앤드류 윌리엄스의 친구들에게 일어났다. 2001년 3월 4일, 캘리포니아 샌티에서 15세의 앤드류는 주말 밤샘 파티 때 학교에서 아이들을 죽일 계획이라고 떠벌렸다. 그의 계획을 옆에서 들은 어떤 어른이 "네가 또 그런 소리를 하면, 경찰에 넘길 것이다"라고 말했다. 그 위협에 앤드류는 이렇게 반응했다. "농담이었어요." 다음 날 앤드류는 학교에서 2명의 아이들을 살해하고 13명에게 부상을 입혔다. 그는 농담을 한 것이 아니었다. 말할 수 없는 고통과 상처가 격노로 변해가고 있음을 말하려 했던 것이다.

앤드류의 친구 몇 명은 그의 위협을 걱정하며 그 이야기를 자신들의 부모에게 했다. 그들의 부모 중 1명은 아들의 걱정을 무시하고 이런 식으로 대꾸했다. "헛소리하지 마라. 그는 절대 그런 짓을 할 애가 아냐." 친구들은 사건이 있던 날 앤드류가 학교에 도착했을 때 걱정이 되어 몸수색을 했지만, 가방에 있는 장전된 권총을 보지는 못했다. "우리는 그가 그렇게 심각할 거라고 생각하지 못했다." "만약 우리가 말했다면 그는 곤경에 빠졌을 것이다." "그는 놀림을 많이 당했고, 매일 괴롭힘을 당했다."

우리는 앤드류의 사건을 보고 많은 가정을 해보게 된다. 만약 어른 중 누구 하나가 앤드류의 고통을 인식하고 그를 한쪽으로 데려가 "내게 털어놔 보거라"라고 말하고, 그 애의 부모에게 경고를 주면서 그가 무기에 접근하는지에 대해 묻고, 학교의 누군가에게 그 애가 표현한 분노에 대해 알려주었다면 어떻게 되었을까? 만약 친구들이 그들의 말을 진지하게 들어주는 어른들에게 그 계획을 보고했다면 어떻게 되었을까? 만약 조롱을 받지 않았다면 어떻게 되었을까? 이렇듯이 '만약……'이란 가정은 끝없이 이어질 것이다.

앤드류의 총기 사건이 일어난 그 주에 8세 여자아이가 자신을 죽이겠다는 급우의 위협을 보고했다. 어른들은 그 어린아이의 말을 경청하고 적절한 조치를 취했다. 8세 남자아이의 가방에서 장전된 총을 찾아낸 것이다. 그 남자아이는 심각한 곤경에 처했지만, 그가 소녀를 쐈을 경우에 처했을 곤경만큼은 아닐 것이다. 그 여자아이는 언제, 누구에게 말해야 하는지에 대해 배운 덕분에 그것을 실행하고 목숨을 건졌다.

괴롭힘을 예방하는 네 가지 해독제

괴롭힘을 예방하기 위해서는 네 가지의 강력한 해독제가 필요하다. ① 강한 자의식을 갖는 것, ② 친구가 되는 것, ③ 어려울 때나 좋을 때나 자기편이 되어주는 친구를 최소한 1명 이상 두는 것, ④ 성공적으로 집단의 일원이 되는 것이다. 그러나 가해자는 자녀가 이런 해독제를 구비하도록 가만히 두지 않을 것이다. 가해자는 세 가지 단계로 방해공작을 펼 것이다. 첫 번째 단계에서 그는 당신의 자녀를 괴롭히면서 자존감과 자부심을 조금씩 깎아내린다. 두 번째 단계에서는 자녀가 또래 친구들과 더불어 중요한 관계 형성의 기술을 개발할 수 없도록 그를 효과적으로 격리시킨다. 세 번째 단계에서는 또래 친구들을 괴롭힘에 가담시키거나 최소한 그들이 괴롭힘을 막지 못하게 한다. 더 나아가 당신의 자녀가 또래와 긍정적 관계를 맺고 우정을 쌓는 것을 차단한다. 이렇게 되면 괴롭힘의 피해자는 또래로부터 또다시 배척을 받게 된다. 이때는 자녀가 또래의 도움을 가장 필요로 할 때이지만, 안타깝게도 그것을 얻을 가능성이 가장 적을 때이기도 하다. 자녀가 아무리 또래들과 어울리면서 함께하려고 노력해도 누구도 그를 도우려고 하지 않는다. 이렇게 되면 당신의 자녀는 학교를 누구도 도와주지 않는 위협적이고 외로운 곳이라고 생각하게 된다. 그가 아무런 도움이나 개입도 없는 상태에서 괴롭힘을 당할수록, 그의 행동과 가치관, 그리고 그가 어울리고 싶어 하는 인간상은 점차 바뀌게 될 것이다. 이렇게 되면 폭력의 악순환은 계속 이어질 수밖에 없다.

폭력의 악순환은 조기에 깨는 것이 가장 쉽다. 그러나 자녀가 괴롭힘을 당한다는 사실을 언제 알게 되든, 당신이 할 일은 정해져 있다. 그가 자의식을 강화하는 것을 돕고, 좋은 친구가 되는 방법을 보여주고, 건전하고 건강한 우정을 발전시키는 방법을 가르치고, 자신을 집단에 소개하는 방법에 대해서 가르치는 것이다. S. 피어스(S. Pierce)는 1990년 박사학위논문「피해아동들의 행동 특성(The Behavioral Attributes of Victimized Children)」에서 아이들이 학교에서 괴롭힘의 희생자가 되는 것을 막는 데 도움이 되는 다섯 가지의 성격 요인에 대해 썼다. ① 친절함, ② 기꺼이 공유함, ③ 기꺼이 협력함, ④ 다른 아이들의 놀이에 참여하는 기술, ⑤ 유머감각의 소유. 이 다섯 가지의 요인들은 괴롭힘을 예방하는 네 가지 해독제에도 중요하다.

강한 자의식

만약 당신의 자녀가 스스로를 역량이 있고 유능하며 협조적이고 책임감이 있고 지략이 풍부하며 회복력이 빠른 사람으로 생각한다면, 그는 잔인하고 공격적인 가해자가 될 가능성이 훨씬 적을 뿐 아니라 가해자의 공격을 막아낼 가능성도 훨씬 크다. 제1장 '비극의 장면'에서 봤듯이, 피해아동의 첫 반응은 매우 중요하다. 특정 집단을 경멸하는 아이들은 그들의 키가 얼마나 크든 그들이 얼마나 튼튼하게 생겼든 얼마나 말을 잘하든지 간에 괴롭힘의 표적으로 삼을 가능성이 크다. 아이들에게 학교에서 가르치는 괴롭힘 방지 기술을 쓰면 가해자들이 괴롭히지 않을 거라고 말하는 것은 거짓말을 하는 것이다. 희망 섞인 거짓말이지만, 어쨌든 거짓말이다. 현실적으로 봤을 때, 당신의 자녀가 가해자의 전술에 굴복할 가능성을 줄이는 것은 그가 가진 강한 자의식이다.

자신감과 자존감을 개발하기 위해 긍정적 의미를 담은 말을 스스로에게 들려주는 아이들은 괴롭힘의 원인을 외부에서 찾기 때문에 자신을 학대할 가능성이 더 낮다. 나는 아이들에게 다음과 같은 말을 들려주고 싶다. "난 품위가 있고 약자를 돌볼 줄 알며, 책임감이 있는 사람이야. 난 이런 것을 원한 적이 없어. 난 이렇게 대우받아서는 안 돼. 그 가해자는 실수를 한 것이거나, 오늘 하루 일진이 나빠 기분이 안 좋았던 것이거나, 자신이 원하는 것을 얻으려고 비열한 수단을 쓰는 것뿐이야." 이런 말들은 아이들이 조롱에서 벗어날 때 작은 소리로 되뇔 수도 있고, 때로는 가해자에게 직접 들려줄 수도 있다. 여하튼 피해 아이는 자신의 자존감과 자부심을 확인하고, 문제의 원인을 가해자에게 두기 시작한다.

반면에 당신의 자녀가 강한 자의식이 부족하고, 타인의 칭찬을 좋아하고, 자신의 삶에서 무언가 잘못되었을 때 자신을 학대한다면, 괴롭힘을 당해도 자신을 탓하는 경향이 있다. 괴롭힘의 원인을 자신에게서 찾는 아이들은 가해자의 전술에 굴복하고, 추가적인 공격에 상처받을 가능성이 더 높다. 만약 아이들이 성격이나 외모와 같이 자신의 선천적인 부분으로 인해 공격을 받는다고 생각할 경우, 그들은 우울해하고 불안해할 가능성이 더 높다.("난 멍청하고, 못생겼고, 어설프고, 친구도 없고, 능력도 부족하고, 제정신이 아닌가 봐.") 그들이 "하필 왜 나야?"라고 질문할 때 그들은 가해자가 자신을 왜 대상으로 삼았는지에 대한 이유를 생각하면서 스스로를 괴롭힌다. 이런 생각들은 자기 학대에 해당하고, 오히려 무기력함과 절망감을 강화시킨다.

아이들이 자기 확신의 기술을 실행할 때, 즉 긍정적인 말을 스스로에게 들려줄 때 그들은 자신에 대해 기분 좋게 느끼는 경향이 있다. 당신은 아이들이 그저 자기 확신의 말을 따라하게만 해서는 안 된다. 아이들은 자신의 삶에서 격려와 피드백과 무조건적인 사랑을 줄 사람을 필요로 한다. 또한 그들은 품위 있고, 약자를 돌볼 줄 알며, 책임감이 있는 동시에 자기 자신을 좋아하고, 자기 자신을 위하며, 자신에게 문제를 해결할 능력이 있다는 것을 아는 사람이 될 수 있도록 이끌어주는 사람이 필요하다. 제5장의 '벽돌담형 가족', '해파리형 가족', '척추형 가족'의 특성을 되돌아볼 때 아이들이 가해자를 거부하는 데 필요한 강한 자의식에 살을 붙이는 구조를 제공하는 것은 척추형 가족이다. 척추형 가족 안에서 아이들은 그들의 감정을 자유롭게 표현하면서 실수하고, 또 그 실수로부터 성장하고 최선의 행동을 하며, 자립적이고 타인의 권리와 합법적 요구를 존중하면서 자신의 권리를 행사하는 법을 알게 된다.

경우에 따라서는 자기 확신만으로 충분하지 않을 때도 있다. 당신의 아이들은 대꾸할 필요, 즉 괴롭힘에 대해 단호한 말대꾸를 할 필요도 있을 것이다. 이런 짤막한 말은 공격적이거나 수동적이 아니라 단호하게 말하는 것이 중요하다.

공격은 그것이 언어적이든 신체적이든 관계적이든 그 어떤 것도 보복을 낳을 뿐이다. 공격에 공격적으로 반응하는 아이들은 홧김에 가해자를 공격하려고 하지만, 싸움을 하면 결국 지게 된다. 가해자는 바보가 아니다. 그는 그 순간 고통스러워하고, 좌절하고, 패배감에 젖어 있는 표적을 발견하게 된다.

나는 이 책의 집필을 위해 연구를 수행하는 과정에서 한 심리학자가 괴롭힘을 당할 때 가해자들에게 할 수 있는 말대꾸 몇 가지를 추천하는 것을 우연히 들었는데, 상당히 불안감을 주는 공격적인 내용을 담고 있다는 생각이 들었다. 나는 이런 말들이 오히려 가해자를 더 자극하고, 이 말을 사용하는 당신의 자녀를 더 못된 가해자로 만들 것이라고 생각한다. 다음에서는 당신이 자녀에게 하지 말아야 할 말들을 소개한다.

- '그렇게 말하는 너야말로 그렇다'라는 식으로 반응해라.
- 네가 받은 대로 돌려줘라.
- 가해자의 이름을 부르면서 "너, 무슨 말했어?" "한 번 더 말해줄 수 있니?"라고 요구해라. 가해자는 자신이 한 말을 두세 번 반복할 것이다. 그러면 너는 거들먹거리면서 이런 식으로 말하면 된다. "넌 참 좋은 친구야, 샘! 세 번씩이나 말해주다니."
- 가해자가 어떤 명백한 사실을 말할 때, 그를 어리석어 보이게 만들어라. 예를 들면, "그 애가 내가 대머리라는 걸 발견했어. 천재구나?"
- 놀림을 반복하는 가해자를 비웃어라. "넌 도대체 같은 말을 몇 번씩 하는 거야? 더 창의적인 표현은 없어? 노래로 불러보는 건 어때?"

왜 당신의 자녀에게 다른 사람을 비웃고, 조롱하고, 거들먹거리면서 말을 하고, 놀리는 것을 가르치려 하는가? 누군가로부터 남을 경멸하거나 상처를 입히는 말을 들었을 때 그런 말을 다시는 쓰지 못하게 하고, 알고 있는 말 중에서 유해하거나 독이 되는 어휘를 제외시킨다면, 폭력의 악순환은 깨지기 시작할 것이다. 우리는 남을 경멸하거나 상처를 주는 말은 입 밖에 내놓지도 말아야 한다. 불경에도 이와 비슷한 경구(警句)가 있다. "당신이 들은 말을 그대로 믿어서는 안 된다. 어떤 말이든 충분히 검토하고 분석하면 당신은 친절해지고 모든 존재하는 것들의 선과 유익한 것과 복리에 접근하게 된다. 이 가르침을 믿고 따르며 당신의 지침으로 삼아라." 조금 전에 소개한 대응 방법들은 친절한 것도, 선한 것도, 누구에게 유익하거나 복리가 되는 것도 아니다.

그러나 수동적 태도 또한 추가적인 공격의 빌미를 제공한다. 공격에 수동적으로 반응하는 아이들, 즉 금방 쓰러지고, 구걸하고, 애원하고, 재빨리 가해자의 요구에 굴복하는 아이들은 가해자들을 고무시켜 괴롭힘이 계속되도록 만들 뿐이다. 아이가 무심코 자신에게 상처를 입혔던 친구에게 한 말("야, 그렇게 하면 다쳐." "그만둬. 난 싫어." "제발 혼자 있게 내버려둬. 난 네가 하는 것 싫어해.")을 가해자에게 할 경우 역효과를 낼 수 있다. 가해자의 귀에는 계속 괴롭혀달라는 말로 들릴 것이다. 가해자 앞에서 울거나 그가 하는 것을 싫어한다고 말하는 것은, 그가 목표를 성취했다는 것을 알려주는 것이나 마찬가지이다. 가해자는 자신의 경멸적인 행동의 횟수와 강도를 더 높일 것이다. 그리고 그가 그렇게 할 때마다 공감할 수 있는 그의 선천적 능력은 방해를 받고, 수치감은 줄어들고, 냉혹함은 더 커질 것이다.

단호한 말과 행동은 가해자들의 공격을 줄일 수 있는 잠재력을 가지고 있으며, 가해자들은 그런 말을 하는 사람의 자존감과 자부심을 건드리지 않을 가능성이 매우 높다. "어머나! 난 여기 있을 기분이 아냐. 여기에서 나가야겠어." "야, 아부하지 마. 난 이런 거 필요 없어. 이만 간다." "그건 너무 역겨운 짓이야. 수준 떨어진다고." 이런 말들은 큰 소리로 하거나 혼잣말로 할 수 있다. 여하튼 가해자들은 자신이 던진 말에 표적으로 삼은 아이들이 어떻게 대응하는지를 보면서 상대의 힘을 확인한다. 샘 혼(Sam Horn)은 그녀의 저서 『적을 만들지 않은 대화법(Tongue Fu!)』에서 단호한 말이 가해자의 행동을 어떻게 멈추는지를 설명한다. "가해자들은 떠볼 속셈으로 반복해서 너를 밀치는 것이다. 그들은 자신들의 방식으로 사람을 테스트한다. 그들은 삐딱하게 '네가 그렇게 해봤자 소용없는 짓이야'라고 말하는 사람만을 존경한다."

이 세상의 고먼과 같은 아이들

캐나다의 TV 프로듀서인 마이클 맥머니스(Michael McMannis)는 그가 어렸을 적 괴롭힘을 당했던 이야기와 그의 아빠가 그에게 가르쳐준 단호하면서도 짤막한 농담을 들려준 적이 있다.

교실에서 바로 내 뒤에 앉았던 덩치 큰 고먼(Gorman)은 매일 정오가 되기 전마다 내 얼굴에 주먹을 날리면서 "돈 내놔!"라고 말했다. 난 점심시간 때 집으로 달려가 엄마의 지갑에서 돈을 훔친 다음 오후에 학교로 되돌아가 고먼에게 그 돈을 주었다. 이런 식으로 몇 주를 지내자, 나의 죄책감은 고먼에 대한 공포보다 커졌다. 아빠에게 내가 무슨 일을 했는지, 왜 했는지를 말했다. 아빠는 이렇게 말했다. "마이클, 넌 앞으로 세상을 살아가면서 고먼과 같은 아이들을 더 만나게 될 거야. 넌 그에게 맞서 이미 게임은 끝났고, 더 이상 너 같은 인간을 겁내지 않을 거라고 알려줄 필요가 있단다."

난 다음 날 학교에 가서 들은 것을 실행에 옮겼다. 그의 주먹이 날아왔을 때 난 자리에서 일어나 몸을 돌려 전날 밤 아빠에게 들었던 말을 해주었다. "이젠 끝났어. 고먼. 더 이상 줄 돈은 없어." 이 말을 하고 나니 고먼은 훨씬 왜소하게 보였고, 나는 더 크고 강해진 기분이 들었다. 이날 이후 얼굴에 주먹이 날아오는 일은 없어졌다.

우뚝 서서 일부러 자신감 있게 걷고, 항상 단호하게 말하는 것은 속임수일까? 아니다. 그것은 당신의 자녀가 가질 수 있는 또 하나의 귀중한 각본이다. 핵심은 꾸준히 연습한 몇 개의 각본과 준비된 몇 가지의 동작 중에서 주어진 상황에 가장 적절한 것이 어떤 것인가를 식별하는 능력이다. 간혹 낮은 소리로 말하는 것이 최선일 수도 있지만, 큰 소리로 말해야 할 때도 있고 외마디

소리를 지르듯이 도움을 구해야 할 때도 있다. 때로는 침묵을 지키고 달아나야 할 때도 있다. 『가해자도 고통스럽다(Bullies Are a Pain in the Brain)』의 저자 트레보르 로맹은 피해자가 조용히 달아나는 모습을 이렇게 묘사한다. "미치광이처럼 길을 달리는 건 좀 바보 같아 보일지도 몰라. 하지만 생기 있어 보이는걸." 그리고 때에 따라서는 돈을 줘버리거나 상의를 벗어주는 것이 가장 현명할 때도 있다. 당신의 자녀는 그들이 소유한 어떤 것도 그들의 안전보다 가치 있지 않다는 것을 알 필요가 있다.

잠재적 가해자와 친밀한 관계를 맺는 것도 괴롭힘을 예방하는 데 중요하다. 1998년 S. K. 이건(S. K. Egan)과 D. G. 페리(D. G. Perry)의 연구에 따르면, 자신을 좋아해주는 아이뿐 아니라 공격적인 태도를 보이는 아이와도 즐겁게 소통을 하는 아이는, 서로 우정을 나누면서 자연스럽게 괴롭힘에서 벗어나는 경향이 있다고 한다. 나는 직접 경험한 일을 통해 이를 증명할 수 있다. 1970년 여름, 나는 덴버 북부의 낡고 오래된 한 수영장에서 안전요원 아르바이트를 하고 있었다. 덴버 시에서는 수영장의 낡은 시설을 보수하여 부촌(富村)의 수영장과 같은 수준으로 만들려고 했지만, 유력자들과의 협상에 실패하면서 이 계획은 중단되고 말았다. 보수 계획이 수포로 돌아가자 실망하고 화가 난 십대들이 직접 행동에 나섰다. 그들은 수영장에 몰려와 안전요원들을 두들겨 패고 낡은 다이빙대를 파괴했다. 4명의 아이들이 나를 붙잡았을 때 '수영장 점령군'의 우두머리가 나를 놔주라고 소리를 질렀다. 나는 재빨리 철책을 뛰어넘어 집으로 달려갔다. 수영장이 보수되고 몇 주가 지난 후 난 부하들에게 날 놔주라고 명령한 젊은 보스를 우연히 만났다. 나는 그에게 나를 놔준 이유를 물었다. 그는 어깨를 으쓱하면서 이렇게 대답했다. "당신도 나를 친절히 대해주었잖아요."

단호하게 반응하는 아이에게서 볼 수 있는 세 가지의 중요한 요소는 어느 누구도 자신의 자존감과 자부심을 박탈할 수 없다는 믿음, 가해자에 대한 자신의 반응을 통제할 수 있다는 이해, 그리고 지저분한 괴롭힘과 그 보복에 대한 거부이다.

단짝, 친구, 그리고 낯선 이들과 어울리기

처음에는 괴롭힘을 멈추는 것이 그것을 예방하는 것보다 더 어렵다. 연상의 아이를 단짝으로 만들고, 친구가 되고, 잠재적인 친구들과 어울리는 법을 안다면 당신의 자녀가 겪게 될 괴롭힘은 확연하게 줄 것이다.

단짝

당신의 자녀가 등굣길이나 버스, 운동장, 식당, 복도에서 괴롭힘을 당할 우려가 있을 때, 고학년의 아이를 자녀의 단짝으로 두면 도움이 된다. 모든 아이들이 그런 위험에 처할 수 있다는 것을 고려한다면 가장 이상적인 계획은 학기 초에 아이들에게 단짝을 만들어주는 것이다. 단짝 프로그램은 두 가지의 목적을 달성할 수 있다. 어린아이는 자신을 보호하는 큰 아이가 바로 옆에 있을 때 또래로부터 괴롭힘을 당할 가능성이 적다. 그리고 어린아이의 단짝이 된 큰 아이는 다른 어린아이를 괴롭힐 가능성이 적다. 큰 아이는 '착한 아이가 되고', '착한 일을 하고', '선한 의지를 갖는 데' 너무 바쁜 나머지 자신보다 작은 누군가를 표적으로 삼을 시간도 없고, 그런 일에 관심을 둘 여유도 없다. 성공적인 또래 관계 형성을 위해 필요한 세 가지의 요인, 즉 공감, 연민, 조망수용능력이 성장하고 강화된다. 최고의 단짝들 중 일부는 개과천선한 가해자들이다. 과거 그들의 부적절했던 리더십의 기술과 힘은 새로운 역할을 담당하면서 큰 자산이 될 수 있다.

친구

친구가 되는 것은 자신의 삶을 바꿔보려는 가해자에게 유익할뿐더러, 가해자의 대상이 될 수 있는 아이에게도 똑같이 유익하다. 친구를 잘 사귈 수 있게 하는 사교 기술(friendship skills)은 괴롭힘을 예방하고, 아이들을 괴롭힘의 유해한 영향으로부터 보호하며, 아이들이 괴롭힘 사건에 대응할 수 있도록 돕는다.

자녀들은 현명하게 친구를 사귀고, 우정을 지속적으로 키워가고, 유해한 친구 관계에서 벗어나는 요령을 배워야 한다. 앞에서 언급한 '친구 관계를 유지하는 열 가지 방법'은 가해자와 피해자에게 도움이 된다. 론 태펄(Ron Taffel) 박사는 그의 저서 『좋은 자녀 양육하기(Nurturing Good Children Now)』에서 기본적인 사교 기술의 발달을 위해 가장 중요한 요인이라고 생각하는 것, 즉 집에서 자녀들이 대우받는 방식에 대해 썼다. "허용하거나 비판하는 것, 포용하거나 배척하는 것, 요구하거나 주는 것, 편안해하거나 초조해하는 것, 또 자녀로 하여금 자신의 형제자매를 사랑하도록 격려하거나 부당하게 대하도록 부추기는 것 등의 모든 행동은 우리 자녀가 선택하는 친구의 유형에 영향을 줄 수 있다." 또한 우리가 집에서 상호작용하는 방식은 우리 자녀들이 친구를 사귀고 관계를 지속하는 데 도움을 주는 사회적 기술을 개발하는 방식에도 영향을 준다. 당신의 자녀는 경청하고, 생각을 교환하고, 공동 목표를 향해 타인과 함께 일할 능력을 개발할 필요가 있다. 그들은 자신의 행동을 통제하고, 그들이 한 말과 행동의 결과를 예측할 수 있는 능력을 필요로 한다. 아이들은 집에서 배운 태도와 행동을 학교에서 그대로 실천에 옮긴다.

또래를 화나게 하거나 짜증나게 하는 아이들은 가해자의 대상이 될 뿐 아니라, 심지어 타인을 잘 돌봐주고 연민이 많은 또래에게조차 점차 소외될 가능성이 높다. 그들이 소외되면 될수록 허약한 대상이 될 가능성은 점점 커지고, 가해자와 방관자들은 그를 공격하는 데 동참하게 될 것이다. 결과적으로 그들은 우울해지거나 분노하게 된다. 당신의 자녀가 자신도 모르게 또래로부터 배척당하는 상황을 자초했다면, 그가 문제를 해결하기 위해서는 당신의 도움이 필요하다. 이럴 때는 그가 친구 관계에서 어떻게 행동하는가를 유심히 살펴봐라. 이렇게 된 것은 그가 사교 기술을 잘 모르기 때문이거나 사교 기술의 목록에서 적합한 선택지가 떨어졌기 때문인지도 모르지만, 여하튼 그는 부적절한 사회적 기술에 의지할지도 모른다.

당신의 자녀가 사회적인 단서, 즉 말, 행동, 몸짓 언어를 정확히 파악하는 요령을 아는 것은 중요하다. 아이들은 서로에게 사회적 행동, 즉 무엇이 도움이 되고 그렇지 않은지, 무엇이 사회적으로 수용될 수 있고 그렇지 않은지, 무엇이 재미있는 유머이고 상처를 주는 유머인지에 대해 가르쳐줄 수 있다. 당신의 자녀는 타인들이 그의 행동에 어떻게 반응하는지를 살펴야 하고, 또래들이 주는 단서, 즉 무엇이 좋고 나쁜지를 알려주는 신호를 인식할 수 있어야 한다. "네가 장난감을 낚아챘을 때, 무슨 일이 일어났는지 내게 말해줄래?" "네가 어리석게 행동하기 시작할 때 모든 사람이 떠나버리지 않았니?" "네가 그의 옷에 대해 말할 때 그가 얼굴을 찌푸리지 않았니?" "네가 농담을 건넨 그 아이는 기분이 상했다는 표시를 하지 않았니?" "네 행동이 누군가를 화나게 했을 때 네가 할 수 있는 것은 뭘까?" "네 친구들 중 1명이 울고 있다면 무슨 말을 해주고, 무엇을 할 수 있을까?"

당신의 자녀가 중증장애나 학습장애를 앓고 있다면, 가해자의 공격 대상이 될 위험요소를 갖고 있는 것이다. 만약 그가 사교 기술이 부족하다면, 그는 더 큰 위험에 놓이게 될 것이다. 사실 사교 기술은 장애를 완화시킬 수 있다. 그리고 바로 이 부분에서 조심해야 한다. 장애를 가진 당신의 자녀에게 친구인 척 접근하여 그를 괴롭히는 데 필요한 충분한 정보를 얻으려는 뻔뻔스러운 또래에게서 자녀를 지키려면, 자녀에게 타인을 친절히 대하고, 약자를 잘 돌봐주고, 관대하게 행동하라고 가르치는 것과 똑같이 그에게 필요하다면 경계하고, 의심하며, 무례하게 행동하라고 가르칠 필요가 있다. 혀 짧은 소리를 내는 제러미는 열 살배기 아이들로부터 그가 지은 시를 큰 소리로 읽어달라는 부탁을 받았다. 그는 즐겁게 시를 낭송했다. 다른 아이들이 그를 비웃고 있었지만, 그는 혀 짧은 소리를 계속 반복했다. 당신의 자녀에게는 누군가가 그를 이용하고, 그의 비밀을 누설하고, 괴롭힘을 당하는 그를 방관하는 모습을 봤을 때 도움을 줄 수 있는 진정한 친구가 필요하다.

당신 자녀가 친구들과 나누는 우정의 질도 중요하다. 괴롭힘을 당한 당신의 딸이 마찬가지로 괴롭힘을 당한 다른 아이하고만 어울리게 된다면, 둘은 서로를 위로하면서 스스로를 더 비참하게 느끼는 데 시간을 사용할 가능성이 높다. 일종의 동병상련의 관계이다. 그러나 어떤 여자아이도 서로를 돕거나 옹호할 힘을 갖지는 못할 것이다. 괴롭힘을 당한 당신의 아들이 마찬가지로 괴롭힘을 당한 다른 남자아이하고만 어울리게 된다면, 둘은 가해자와 그들을 돕지 않은 사람에 대한 분노를 키우고 복수할 방법을 모색하는 데 시간을 보낼 가능성이 높다. 이 4명의 피해 아이들이 그들의 우정을 강하게, 지금보다 서로에게 도움이 되는 형태로 만들거나 더 나아가 긍정적인 우정으로 탈바꿈시키려면 그들에 대한 지원과 지도가 필요하다.

실제 전자가 후자보다 더 쉬울 것이다. 협력이 필요한 도전적 활동에 초청받은 어느 한 쌍이 공통의 목표를 달성하기 위해 전략을 세우고, 서로를 돕는 것은 두 사람을 더 강하게 만들 수 있고, 최초에 그들을 단합시켰던 부정적인 에너지가 빠진 순수한 우정을 만들 수 있다. 또한 그들이 지역사회에서 '선한 일'을 하도록 격려하는 것은 그들이 스스로를 더 잘 이해할 수 있는 계기가 된다.

낯선 이들과 어울리기

친구가 되고 친구를 사귀는 것이 괴롭힘의 해독제가 되듯이, 아이가 자신을 집단에 소개하는 능력도 해독제가 된다. 운동장에서 혼자 있는 아이들과 게임이나 사교 활동에 참여하지 않으려 하거나 할 수 없는 아이들은 가해자의 최우선 표적이 된다. 당신의 딸이 학교 벽에 기대어 수줍어하는 사람처럼 행동하거나 아들이 오직 가해자들만을 술래 삼아 숨기만 하는 숨바꼭질을 하는 것처럼 보인다면, 당신의 아들과 딸은 집단에 자신을 소개하는 데 필요한 유용하고 효과적인 방법을 배울 필요가 있다. 또한 그들은 집단에 가입한 뒤 어떻게 처신(다른 구성원의 행동을 관찰하는 것, 집단에 관한 질문을 하거나 집단에 대해 좋은 말을 하는 것, 같이 놀자고 청하는 것, 협력하는 것, 공정하게 노는 것, 나누는 것, 갈등을 비폭력적으로 해결하는 것 등)할 것인가에 대해서도 배워야 한다. 당신은 자녀가 집단에 끼워달라고 요청한 뒤 환영을 받거나 거절을 당하거나 무시를 당하는 다양한 상황 속에서 어떤 행동을 취해야 할지 알려줄 수 있다. 그들이 이 세 가지 상황에 어떻게 대처하느냐에 따라 학교에서 특정 집단의 일원이 될 가능성이 높아질 수도 낮아질 수도 있다.

또한 자녀들은 다양한 집단을 평가하고, 어떤 집단이 다른 집단보다 더 낫다는 것을 인식할 필요가 있다. 일부 집단은 그들이 타인과 어울리는 법을 배우도록 돕고, 그들이 공통의 관심사를 가진 사람들과 친밀한 우정을 쌓도록 돕는다. 일부 집단은 지역사회에서 선한 행동을 하여 그들이 좋은 감정을 느끼도록 돕는다. 일부 집단은 희생양을 만들어 이를 통해 발전하는데, 당신의 자녀에게 그 역할을 맡기려 할 수도 있다. 또 다른 집단은 정기적으로 특정한 인물을 골라 그를 배척함으로써 즐거워한다. 공감 능력이 뛰어난 당신의 자녀는 집단에 대한 소속감과 죄책감, 즉 자신이 너무나 잘 알고 있는 방식으로 누군가에게 상처를 준다는 죄책감 사이에서 갈등하게 될 것이다. 당신의 자녀가 의도적으로 다른 아이들을 배척하고, 그들을 기분 나쁘게 하고, 집단 안팎의 아이들에게 비열하게 대하고, 또는 그가 불편하게 생각하는 기준을 따르게 하거나 그가 정말로 하고 싶지 않은 것을 하도록 요구하는 집단에 소속되어 있는 자신을 발견했을 때, 그는 스스로를 돌보고, 서로를 돌보고, 그리고 집단 밖의 다른 사람들을 돌보는 진정한 친구들로 구성된 새로운 집단을 찾아야 한다. 당신의 자녀가 어떤 집단에 가입할지의 여부를 결정하기 위해서는 스스로에게 다음과 같이 물을 필요가 있다. '나는 이 집단 안에서 선해질 수 있고(그리고 나 자신에게 진실해질 수 있고), 선한 일을 할 수 있고, 선한 의지를 가질 수 있을까?'

협상과 갈등해결기술

많은 시간을 함께하는 아이들은 티격태격 다투다가 틀림없이 싸움을 하게 된다. 이런 이유로 당신의 자녀가 문제를 해결하고, 평화롭게 갈등을 해소하는 방법을 배우는 것은 중요하다. 당신의 자녀가 이처럼 문제의 해결과 갈등의 해소라는 두 가지 목적을 달성하기 위해서는 친구의 기대와 요구를 이해하고 자신에 대한 확신을 가져야 한다. 그뿐만 아니라 친절과 공정을 토대로 하여 협동적 해결에 도달하는 능력도 필요로 한다. 나는 저서 『아이들은 그 자체가 축복이다: 아이들에게 내적 규율을 선물하라』에서 이와 관련된 주제를 상세히 다뤘다. 다음은 핵심적인 내용만을 요약하여 설명한 것이다.

문제해결

어떤 문제를 해결하는 과정은 대체로 다음의 여섯 단계를 밟는다.

- 문제의 규명과 정의
- 문제해결을 위해 실행 가능한 선택지의 목록화
- 선택지 평가: 각 선택지의 장단점 모색
- 하나의 선택지 선정
- 계획의 수립과 실행
- 문제와 해결책에 대한 평가: 문제의 원인은 무엇인가? 미래에 유사한 문제를 예방할 수 있는가? 현재의 문제가 어느 정도 해결되었는가?

아이들이 자신의 아이디어를 제시하고, 서로의 추론을 경청하고, 하나의 해결책에 도달하기 위해 협력할 때 그들은 모든 일이 항상 명확하게 옳고 그른 것으로 나뉘지 않는다는 것과 문제를 해결하는 올바른 방법이 단 한 가지뿐이 아니라는 것을 배우게 된다. 서로의 의견을 주고받으며 상대의 말을 경청하고 상대와 협력하는 것은 상호 간의 유대를 강화시켜 준다. 서로 협력하여 문제를 성공적으로 해결한 경험이 있는 아이들은 그들 중 누군가 괴롭힘을 당할 때 서로 도와줄 가능성이 더 높다.

갈등을 평화롭게 해결하기

친구들과 함께 불가피하게 맞닥뜨리게 될 갈등을 평화롭게 해결할 수 있을 때도 서로 간의 유대는 강화된다. 본보기를 보여주는 것이야말로 최상의 교육일 것이다. 우리가 갈등을 경쟁으로 생각한다면 우리 중 한 사람이 승리하고 한 사람이 철저히 패배할 때까지 '적대자'와 몸싸움이나 말싸움을 하게 될 것이다. 우리가 어떻게 갈등에 대처하는지를 본 자녀들은 그것을 그대로 따라할 것이다. 하지만 우리는 공격적이거나 소극적이지 않으면서 단호하게 갈등을 해결하는 모델이 될 수도 있다. 우리는 자녀에게 싸우거나 도망치거나 벌벌 떠는 것보다 훨씬 더 건설적인 대안을 가르칠 수 있다. 우리는 폭력을 사용하는 것은 갈등을 해결하는 미성숙하고 무책임하고 비생산적인 방법이며, 갈등해결을 위해 비폭력적인 수단을 사용하는 것은 성숙하고 용기 있는 행동이라는 것을 본보기와 지도와 교훈을 통해 자녀들에게 가르칠 수 있다. 또한 당신은 아이들에게 양쪽의 이야기를 경청하고, 말하기 전에 생각을 먼저 하고, 양쪽이 수용할 수 있는 계획을 세우도록 가르쳐야 한다.

〈표 1〉 갈등해결을 위한 화법

바람직한 말	바람직하지 못한 말
내가 ○○라는 말을 들었을 때 (내가 ○○을 봤을 때)	네가 ○○라고 말했을 때 (네가 ○○을 했을 때)
나는 ○○한 기분이 들었어.	너는 나를 화나게 했어.
왜냐하면 나는…….	그건 나도 어쩔 수 없어.
나는 ○○가 필요해.(○○을 원해.)	너는 그렇게 해야 해. 안 그랬단 봐!

그들이 서로의 느낌을 공유하게 되면 섣부른 판단을 할 가능성은 작아지는 반면, 연민은 더 커질 수 있다. 〈표 1〉을 통해 자녀가 배울 수 있는 간단한 표현 양식을 소개한다.

자녀들에게 그들의 감정을 긍정적으로 다루도록 가르치는 데는 시간이 걸리겠지만, 그렇게 할 때 당신은 자녀들에게 자신의 감정이 소중하다는 것과 그들이 자신의 감정을 통제할 수 있다는 신뢰를 받고 있다는 것, 감정을 잘 다룰 수 없을 경우 당신의 도움과 지도를 요청할 수 있다는 것을 가르칠 수 있다.

양쪽의 아이가 서로의 감정을 공유한 후, 그들은 갈등을 평화롭게 해결하는 데 필요한 다섯 가지 요소를 검토하기 시작할 것이다.

- 사건의 저변에 깔린 쟁점을 확인한다.
- 각자가 어떤 식으로 분쟁을 일으키는 데 일조했는지를 생각한다.
- 갈등해결을 위해 자신이 기꺼이 할 수 있는 일이 무엇인지 생각한다.
- 각자가 무엇을 양보할 것인가를 생각한다.
- 자신에게 물어본다. '우리가 이 사건의 해결을 통해 얻고자 하는 것은

무엇인가?'

그런 다음 그들은 양쪽이 수용할 수 있는 해결책을 제시할 수 있다. 물론 이 해결책은 서로의 욕구, 필요, 감정, 지각을 더 잘 이해한 상태에서 세워야 할 것이다. 아이들이 어떤 갈등을 해결하려 할 때는 아래의 내용을 가슴에 새길 필요가 있다.

1. **타임아웃을 요청한다.**("지금 우리 모두 이야기를 하지 못할 정도로 너무 화가 났어. 나중에 이야기하자." "난 지금 너무 속상해서 일을 할 수 없어. 휴식이 필요해.") 둘 중 한 아이가 너무 화가 났거나 너무 속이 상해 침착하고 책임감 있게 말할 수 없다면, 타임아웃을 요청하고 나중에 본론으로 돌아오는 것이 중요하다.
2. **폭력을 거부한다.**("네가 욕을 하면 내게 상처를 줘." "내게 화가 날지는 몰라도 날 때리면 안 돼.") 한 아이가 언어적 · 신체적 · 정서적인 폭력을 휘두른다면, 다른 아이는 그것을 거부할 권리가 있다.
3. **공정한 대우를 주장한다.**("내가 네 펜을 빌리려면 먼저 네게 물어봐야 할 거야. 마찬가지로 너도 내 펜을 빌리려면 먼저 내게 물어봐." "네가 우리 중에서 가장 빨리 달린다고 해서 쉬는 시간마다 공을 독차지하는 것은 공정하지 않아. 우리는 더 나은 해결책을 생각할 수 있어.") 공정한 대우가 항상 동등하거나 동일한 대우를 의미하지는 않지만, 대개의 경우 이것은 정직하고 적절하며 정의롭다.

가정의 분쟁을 해결하고 자녀가 처한 사회적 상황에 대해 '만일 ○○라면 어떨까?'라는 질문으로 시작하는 일련의 시나리오에 따라 행동하는 모습을 보여준다면, 우리는 자녀에게 타임아웃을 요청해야 하는 타이밍과 자신이 존경을 받으며, 위엄 있게, 그리고 공정하게 대우받을 권리가 있다는 사실을 가르칠 수 있다. 또한 자녀들에게는 감정에 지배되지 않을 책임과 신체적 · 언어적 · 정서적으로 다른 사람에게 폭력을 휘두르지 않을 책임, 자신이 대우받고자 하는 것과 똑같은 정도로 타인을 명예롭게 대우할 책임이 있다. 평화롭게 갈등을 해결하는 것은 자녀들이 서로 간의 생산적인 관계를 형성하고 유지하는 데 필요한 긍정적인 에너지원으로서 그들의 감정을 사용할 수 있게 한다.

우리는 자녀에게 평화주의자의 지혜를 전해줄 수 있다. 평화란 갈등이 없는 것을 의미하는 것이 아니다. 그것은 도전과 성장의 기회로서 갈등을 껴안는 것이다.

분노의 가면을 벗어버리고 격분을 진정시키기

제2차 세계대전 중 유대인 대학살(홀로코스트)에서 살아남은 엘리 비젤(Elie Wiesel)*은 그와 가족을 차에 태워 집에서 수용소로 데려갔던 헝가리 군인들에 대한 자전적 회고록 『나이트(Night)』에 대해 질문을 받고 이렇게 답변했다. "'그 순간부터 나는 그들을 증오하기 시작했고, 증오는 우리 사이의 유일

* 미국 유대계 작가이자 인권운동가로 1986년 노벨평화상을 수상했다.

한 연결 고리가 되었다'라고 쓰기는 했지만, 결코 증오하지는 않았다. 난 그저 엄청난 분노와 모욕감을 느꼈다. …… 난 정말 실망했다. 내가 증오라는 단어를 사용한 것은 그 단어가 내가 상상할 수 있는 가장 강력한 느낌이 들었기 때문이었다. 그러나 지금에 와서 돌이켜보면, 그때의 내게 증오는 없었다. 난 증오가 상대방만큼이나 증오하는 사람 자신을 파괴한다는 것을 배우면서 자랐다."(≪오프라 매거진≫, 2000년 11월호)

분노, 모욕감, 그리고 실망. 당신의 자녀가 괴롭힘을 당한다면 이 세 가지의 감정 모두를 느낄 것이다. 자녀가 이 감정들을 표현하는 방법은 가해자와 괴롭힘에 가담하고, 웃고, 거들먹거리며 구경하고, 외면한 모든 사람과 괴롭힘을 멈추기 위한 그 어떤 행동도 하지 않은 어른들을 증오한다고 말하는 것이다. 비젤이 이해하는 한, 증오는 전쟁 중 자신이 목격하고 견뎌냈던 끔찍한 경멸과 비인간적 대우에 대한 좀 더 근본적인 반응을 숨기는 수단이었다. 증오라는 단어가 가면을 벗었을 때 분노와 모욕감과 실망이 여전히 거기에 존재했다. 이 세 가지 감정은 평생 비젤의 마음과 가슴 깊은 곳에 자리 잡고 있을 것이다.

당신의 자녀는 괴롭힘을 당할 때 자신이 느낀 감정대로 행동할 필요가 있을 것이다. 먼저 그는 느끼는 것이 아무런 문제가 되지 않는다는 사실을 알아야 한다. 감정은 그 자체만 놓고 보면 좋거나 나쁜 것이 아니다. 당신의 자녀는 느끼는 대로 행동함으로써 변화를 이끌어낼 수 있다. 감정은 성장의 동기를 부여하고, 변화가 필요한 무언가에 대해 경고신호를 보낸다. 슬픔을 감추려 하는 것은 자녀에게 도움이 되지 않을 것이다.("자! 힘내, 이겨내. 그가 다시는 널 해치지 않을 거야.") 자녀는 자신이 입은 모든 손실, 그것이 안전에 관한 것이든 소유물에 관한 것이든 행복감에 관한 것이든 성적 향상에 관한 것이든 사회적 상호작용에 관한 것이든 간에 슬퍼할 필요가 있다. 사건을 가볍게 여기는 것은 피해자로 하여금 가슴 깊은 곳에 자리 잡고 있는 고통을 감추게 만들고, 그의 상처가 곪아 터지도록 방치하는 행동이다. 자신의 감정을 대수롭지 않게 여기는 것("별거 아냐. 중요치 않아. 난 괜찮을 거야. 그만두자.")은 그의 정당한 감정이 전달하고자 하는 중요한 메시지를 놓치는 것이다.

자녀를 화내지 못하게 하거나 그에게 화를 내서는 안 된다고 말하는 것은, 그가 자신의 상처를 치유할 방법과 괴롭힘으로부터 벗어날 기회를 박탈하는 것이다. 또한 그렇게 하는 것은 당신의 자녀를 무기력한 희생자로 만들고, 가해자를 단순한 억압자 역할에 고정시키는 것이다. 당신의 자녀는 보복할 마음으로 가해자를 처벌할 방법을 계획하면서 시간을 보내게 될 것이다. 그가 고통을 치유하고 괴롭힘에서 벗어나게 해주려면 우리는 그가 자신의 이야기를 할 수 있게 해야 하고, 그의 말을 믿어줘야 하며, 그의 고통을 깨달아야 하고, 그의 분노를 표현할 수 있게 해야 한다. 그가 "나 화났어"라고 말했다면 이제 당신이 그가 분노의 가면을 벗어버리고 격분을 가라앉힐 수 있게 도울 차례이다. 분노의 가면은 당신의 자녀가 다음의 질문에 대답하는 것을 도와줌으로써 벗겨낼 수 있다.

- 그 분노의 원인은 무엇인가?("내 내면에서 나왔어. 가해자가 나를 화나게 한 게 아냐.")
- 분노가 또 다른 감정을 감추고 있는가?("나는 마음의 상처를 받았고, 가해자가 또 나를 괴롭힐까 봐 무섭고, 내게 일어난 일로 모욕감을 느꼈고, 내 또래들의 행동에 실망했고, 경청하지 않은 어른들에게 환멸을 느꼈어.")
- 이 모든 감정들을 느낀 뒤에도 여전히 분노하고 있는가?("맞아. 분노를

거부하고, 무시하고, 마음속에서 지우려고 해봤자 그것을 없애지 못할 거야.")

- 여하튼 왜 화가 났는가?("내가 관심을 두기 때문이야. 내가 더 이상 생각하지 않는다면, 화가 나지 않을 거야. 신경 쓰지 않는 일로 화가 날 수는 없으니까.")

심리치료사 겸 크리팔루(Kripalu) 요가 센터의 선임 교사인 스티븐 코프(Stephen Cope)는 그의 저서 『요가와 진정한 자아의 탐색(Yoga and the Quest for the True Self)』에서 분노를 이렇게 정의한다. "모든 감정과 마찬가지로 신체적 경험과 정신적 경험 사이에 존재하는 에너지이다. 열이나 다른 에너지와 마찬가지로 분노는 우리가 심리적인 방어기제를 통해 저지하지 않는 한 자연스럽게 약해진다. …… 분노는 격렬한 감정에 의한 파장으로 일어난다. 분노는 일어나서 최고조가 되었다가 사라진다." 코프가 '파도타기'라고 부르는 기술의 다섯 가지 연속 단계는 당신의 자녀가 진정으로 마음이 정돈될 때까지 행동으로 감정을 표출하지 않고 순수한 분노 상태에 머무르도록 도와줄 수 있다.

1. **숨을 깊이 들이마셔라.** 호흡은 신체의 긴장감과 사건과 분노의 감정을 마음에서 떨쳐버리게 도와준다.
2. **편안한 상태가 되어라.** 근육을 이완할 때 분노의 에너지는 싸움이나 특정한 행동으로 표출되는 대신 내면으로 흡수된다.
3. **느껴라.** 신체가 무엇을 느끼고, 몸 어디에서 느끼는가에 초점을 맞추게 됨으로써 독특하게 분노를 표현하는 방법을 탐색할 수 있다. 위가 뒤틀리는가? 어깨가 뻣뻣해졌는가? 재빨리 반응하는가? 분노가 자신을 지배하도록 놔두는가? 마음이 순식간에 복수로 향하는가? 분노에 찬 상태로

자신을 학대하는가?

4. **지켜보라**. 자신이 느끼는 감각을 관찰할 수 있다면, 단순하게 감정에 반응하는 대신 어떻게 감정에 반응할지를 선택할 수 있다.
5. **허용하라**. 분노에 저항하지 말고 그것을 받아들여 그것이 신체 이곳저곳을 통과하는 모습을 지켜봐라. 침착해질 것이고 마음이 맑아질 것이며, 그 결과 자신이 하고 싶은 일과 가해자에게 바라는 것을 결정할 수 있게 된다.

당신의 자녀가 가해자에게 무엇을 바라는지를 분명히 알기만 하면, 그 둘은 함께할 수 있다. 당신의 자녀가 분노를 삭이고, 슬픔을 받아들이는 시간 동안 안전에 대한 확신과 어른 및 또래의 지지를 얻을 수 있다면, 그는 화해를 위해 자신과 잘못을 뉘우친 가해자가 직면한 문제를 풀 수 있는 창의적인 해결책을 준비할 수 있다. 내가 앞 장에서 언급했던 것처럼 이렇게 하는 것은 괴롭힘을 갈등으로 보는 것과는 다르다. 해결해야 할 문제는 괴롭힘이 끝나고 가해자가 규율에 따른 제재를 받은 후에 어떻게 하면 두 사람이 학교 공동체 안에서 함께 살아갈 수 있는가이다. 피해 자녀는 이 시간 이후로 선택의 힘을 갖게 된다.

잘못을 뉘우친 가해자가 당신의 자녀를 찾아와 진심으로 사과하고 배상하려 해도, 당신의 자녀는 그전에 자신을 더 강하게 하기 위해서 더 많은 시간을 필요로 할 수 있다. 그가 시간을 요구하는 숨은 의도는 가해자에게 상처를 주려는 것도, 자신이 받았던 것과 같은 고통을 가해자에게 느끼게 하려는 것도, 자신이 괴로웠던 만큼 가해자를 괴롭게 만들려는 것도 아니다. 당신의 자녀는 상처에 맞서고, 감정을 규명하여 표현하고, 모든 불만과 파괴적 감정을 발산하는 데 시간이 필요하다. 이렇게 함으로써 그는 마음의 평화와 안정감, 안전감, 행복감을 되찾을 수 있을 뿐 아니라 다른 아이와 화해하기 위해 가슴을 열고 손을 내밀 수 있다. 서로가 건설적으로 화해에 이를 수 있는 시간을 보낸다면, 이 단계를 함께한 두 아이는 과거의 만남과는 다르게 상호작용을 할 뿐 아니라 폭력의 악순환에 매여 있는 가해자와 피해자와는 아주 다른 아이들이 될 것이다.

자기방어

자기방어를 가르치면 가해자에게 효과적으로 반격할 수 있냐는 질문을 받을 때가 많다. 반격은 잘못된 목표이다. 우리는 우리의 자녀들이 스스로를 방어할 수 있기를 원한다. 내 3명의 자녀들은 본질적으로 공격이 아닌 방어를 목적으로 하는 무술인 합기도를 배웠다. 가해자가 때리려고 하면, 대상은 가해자의 공격과 함께 움직이면서 그 에너지를 이용한다. 공격자와 파트너가 되는 것이 가장 이상적이겠지만 어쨌든 가해자의 공격적 에너지를 소멸시키는 방식이다. 합기도(또는 다른 방어 수단으로서의 무술)를 연마하는 것은 당신의 자녀가 공포에 휘둘려 행동하는 것을 자제하고, 스스로에게 초점을 맞추고, 내적 침착성을 유지하고, 맑은 정신을 유지하는 데 도움을 준다. 또한 이런 무술을 연마하게 된다면 신체적인 활동에 긍정적인 태도를 보이게 되고, 머리를 똑바로 들고 꼿꼿하게 서게 되며, 자신감 있게 걷고 힘이 실린 목소리로 말할 수 있게 된다.

아델 웨스트브룩(Adele Westbrook)과 오스카 라티(Oscar Ratti)는 그들의 저서 『합기도와 역동성(Aikido and the Dynamic Sphere)』에서 우에시바 모리헤이(植芝盛平) 대선생의 철학, 즉 "인간은 타인을 해치지 않고 자신을 방어하고자 하는 욕구를 간절히 가져야 한다"라는 원칙에 따른 자기방어의 윤리에 대해 썼다. 저자들은 두 사람이 서로 상호작용하는 데 필요한 네 가지 단계를 설명한다. 그들의 이론을 가해자와 피해자 간의 관계에 적용하여 설명하면 아래와 같다.

- 가해자는 상대가 도발하지 않았음에도 자신이 주도하여 상대를 공격하고 상해를 입힌다. 이 단계는 네 가지의 윤리적 행동 중 가장 최하급에 속한다. 다시 말해 정당한 이유가 없는 공격이다.
- 가해자는 상대를 공격하기 위해 모욕적인 말과 같은 분명한 형태의 도발을 하거나 경멸을 드러내는 행동과 같은 교묘한 형태의 도발을 한다. 상대가 이러한 도발에 넘어가 버리면, 그는 다시 한 번 신체적 · 정서적 상해를 당하게 된다. 뉴질랜드 출신 랑기가 급우들의 도발에 넘어가 싸움을 시작한 것 때문에 정학을 당한 사례도 이러한 경우에 해당한다. 이 단계와 최하급 단계 간에는 '윤리적으로 미세한 차이'가 있을 뿐이다.
- 괴롭힘의 대상이 된 쪽은 먼저 가해자를 공격하지도 도발하지도 않는다. 그러나 공격을 받게 되면 그는 주관적인 방식으로 자신을 돌본다. 즉, 오로지 자신의 안위만을 생각하는 것이다. 이렇게 되면 가해자와 상대 모두 심각한 상해를 입게 된다. 윤리적으로 이것은 다른 두 가지보다 더 방어적인 행동이다. 이것은 남자아이들의 부모가 권장하는 가장 보편적인 전술 — 터프하게 행동하고, 감정을 억눌렀다가, 반격해라 — 이다. ("그가 널 때리면, 더 세게 때려라. 그러면 다시는 널 때릴 생각을 하지 않을 것

이다.") 토론토의 한 유명한 라디오 아나운서는 어린 시절에 가해자로부터 도망쳤을 때를 회고했다. 그가 집으로 도망쳐 왔을 때 아빠는 벨트를 풀어 보이면서 다시 가서 싸우든지 아니면 이것으로 목을 매 죽으라고 말했다. 여자아이들 역시 집에서 욕설로 되갚아주라고 배운다.("그렇게 말하는 너야말로 그래.")

이상의 세 가지 단계에서는 누군가 큰 상처를 입을 수 있고, 대개는 괴롭힘의 대상이 그렇게 될 것이다. 그러나 방어의 네 번째 단계는 그 차원과 양상이 다르다.

- 괴롭힘의 대상이 된 쪽은 공격자를 공격하지도 도발하지도 않으면서 자제력을 발휘해 공격자가 심하게 다치지 않을 기술을 써서 자신을 보호한다. 공격을 시작한 쪽은 기껏해야 땅에 엎어지는 수준에서 큰 부상을 입지 않을 것이고, 공격을 받은 쪽은 일단 가해자를 무력화시킨 뒤에 대치 국면에서 벗어날 수 있다. 또한 그가 다시 괴롭힘의 대상이 될 가능성은 아주 낮아질 것이다. 이것이야말로 윤리적 자기방어의 궁극적 표상이다. 이런 기술은 6세나 7세의 어린아이들에게도 가르칠 수 있다. 앞에서 예시로 들었던 것처럼 마이클 맥머니스의 아빠는 마이클에게 단호한 말로써 고먼의 주먹에 저항할 수 있는 수단을 제공했다.

합기도의 네 번째 단계는 자기방어라는 실제적 수단과 함께 윤리적 목표를 내포한다. "합기도를 연마하면 여러 사람 간의 조화로운 상호작용이 가능하고, 동서양의 최고 윤리를 필수적이고 적극적인 형태의 행동원리로 옮김으로써 우에시바 대선생의 가르침을 실천하게 된다." 이런 조화로운 상호작용은 가해자와 피해자 그리고 방관자에게 이익을 줄 것이다. 저자들이 책 말미에서 언급한 것처럼 "그 학생이 합기도의 중요한 원칙, 즉 회복, 화해, 조화를 받아들이고 그에 동의한다면, 그는 공격이 아니라 공격을 무력화시키기 위해 이러한 기술들을 활용하면서 세 가지 원칙에 따라 행동하기 위해 노력할 것이다. 따라서 그는 자기방어와 균형 — 다른 사람의 일시적인 도덕적 불균형으로 인해 위협받는 미약한 삶의 균형 — 의 회복이라는 두 가지의 목표를 동시에 달성할 수 있다. 이러한 회복은 당신의 자녀와 그를 괴롭혔던 아이가 폭력의 악순환을 끊는 데 필요한 것이다.

> 자신이 억울하게 상처를 입었을 때조차도 타인을 다치지 않게 하는 것은 마음이 깨끗한 사람의 원칙이다. 정당한 이유도 없이 당신에게 상처를 준 타인, 심지어 적을 증오하는 것조차도 끊이지 않는 슬픔을 낳는다.
>
> — 고대 남인도 타밀 족의 경전인 『티루쿠랄(Tirukkural)』 32장 312~313절

제8장

방관자에서 목격자로

> 나의 신념은, 우리가 막을 수 있는 잔인함이나 부당함을 보고서도 아무것도 하지 않는 것은 우리 스스로를 죄책감의 공유자로 만드는 일이라는 것이다.
>
> — 안나 슈얼(Anna Sewell), 『블랙 뷰티(Black Beauty)』에서 라이트(Wright)라는 이름의 남자
>
> 다수결의 원리를 따르지 않는 것이 하나 있다면 그건 바로 한 인간의 양심이다.
>
> — 하퍼 리(Harper Lee), 『앵무새 죽이기(To Kill a Mockingbird)』

당신의 아들이나 딸이 가해자나 피해자 2명의 주연배우 중 1명이 아니라면 조연을 맡게 될 것이다. 당신은 자녀가 누구를 지지하고, 그것이 주연배우와 자녀에게 어떤 영향을 주게 되는지를 알 필요가 있다.

당신은 제4장에서 댄 올베우스가 그림으로 제시했던 괴롭힘 서클을 이용하여 자녀들과 함께 그들이 어떤 역할을 어떻게, 왜 연기했는가에 대해 토의할 수 있다. 이렇게 함으로써 당신은 미래에 있을지도 모르는 괴롭힘에 대응하고 그것을 예방할 수 있을 뿐 아니라 그 배역에서 벗어날 수 있는 방법을 자녀에게 가르칠 수 있다. 많은 괴롭힘은 어른의 눈을 피해 이루어지기 때문에, 결국 괴롭힘을 막을 수 있는 강력한 힘은 가해자들을 따르지 않고, 그들의 잔인한 행동을 용납하거나 용서하지 않는 아이들에게서 나온다.

당신의 자녀가 적극적으로 괴롭힘에 참여는 하지만 괴롭힘을 시작하지 않는 추종자나 심복이라고 한다면, 당신은 제6장에서 언급했던 일곱 가지 단계를 검토할 수 있다. 여기에서 다시 그 일곱 가지 단계를 복습해보기로 하자.

- 규율에 따라 즉시 개입한다.
- 선한 일을 할 기회를 만든다.
- 공감 능력을 키워준다.
- 적극적이고 공손하면서도 평화로운 방식으로 타인과 관계를 맺을 수 있는 사교 기술을 가르친다.
- 자녀가 즐기는 TV 프로그램과 비디오 게임, 컴퓨터 활동, 음악 등을 늘 주의 깊게 관찰한다.
- 더 건설적이고 재미있으며 정력적인 활동에 참여하게 한다.
- 선한 의지를 갖도록 가르친다.

이 일곱 가지 단계에 자녀와의 대화를 추가하면 더 좋다. 대화를 통해 당신의 자녀가 더 강한 또래에게 휘둘리며 그들의 명령대로 행동하지 않을 수 있는 방법을 모색하라. 이것은 두 개의 절차를 포함하고 있다. 어떻게 하면 자녀가 그런 아이들에게 쉽사리 휘둘리지 않을지를 생각하는 것과 어떻게 하면 자녀를 속이지 않는 아이들과 어울리게 할지를 생각하는 것이다.

열 살 데이비드는 남자아이들이 아홉 살 루이스를 붙잡아 번갈아가며 발로 찰 때 그들과 함께 루이스를 폭행했다. 데이비드의 친구 피터는 그 패거리에서 데이비드를 빼내려 했지만 뜻대로 되지 않자 교사에게 그 사실을 알렸다. 데이비드의 엄마는 자신의 아들이 저지른 짓에 충격을 받았을 뿐 아니라 그가 학대에 참여하길 거부하고, 거기에 참여하고 있는 친구를 빼내려 노력했으며, 여의치 않자 마지못해 교사에게 그것을 알린 피터처럼 행동하지 못했다는 사실에 상심했다. 데이비드는 그때 분위기에 휩쓸려 다른 패거리와 함께 피터를 '고자질쟁이'라고 불렀지만, 그는 두려움을 느꼈고 그런 감정에서 벗어나고 싶어졌다. 그는 자신의 행동을 진심으로 후회했다.

데이비드의 엄마는 아들이 일곱 가지 단계를 밟아나가도록 도왔고, 괴롭힘에 가담한 이유와 변명을 들을 수 있었다. 결국 데이비드는 피터에게 사과하고, 자신을 멈추려 노력하고 도움을 주려 했던 그에게 고마움을 표시했다. 데이비드는 피터와 루이스를 저녁에 초대하여 함께 식사를 한 뒤 게임을 즐겼다. 루이스보다 한 살 많은 데이비드와 피터는 그와 단짝이 되기로 했다.

유언비어의 화살은 자신에게 되돌아오는 법이다

당신의 딸이 지저분한 소문을 내기 시작한 장본인이 아니라면, 앞에서 언급했던 세 가지 'R', 즉 보상, 해결, 화해를 시도하지 않을지도 모른다. 그녀는 단지 반복해서 소문을 퍼뜨렸을 뿐이니까. 하지만 그럼에도 그녀는 다음의 내용들을 실천에 옮길 수 있다.

- 소문으로 상처를 받은 아이에게 사과한다.
- 그녀가 소문을 들려주었던 모든 사람에게 가서, 그것은 사실이 아니었다고 말한다.
- 그들에게 소문을 더 이상 퍼뜨리지 말라고 요구한다.

- 그 밖의 모든 사람에게 자신이 소문을 퍼트린 사람이라고 알리고, 잘못을 바로잡고 싶다고 말한다.
- 힘닿는 데까지 그녀가 퍼뜨린 소문으로 인한 피해를 보상한다.
- 그녀가 상처를 준 아이를 치유한다. 소문의 피해자와 함께 점심을 먹고, 자전거를 타고, 그녀를 밤샘 파티에 초대한다.

당신은 딸이 소문을 공유한 사람들로부터 나온 혼재된 반응을 접할 때 그녀를 격려하고 지지할 수 있다.("말해줘서 고마워." "어머, 나도 소문을 냈는데. 나는 뭘 하면 좋을까?" "야, 소문 좀 냈다고 사과할 필요 없어. 여하튼 그 애는 한심한 애니까." "누가 너더러 사과하라고 시켰어?" "지금 뭐하는 거니? 우리를 다 나쁜 애로 만들려고 하니?" "그냥 소문이잖아. 웬 소란을 떨어." "야, 재미없어.") 당신의 딸은 대상이 된 아이가 표현하는 분노, 고통, 슬픔과 마주할 때 다시 당신의 격려와 지지를 필요로 할 것이다. 이 모든 과정을 통해 당신의 딸은 소문으로 비롯된 상처가 얼마나 심각하고 이 상처를 치유하는 것이 얼마나 어려운가에 대해 알 수 있을 뿐 아니라 자신에게 실수를 온전히 책임질 수 있는 능력이 있다는 것을 알게 될 것이다.

그녀가 일단 이 과정을 경험하게 된다면, 당신은 앞으로 효과적으로 소문을 막을 수 있는 방법에 대해 그녀와 대화할 수 있다. 이슬람교의 수피교도들은 '지혜롭게 말하기(wisdom saying)'라는 전통에 따라 항상 세 개의 관문을 통과한 것만을 말한다. 그것이 사실인가? 사실이 아니면 말하지 마라. 사실이라면 말하기 전에 두 개의 문을 더 지나야 한다. 말할 필요가 있는가? 말하는 것이 상대방을 배려하는 일인가? 말할 필요가 없다면 말하지 마라. 말할 필요가 있다면 상대방을 배려하면서 말할 방법을 찾아라. 배려란 진실이라는 이름의 사탕을 감싼 포장지가 아니다. 배려는 말해야 하는 것을 모든 당사자의 위엄과 가치를 훼손시키지 않는 방법으로 말하는 것을 의미한다.("킴은 정말 바보야"라고 말하는 것은 첫 두 개의 문을 통과하지 못한다. "킴은 자신을 조롱하는 애들에게 효과적으로 맞서는 방법을 잘 모르는 것 같아"라는 말은 세 개의 문을 모두 통과하고, 더 나아가 당신의 딸로 하여금 어떻게 하면 도움을 줄 수 있을지를 생각하게 만든다.)

당신의 딸이 가해자와 괴롭힘의 대상을 어떤 식으로 말하는지를 들어보면, 당신은 그녀가 어떤 역할 – 괴롭힘을 지지하지만 적극적으로 참여하지는 않는다든가, 괴롭힘을 좋아하지만 공개적인 지지를 보내지는 않는다는 등의 – 을 맡았는지를 파악할 수 있다.("수잔이 밤샘 파티에 초대했어. 킴은 뺐더라. 다 알다시피 그 애는 바보니까. 수잔이 2주 전 제인의 집에서 밤샘 파티를 할 때 킴이 얼마나 바보짓을 했는지 다 말했어.") 당신은 이 기회를 이용해 유언비어가 초래할 수 있는 피해에 대해 딸에게 말할 수 있고, 방관자 대신 킴의 목격자가 되라고 격려할 수 있다.("킴 몰래 그 애 험담을 하는 것은 불쾌해. 우리가 그 애를 좋아할 필요는 없지만, 시간을 들여 그 아이를 괴롭힐 필요도 없잖아.") 또한 당신의 딸은 킴에게 점심을 함께하자고 제안하면서 학교에서의 사교 활동에 킴을 끌어들이는 방법을 생각해볼 수도 있다. 중학교에서 그런 제안을 하는 것은 용기 있는 행동인데, 킴의 소문을 퍼뜨리고 그녀를 따돌리던 아이들이 당신의 딸마저 따돌릴 수 있기 때문이다. 당신의 딸이 한두 명의 친구에게 킴의 소문을 퍼뜨리는 것을 멈추고 그녀와 점심을 함께하자고 요청하도록 해보라. 가해자가 그 누구보다 강하다고 하지만, 헌신적인 목격자 집단보다 더 강할 수는 없다.

결백한 방관자란 없는 법이다

만일 당신의 아들이 남자아이 1명을 구타하는 가해자 집단을 방관하고서는 당신에게 "나와는 상관없는 일이에요. 늘 있는 일인데요, 뭐. 관심 없어요"라고 말한다면, 당신은 침묵이 야기할 수 있는 해악, 즉 맞고 있는 아이뿐 아니라 당신의 아이에게도 일어날 수 있는 해악을 그에게 말할 수 있다. 자신은 괴롭힘과 무관하다고 주장하거나 아예 그것을 대수롭잖게 여기는 것은 괴롭힘에 연루된 방관자들이 보이는 보편적인 반응이다. 엘리 비젤이 "성경에서 가장 중요한 계명은 무엇입니까?"라는 질문을 받았을 때 "넌 수수방관하지 말라. 사랑의 반대는 증오가 아니라 무관심이다. 무관심은 악을 낳고, 증오는 악 그 자체이다. 무관심은 악에게 힘을 줘 그것을 강하게 한다"라는 구절을 인용했다. 당신 아들의 부작위가 다른 아이의 작위와 다르다고 하더라도, 추종자나 심복이 자신의 역할에서 목격자의 역할로 옮겨가기 위해서는 일곱 가지 단계를 밟아나가야 한다.

제4장에서 논의했듯이 심복에서 무심한 방관자에 이르기까지 방관자들은 괴롭힘에 맞서 분명하게 반대의 의사를 밝히지 못한 것에 대해 아홉 가지 변명을 늘어놓을 것이다.

- 내 친군데.
- 내 문제가 아니야! 내가 싸우는 것도 아닌데 뭘!
- 그 애는 친구가 아냐.
- 그 애는 패배자라고.
- 그 아이는 당해도 싸. 괴롭힘을 자초했단 말이야. 왜 그것을 멈춰야 하

지? 게다가 본인이 스스로를 못 지키는데, 내가 왜 그를 지켜줘야 해?

- 이번 일로 그 애는 더 강해질 거야.
- 밀고자나 고자질쟁이가 되고 싶지 않아.
- 그 애를 돕느니 다른 아이들이랑 함께 어울리는 편이 더 낫잖아.
- 아휴, 머리 아파.

방관자는 집단에 충성할 것인지 아니면 괴롭힘을 당하는 아이의 편에 설 것인지를 결정할 수 있다. 당신은 자녀들에게 이 변명들이 어떻게 또래집단의 화합과 우정을 망가뜨리게 되고, 또 어떻게 방관자를 가해자로 바꾸는지를 설명할 수 있다. 또한 또래 간의 화합과 우정이 망가지게 되면, 당신의 자녀들은 그런 환경에 기생해 성장하는 가해자 집단의 표적이 될 수도 있다. 당신은 자녀들에게 당신의 믿음, 즉 그들이 방관자의 역할에서 벗어날 수 있다는 믿음을 보여줄 수 있다. 가해자를 저지하기 위해서는 단 하나의 단순한 도덕적 원칙만 있으면 된다. 다른 방관자들이 어떻게 행동하든 신경 쓰지 말고, 괴롭힘을 당하는 또래를 대신하여 옳은 일을 하는 것이다.

옳은 방향으로 이동하기

당신의 아들이나 딸이 잠재적 방어자, 즉 괴롭힘을 싫어하고 피해자를 돕고 싶어 하지만 실제로 돕지는 못하는 아이라고 한다면, 자녀들이 도울 수 없는 네 가지의 이유를 생각해볼 수 있다.

- 상처 입는 것을 두려워한다.
- 가해자의 새로운 표적이 되는 것을 두려워한다.
- 상황을 더 악화시키는 행동을 할까 봐 두려워한다.
- 무엇을 해야 할지 모른다.

만일 자녀들이 이 네 가지 이유를 인정하고 당신과 함께 이에 대해 더 개방적으로 이야기할 수 있다면, 그들을 방관자로 남게 만드는 이 이유들은 그들을 적극적인 목격자, 즉 또래를 위해 일어서서 불의에 반대하는 목소리를 내고, 그들 사이에서 일어난 일에 책임을 지는 목격자로 바꾸는 출발점이 될 것이다. 아이들에게 가해자 편에 섰을 때의 편안함과 안전함이 얼마나 과대평가되었는지를 이야기하라. 가해자는 또래들을 이용하기 때문에 당신의 딸은 가해자가 아무런 이유도 없이 자신을 다음 괴롭힘의 대상으로 지목했다는 것을 알게 될 것이고, 당신의 아들은 가해자 집단의 일원이 된 것으로 인해 자신이 수많은 곤경에 처하게 되었음을 알게 될 것이다.

당신은 최소한의 위험만을 감수하면 되는 행동에서부터 가장 커다란 용기가 필요한 행동에 이르기까지 자녀가 취해야 할 행동에 대해 논의할 수 있다. 여기에서 가장 커다란 용기가 필요한 행동이란 가해자 집단의 일원이 되는 것을 거부하거나(이를테면 점심시간에 아이들이 모여 앉아 다른 아이를 괴롭힐 계획을 꾸미는 자리를 피하는 것), 개인적으로 괴롭힘을 당하는 아이를 도와주거나("그가 네게 한 행동은 비열한 짓이었어. 우리랑 같이 다닐래?"), 가해자가 친구일 경우 공공연하게 혹은 조용히 말하거나("야, 그 애는 내버려두고 우리끼리 맛있는 거나 먹으러 가자.") 다음에 나올 이야기에서 스콧 러셀(Scott Russell)과 풋볼 선수가 그랬던 것처럼 피해자를 대신해 괴롭힘에 개입하는 것 등을 말한다. 괴롭힘을 막기 위한 행동은 소문을 퍼뜨리지 않고, 소외된 아이를 밤샘 파티에 초대하며, 경멸적인 농담에 웃지 않고, 괴롭힘을 당하는 아이를 친절히 대하고 걱정하며, 어른에게 괴롭힘에 대해 이야기하는 등의 작은 행동에서부터 다른 아이들과 함께 혹은 홀로 가해자에게 맞서는 등의 위험한 행동에 이르기까지 다양하다. 1995년 캐나다 토론토에서 D. J. 페플러와 W. M. 크레이그가 수행한 연구, 즉 괴롭힘 사건에서 또래 아이들이 맡는 역할에 대한 연구에 따르면, 도시의 학교 운동장에서 아이들 중 13%는 가해자에 맞서 큰 소리로 괴롭힘에 반대하는 의사를 표현했다고 한다. 그들 중 적지 않은 수가 집단에 소속되어 있었음에도, 안전한 집단에 머무르는 대신 그런 행동을 선택한 것이다.

선한 의지

나는 제6장에서 가해자가 어떻게 '선한 의지'에 따라 새로운 역할을 맡을 수 있는지, 즉 감당하기 어려울 때조차 옳은 것을 말하고 행동할 수 있는지를 논의했다. 외적 결과에도, 또는 그런 결과와 상관없이 당신의 자녀가 옳은 쪽으로 행동하거나 말하도록 이끄는 내적인 도덕의 목소리(사적 규율)를 개발하도록 돕는 것은, 자녀가 괴롭힘의 상황과 마주쳤을 때 정직하게 행동할 수 있는 힘을 줄 수 있다.

제4세대 일본계 미국인이면서 갈등해결 컨설턴트로 큰 성공을 거둔 데릭 오쿠보(Derek Okubo)는 약 35년 전 운동장에서 일어났던 사건을 회상했다. 또래들은 학급에서 유일한 일본인이었던 데릭을 둘러싸고 때리며 집과 학교에서 배운 욕을 했다. “누런 일본 놈아, 네 나라로 돌아가라.” 그때 스콧 러셀이 가해자 집단에서 데릭을 빼낸 뒤, 그를 게임에 초대했다. 스콧이 그때 한 행동은 그의 사적 규율을 보여준 것이다. 어떤 슬로건(“다양성을 축복합시다!”), 위협(“네가 누군가를 괴롭히면, 학교에서 정학당할 줄 알아!”), 명령(“누구에게도 욕하지 마!”), 심지어 황금률(“다른 사람들이 너에게 해주길 바라는 대로 너도 그들에게 해줘라.”)조차도 그의 내면에서 나오는 도덕의 목소리만큼 그의 결정에 영향을 주지 못했다. 스콧은 태어날 때부터 어떻게 해야 정직하게 행동하는 것인지를 알고 있었던 게 아니다. 그는 학습을 통해 그것을 배웠다. 중요한 것은 그것을 운동장에서 배우지 않았다는 사실이다.

유감스러운 일이지만 그는 교실에서도 그것에 대해 배우지 않았다. 체육시간 때 교사가 발레 동작을 따라 하기 위해 애쓰는 데릭의 옷자락을 잡고 “정말 마음에 안 든다, 이 작고 누런 일본 놈아!”라고 고함을 친 일이 있었는데, 운동장 사건은 그 직후에 일어난 것이다. 데릭은 급우들이 지켜보는 가운데 일어난 교사의 언어적 · 신체적 괴롭힘에 충격을 받아 멍하니 서 있었다. 사정이 이러니 몇몇 아이들이 운동장에서 그를 공격한 것은 신기할 게 없는 일이다. 오히려 데릭을 놀라게 한 것은 1명의 남자아이가 그를 위해 기꺼이 괴롭힘에 맞서 큰 소리로 반대의 의사를 표현했다는 사실이다. 데릭은 약 35년 전에 일어났던 두 사건을 이야기하면서, 그 사건들이 그의 삶에 얼마나 커다란 영향을 주었는지를 언급했다. 그는 그때 자신이 따라 하려고 애썼던 동작이 무엇인지, 교실과 운동장에서 들었던 욕설이 무엇인지, 자신을 도와준 아이의 이름이 무엇인지를 확실하게 기억하고 있었다.

공유, 배려, 도움, 봉사

닐 커샌은 저서 『훌륭한 자녀로 키우기』에서 스콧과 같은 아이들이 어떻게 목격자가 되는 법을 배우는지를 설명한다. "아이들은 기묘한 방법으로 수학이나 영어나 과학을 배우지 않는다. 도덕과 친절과 품위 또한 특별한 방법으로 배우는 것이 아니다. 그들은 본보기와 모델이 되는 어른, 특히 자신들의 신념을 위해 행동하는 원칙과 가치를 가진 용기 있는 부모를 모방함으로써 품위가 있고 책임감이 있는 사람으로 성장한다." 자녀들은 우리 어른들이 약자를 기꺼이 돕고 거실, 회의실, 교실, 도시 거리에서 불의에 대해 소신을 가지고 분명한 반대의 입장을 취하는 모습을 보는 것이 중요하다. 우리가 우리의 신념을 입으로만 떠드는 대신 말과 행동을 일치시킬 때 우리는 아이들의 모델, 즉 그들이 괴롭힘을 멈추려 할 때 강력한 힘이 되어주는 모델이 된다.

제4장에서 언급했던 프레벤 뭉크-닐손은 '그가 자라면서 배웠던 방식대로' 덴마크에서 유대인들을 구조했다. 그가 살았던 지역사회의 대다수 사람들은 이웃을 대신하여 기꺼이 불의에 맞섰다. 그러나 우리의 자녀들은 나머지 이웃들이 행동하지 않으려 할 때조차도 우리가 기꺼이 불의에 맞서는 모습을 봐야 한다. 2002년 3월 2일, 인도 아마다바드에서 버싱 라소드(Virsing Rathod)는 불의에 맞서 단호한 입장을 취했다. AP통신의 베스 더프-브라운(Beth Duff--Brown) 기자는 그의 용기 있는 행동에 대해 다음과 같이 기사를 썼다.

버싱은 무슬림 이웃들이 구타를 당하고 산 채로 불에 태워지면서 지르는 비명 소리에 공포를 느꼈지만, 다른 많은 힌두교도들이 하지 못했던 용기 있는 행동을 했다.

이 건장한 힌두교도와 그의 두 아들은 트럭에 뛰어올라 광란에 빠진 힌두 폭도 사이를 뚫고 들어가서 목요일 자정 직전까지 불길 속에서 무슬림들을 구해냈다.

그는 그날 밤 544명의 생명을 앗아간 힌두교도와 무슬림 간의 폭력 사태에서 25명의 무슬림을 구해내 수십 채의 안전한 집에 그들을 피신시켰다. …… 기자로부터 자신이 영웅이라고 생각하느냐는 질문을 받았을 때 그는 어깨를 으쓱이면서 이렇게 대답했다. "인간으로서 해야 할 일을 한 것이다. 나는 진심으로 내가 옳은 일을 한다고 생각했다."

우리가 말하는 것을 지키고, 말한 것에 책임을 지고, 그것에 따라 행동을 하는 것, 즉 옳다고 생각하는 바를 실천하는 모습을 우리 자녀들이 직접 눈으로 보는 것은 얼마나 중요한 일이겠는가.

본보기를 보여주는 것을 넘어 우리는 우리의 자녀에게 목격자가 되는 연습을 하게 할 수 있다. 아이들에게 그저 무엇을 하거나 하지 말라고 이야기하는 대신, 왜 공유하고 배려하고 돕고 봉사해야 하는지를 설명하고 아이들이 그것들을 실천하도록 할 수 있다. 그들은 우리가 그들의 행동에 관심을 갖는 것만큼이나 그들의 의도에 대해서도 관심을 갖는다는 것을 알 필요가 있다. 우리는 그들에게 타인에게 영향을 미치는 자신의 행동을 되돌아보는 법과 타인의 관점에서 사물을 보는 법을 가르칠 수 있다. 아이들이 일단 그것들을 할 수 있다면, 그들은 타인의 관점에서 느낄 수 있다. 타인의 관점을 갖는 능력은 선한 의지를 갖는 데 중요하다. 스콧은 데릭의 관점에서 그와 공감할 수 있었을 뿐 아니라 그다음 단계의 행동을 할 용기를 얻을 수 있었다. "이봐, 친구들, 그만둬. 그를 내버려둬." 이 시점에서 스콧은 급우에게 좋은 친구로 보이는 것보다 선한 일을 하는 것을 선택했다. 일부 아이들은 뭔가를 하길 원하지만, 순응을 요구하는 또래의 압력을 견뎌내지 못한다. 스콧은 어른들로부터 배운 강한 자의식을 갖고 있었기 때문에 또래들의 조롱과 야유를 기꺼이 견뎌내고 그런 행동을 할 수 있었다.

'선한 의지'는 입장을 분명히 밝히고 행동을 취하는 것과 관련이 있다. 스콧이 데릭의 고통을 느끼는 것만으로는 충분하지 않았다. 그는 친구들과 멀어지는 대가를 치르더라도 그 고통을 줄이기 위해 뭔가를 할 필요가 있었다. 그래서 스콧은 부담이 '무거웠을 때조차도' 개입을 선택했다. 이때 그가 보여준 말과 행동은 다른 아이들, 특히 적극적으로 옳은 행동을 할 준비가 되어 있지 않았던 아이들이 최소한 괴롭힘에 동참하지 않을 수 있게끔 만들었다. 또한 그는 데릭에게 관용에 대한 중요한 교훈을 가르쳤다. 그를 공격한 것도 '백인 남자아이들'이었고, 그를 구했던 것도 '백인 남자아이'였다. 데릭의 내면에서 부글부글 끓기 시작했던 '백인 아이들'에 대한 분노는 한 소년의 친절과 용기로 가라앉게 된 것이다.

분명한 입장을 밝히고 행동을 취하는 것은 용기와 도덕적 독립심을 요구한다. 심리학자 마이클 슐만(Michael Schulman)과 학교심리학자 에바 메클러(Eva Mekler)는 내게 많은 영감을 주었던 그들의 저서 『도덕적 아이로 키우기(Bringing Up a Moral Child)』에서 도덕적 독립심을 키우는 세 가지 원칙에 대해 기술했다.

- 당신의 자녀에게 행동의 결과를 책임지는 것은 바로 자신이라는 사실을 가르쳐야 한다.(자신의 행동에 대한 책임을 받아들이는 아이들은 자신의 도덕 기준 — 자신의 행동에 책임을 지고 다른 사람을 탓하지 않는 것 — 에 따라 살 가능성이 더 높다.)
- 당신의 자녀에게 자신이 옳은 결정을 내릴 수 있다는 자신감을 줘야 한

다.(자신의 판단에 자신감이 있는 아이들은 쉽게 타인의 조종을 받지 않는다. 그들은 독립적으로 생각하고 행동하는 것을 두려워하지 않는다.)

- 당신의 자녀에게 자신의 생각을 평가하는 법을 가르쳐야 한다.(자신의 사고 능력에 자신감이 있는 아이들은 수동적으로 명령에 따르는 일에 더 많은 의문과 저항감을 느낀다. 그들은 명령을 받은 행동이 옳은지 그른지에 대해 평가할 수 있다.)

이 저자들은 마틴 L. 호프먼 박사의 『이타적 행동과 부모와 자녀 관계(Altruistic Behavior and the Parent-Child Relationship)』에 나오는 연구결과를 인용했다. 호프먼 박사는 자신의 연구결과를 발표하며 "타인의 감정을 고려하고 타인을 돕는 '이타적 가치'를 강조하는 부모 밑에서 자란 자녀는 다른 아이들이 어떻게 느끼는가를 배려하고, 그들의 감정이 상하지 않도록 애쓰며, 놀림을 당하거나 욕을 듣는 아이들에게 도움을 줄 가능성이 더 컸다"라고 언급했다.

친절과 용기의 또 다른 행동

학창 시절 내내 난독증을 앓았던 랜디 빈스톡(Randy Binstock)은 자신이 한 급우의 고통에 관심을 갖게 된 후 그 친구가 모욕을 당하지 않도록 하기 위해 기꺼이 또래들의 조롱과 공격을 감수했던 경험을 이야기했다.

"전 초등학교 1학년 때부터 고등학교를 졸업할 때까지 항상 괴롭힘의 대상이었어요. 가장 행복했던 시절은 유치원생이었을 때와 초등학교 1, 2학년이었을 때지요. 뭔가를 읽고 말할 필요 없이 색칠만 하면 되었으니까요. 하지만 글을 읽을 수 없었던 저는 학년이 올라가면서 점차 반 아이들의 놀림감이 되었지요. 선생님의 질문을 받을 때면 전 제가 가장 좋아하는 동물인 거북이를 흉내 냈어요. 어깨 사이에 머리를 집어넣으면 선생님이 절 못 보실 거라고 생각했거든요. 확실히 선생님은 절 못 본 척해주셨지만, 반 아이들은 웃으며 저를 바보 취급했지요.

더퍼린 화이츠 중학교에 다니던 어느 해에 남자아이 몇 명(가해자 집단)이 덩치는 컸지만 목소리가 높았던 마틴이라는 아이를 괴롭히기 시작했죠. 그들이 그를 때리기 시작했을 때 전 더 이상 참을 수 없었고 거의 이성을 잃을 정도로 흥분했어요. 그들에게 구타를 멈추고 때리고 싶으면 차라리 날 때리라고 말했지요. '도대체 누가 이런 헛소리를 한 거지?'라고 스스로에게 물었어요. 다른 사람이 한 말이라고 생각했거든요. 하지만 제가 한 말이었어요. 실컷 두들겨 맞았지요. 하지만 아실 거예요. 그것은 그럴만한 가치가 있는 일이었어요. 그 후로 마틴과 전 다시는 맞지 않았거든요. 싸움에서 진다는 두려움을 극복하니 그것을 대수롭잖게 여길 수 있게 되었어요.

전 항상 아이들에게 상대방이 얼마나 영리하든, 어리석든, 뚱뚱하든, 말랐든, 못생겼든, 벽창호든 간에 모두를 관대하게 대하라고 가르쳐요. 이런 사람들에게도 이 세상의 어느 누구보다 더 잘할 수 있는 일이 있으니까요. 전 자녀들에게 이렇게 하는 것이 서로에 대한 사랑과 존중을 보여주는 방법이라고 가르치지요."

랜디의 행동은 조롱의 표적이 된 아이들이 패배자이고, 쓸모없으며, 열등하고, 존중할 가치가 없다는 잘못된 믿음을 깨뜨린다. 사실 그 반대가 더 진실에 가까울 것이다. 우리는 괴롭힘의 대상이 된 아이들 중에서 타인을 잘 돌보고, 연민이 많으며, 감수성이 뛰어나고, 창의적이며 사려 깊은 아이를 자주 볼 수 있다.

스콧이 가해자들에게 당당히 맞서 데릭이 모욕을 당하는 일을 막았듯이 랜디도 마틴을 위해 기꺼이 위험을 감수했다. 이 용감한 두 사람의 작지만 의미 있는 행동으로 인해 네 사람 모두가 혜택을 받을 수 있었던 것이다.

목격자가 되어 생명을 구하기

홀로코스트에서 구사일생으로 살아난 생존자는 방관자를 목격자로 바꾸는 세 가지 행동을 규정했다. 바로 '주목하라', '관여하라', '외면하지 말라'이다. 1996년 10월 17일, 고등학교 풋볼 선수 1명이 바로 이런 행동을 했다. 테네시 파월에 소재한 파월 고등학교에서, 스케이터스(Skaters)로 알려진 조직의 단원들이 3개월 넘게 신입생 조시(Josh)를 괴롭혔다. 그들은 조시를 조롱하고 희롱하고 쫓아다니면서 쇠사슬과 야구 방망이로 그를 때려죽이겠다고 위협했다. 조시는 결국 맞서 싸우기로 했다. 그는 스케이터스의 단원 중 1명에게 맞선다면 괴롭힘이 멈출 것이라는 생각을 하면서 단원 1명을 식사용 쟁반으로 때렸다. 그러나 그의 생각은 틀렸다. 둘은 서로에게 주먹질을 했고, 이때 조시는 미끄러져 넘어졌다. 바닥에 넘어진 조시가 의식을 잃은 동안, 상대방 남자아이는 그의 머리를 몇 차례 때려 두개골에 금이 가게 했다. 다른 학생들이 구경만 하고 있을 때, 풋볼 선수 1명이 두 개의 테이블을 훌쩍 건너뛰어 와서 조시를 끌어내 그의 목숨을 구했다.

당신의 자녀가 가해자에 맞서 괴롭힘의 대상이 된 아이를 지키는 용감한 행동을 했다면, 당신은 자녀의 용감한 행동에 감사하며 그와 더불어 그가 어떤 일을 한 것인지, 괴롭힘을 당한 아이를 보며 어떤 생각을 했는지, 용감한 행동을 했을 때 어떤 기분이 들었는지, 그가 더 할 수 있는 일은 무엇인지에 대해 이야기할 수 있다. 어쩌면 당신은 자녀의 용기 있는 행동에 대한 보상을 해줘야 한다고 생각할 수 있다. 그러나 나는 당신에게 한 걸음 물러나서 용감한 행동 그 자체와 다른 아이를 고통에서 구했다는 사실에서 자녀가 느꼈을 강한 만족감을 돌이켜보라고 권하고 싶다. 사실 외적 보상은 용기 있는 행동을 싸구려로 만들 수 있다.(제5장에 있는 뇌물과 보상에 대한 논의를 참조할 것.)

당신의 자녀가 괴롭힘에 개입했던 일에 관해 당신과 솔직하게 이야기할 수 있다면, 그는 괴롭힘을 당하는 아이를 위해 행동하기 전에 자신을 갈등하게 만들었던 감정들 – 공감, 공포, 슬픔, 분노 – 과 또래집단을 거스르면서 느꼈던 불안함을 당신과 공유하려 할 것이다. 이때 당신은 자녀에게 그런 감정을 느끼는 것은 지극히 정상적인 일이라는 확신을 심어줄 수 있다. 또한 괴롭힘에 개입해서 상처받는 또래를 도운 것이 얼마나 용감한 행동인지를 다시 한 번 확인시켜 줄 수도 있다.

이것은 때로 의식적인 불복종 행위로, 즉 가해자가 부하들에게 누군가를 공격하라는 명령을 내릴 때 피터가 그랬듯 뒤로 한 걸음 물러나 도움을 청하러 달려가는 행동으로 나타난다. 메리디스가 2학년 또래들에게 메건이 운동장에서 바지를 내린 일에 대해 자신과 말을 맞추라고 명령(위협)했을 때 줄리가 이를 거부하고 엄마에게 실제로 일어난 일을 이야기했던 것도 의식적인 불복종의 행위로 볼 수 있다. 이런 예시를 잘 나타낸 이야기가 마크 트웨인(Mark Twain)의 소설 『허클베리 핀의 모험(Adventures of Huckleberry Finn)』이다. 이 소설에서 허클베리 핀은 한 생명을 구하기 위해 앞서 사례들과 유사한 의식적인 불복종 행위를 한다. 그는 (자신이 탈출을 도왔던) 노예 짐의 거처를 알리는 편지를 쓰던 중 짐에 대한 공감과 연민, 자신이 쓴 편지의 정보로 인해 짐이 다시 잡힐지도 모른다는 죄책감, 법을 어기고 중죄를 저지른다는 두려움(당시 국가와 교회는 노예의 탈출을 돕는 일을 법률적으로 금지했을 뿐 아니라 도덕적으로도 옳지 못한 일로 여겼다.) 속에서 갈등한다. 결국 허클베리는 편지를 찢어버리면서 "그래, 좋아. 내가 지옥에 가지"라고 말한다.

어른에게 말하는 위험을 감수하기

괴롭힘 사건을 어른에게 말하는 것도 용기 있는 행동이 될 수 있다. 괴롭힘을 당하는 아이에게 말하는 것과 고자질하는 것의 차이를 가르치듯 당신의 자녀에게 둘의 차이를 가르칠 수 있다. 우선 기본 규칙 – 다른 사람을 곤경에 빠뜨리는 일이라면 말하지 마라. 다른 사람을 곤경에서 벗어나게 하는 일이라면 말해라. 두 가지 다라면 나는 알 필요가 있다 – 을 당신의 자녀가 이해한다면, 당신은 그에게 걱정과 두려움이 있을 때 당신에게 도움을 요청하라고 정기적으로 일깨워줄 수 있다. "전에도 말했지만 한 번 더 이야기할게. 네가 괴롭힘을 당하거나 누군가 괴롭힘을 당하는 것을 안다면, 네가 믿는 어른에게 그것을 보고해야 한단다."

어린이 위원회(Committee for Children)(www.cfchildern.org)가 개발하여 좋은 평가를 받은 괴롭힘 예방 프로그램 〈존중을 받기 위한 단계(Steps to Respect)〉에서 저자들은 초등학생들에게 어떻게 괴롭힘을 인식하고(그것은 공정한가? 어떤 기분이 드는가? 그것이 계속 일어나는가?), 어떻게 괴롭힘을 거부하며(거부하거나 괴롭히는 행동에 대해 "싫어"라고 말하라), 어떻게 괴롭힘을 보고하는지(모든 종류의 괴롭힘을 보고할 수 있지만 특히 누군가가 위험에 처했을 때나 누군가가 은밀한 신체 부위를 만지거나 노출할 때, 괴롭힘을 거부해도 소용이 없을 때는 반드시 어른에게 보고해야 한다.)를 가르친다. 기본 규칙(곤경에 빠뜨리는 일이라면, 곤경에서 벗어나게 하는 일이라면, 두 가지 다라면)과 함께, 어린아이들은 괴롭힘이 벌어지는 상황에서 할 수 있는 세 가지 행동을 쉽게 기억할 수 있다. 부모로서 당신은 자녀와 함께 '만약……' 놀이를 하면서 그가 목격자 역할(인식, 거부, 보고)을 연습하도록 도울 수 있다. 또 당신은 자녀에게 당신이 소중히 여기는 덕(德)뿐 아니라 이 모든 중요한 역할을 수행할 때 필요한 대사와 행동을 가르쳐야 한다. 아리스토텔레스는 아이들에게 덕을 가르치는 일의 기초를 한 문장으로 요약했다. "덕은 습관이다(Virtue is a habit)."

아이들은 당신이 정보를 진지하고 비밀스럽게(가해자에게 정보 제공자를 공개하지 않는 등의) 처리하겠지만, 꼭 필요할 경우에는 비밀이 지켜지지 않을 수도 있음을 알 필요가 있다. 괴롭힘은 비밀에 기초하여 번성한다. 아이들은 어른에게 말하게 되면 긍정적인 변화가 생긴다는 것을 믿어야 한다. 그들이 당신과 정보를 공유하게 되었을 때 그들이 무엇을 할 수 있고, 당신은 무엇을 하려고 하는가에 대해 그들에게 말하라. 자녀가 당신에게 사건에 개입하지 말라고 애원하면, 그의 말을 끝까지 들어주고 나서 행동하지 않을 때 발생할 수 있는 결과에 대한 우려와 당신과 자녀가 취할 수 있는 행동을 공유하라. 괴롭힘에 관한 한, 아무것도 하지 않는 것은 선택지가 될 수 없다.

유아기의 아이들은 어른이 괴롭힘을 멈출 수 있고, 또 멈출 것이라 믿기 때문에 어른에게 말할 가능성이 더 높다. 반면 십대 청소년들은 다르다. 그들은 어른들이 아무것도 하지 못하거나 한다 해도 사태를 더 악화시킬 뿐이라고 믿고 있을 뿐만 아니라, 어른의 개입이 없는 자신만의 해결 방식을 찾으려 한다. 그러나 고등학교에서 일어나는 괴롭힘의 사례를 보면, 대개의 경우 관련된 모든 당사자에게 훨씬 더 끔찍한 결과가 나타나는 것을 알 수 있으며, 어른들의 적절한 개입이 심각한 괴롭힘을 막는 데 필요하다는 것을 알 수 있다. 다음 제9장에서는 당신과 자녀가 학교와 지역사회에서 괴롭힘을 '인식, 거부, 보고'하기 위해 어떻게 효과적으로 협력하고, 반응할 수 있는지에 대해 살펴볼 것이다.

서약

콜로라도 리틀턴 소재 컬럼바인 고등학교에서 총기난사 사건이 발생하고 며칠이 지난 후 테네시 내슈빌의 학생들이 웹사이트(www.iwillpledge.nashville.com)를 만들었다. 그들은 웹사이트에 전 세계의 학생들을 초대하여 다음의 서약에 서명하도록 했다.

지역사회와 학교의 일원으로서, 나는

- 문제를 해결하는 데 동참할 것을 선서한다.
- 내 모든 행동에서 타인을 향한 조롱이 사라지도록 한다.
- 다른 사람들도 나와 같이 행동하도록 격려한다.
- 서로를 더 배려하면서 우리의 지역사회가 더 안전한 곳이 되도록 노력한다.
- 나 자신이 본보기가 되어 타인을 보살핀다.
- 내가 하는 모든 말에서 타인에 대한 비속한 말이 사라지도록 한다.

- 말이나 행동으로 타인에게 상처를 주지 않는다.
- ……그리고 만약 다른 사람들이 문제를 해결하는 데 동참하지 않으려 한다면, 내가 한다.

이 아이들은 리더십을 발휘했고 자신들이 분명한 입장을 취한다면 다른 아이들도 따르게 될 것이라는 사실을 알았다. 또한 그들은 아무도 자신들의 취지를 따르지 않더라도, 자신들이 옳다고 생각하는 것을 할 것이라는 사실을 인식했다.

> 비겁함은 이렇게 묻습니다. "안전할까?"
> 안이함은 이렇게 묻습니다. "손쉬울까?"
> 허영심은 이렇게 묻습니다. "인기를 얻을까?"
> 그러나 양심은 이렇게 묻습니다. "올바른가?"
> 그리고 어느 누구에게나 한 번쯤은 안전하지도 않고 손쉽지도 않으며 인기를 얻을 수도 없지만, 단지 옳다는 이유만으로 어떤 결정을 내려야 하는 순간이 찾아오게 됩니다.
>
> ㅡ마틴 루터 킹 주니어(Martin Luther King Jr.)

제9장

돌봐주는 학교, 참여하는 지역사회

학교에서의 가해자와 피해자 문제는 우리의 기본적인 가치와 원칙 중 몇 가지와 직결되어 있다. 오랫동안 나는 아이가 학교에서 안전함을 느끼고, 괴롭힘으로 인한 억압과 그 안에 함축된 반복적이고 고의적인 경멸을 받지 않는 것이 근본적인 민주적 권리라고 주장했다. 어떤 학생도 괴롭힘이나 조롱을 당할지 모른다는 두려움을 안고 학교에 가서는 안 되며, 어떤 부모도 자녀에게 일어나는 문제에 대해 걱정할 필요가 없어야 한다.

—댄 올베우스(Dan Olweus)* 박사,『학교 괴롭힘의 본질: 국제적 전망(The Nature of School Bullying: A Cross-National Perspective)』

대부분의 괴롭힘 사건이 학교에서 발생하기 때문에, 부모로서 당신은 자녀가 다니는 학교에서 학생들의 안전을 위해 어떤 노력을 기울이는지를 알고 싶을 것이다. 괴롭힘에 관한 한 세계 최고의 권위자인 댄 올베우스 박사는 노르웨이 베르겐에서 대단히 성공적인 괴롭힘 개입 프로그램을 개발했는데, 이 프로그램을 채택한 학교에서는 괴롭힘을 상당 수준 줄일 수 있었다. 올베우스의 프로그램은 네 가지의 핵심원칙에 따라 개발된 것으로, 다음과 같이 네 가지의 특성을 갖춘 학교(가능하다면 가정) 환경을 조성하고자 한다.

* '괴롭힘(bullying)'이란 용어를 처음 사용한 노르웨이 학자.

- 어른이 따뜻한 태도를 보여주며 적극적인 관심을 갖고 아이들의 일에 관여한다.
- 받아들여질 수 없는 행동에 대해서는 확고한 제한을 둔다.
- 제한과 규칙을 위반할 경우에는 비적대적이고 비신체적인 제재(처벌과 반대되는 의미로서의 징계)를 지속적으로 적용한다.
- 가정과 학교에서 어른이 하는 행동은 권위 있는(권위적이 아니라) 어른과 아이 간의 상호작용 또는 자녀 양육의 모델을 만들어낸다.(벽돌담형에 반대되는 의미로서의 척추형이다.)

이 네 가지 원칙은 개인, 학급, 학교 등 다양한 차원에서 적용할 수 있다. 켄 릭비(Ken Rigby)는 「괴롭힘이 건강에 미치는 영향과 학교에서의 예방책(Health Consequences of Bullying and Its Prevention in Schools)」이라는 논문에서 효과적이고 좋은 평가를 받는 괴롭힘 방지 정책에 공통적으로 나타나는 일곱 가지 요소들을 다음과 같이 정리했다.

- 학교가 긍정적인 또래 관계 조성을 위한, 특히 학교의 모든 구성원에게서 발생하는 모든 형태의 괴롭힘과 학대에 반대한다는 의지가 담긴 강력하고 적극적인 정책을 천명한다.
- 구체적인 예시를 들어 괴롭힘이나 또래에 의한 따돌림이 무엇인가에 대해 간결한 정의를 내린다.
- 학교에서 타인에 의한 괴롭힘을 없애기 위해 개인과 집단(학생, 교사, 직원, 부모)의 권리를 선언한다.
- 또래 피해자를 목격한 사람들의 책임에 대해 문서화한다.

- 학생이나 학부모가 괴롭힘에 대해 학교 관계자에게 말할 수 있도록 격려한다.
- 학교가 어떻게 가해자와 피해자 문제를 처리하는가에 대해 전반적인 설명을 한다.
- 가까운 미래에 괴롭힘 방지 정책을 평가할 계획을 세운다.

당신은 자녀가 다니는 학교에 괴롭힘 방지 정책이 기술된 문서의 복사본을 요구해야 한다. 그리고 효과적인 정책이 되는 데 필요한 이상의 네 가지 원칙과 일곱 가지 요소를 포함하고 있는가를 확인해야 한다. 궁극적으로 당신은 자녀의 학교가 명확하게 규정되고, 지속적으로 시행되고, 광범위하게 전파된 강력한 괴롭힘 방지 정책을 세워두었는지 알고 있어야 한다. 그 정책과 더불어 당신은 학교가 이러한 정책을 뒷받침해주는 절차와 프로그램을 갖추고 있는지, 또 학생들에게 안전하고 그들을 잘 돌봐주는 환경을 조성하고 있는지를 확인해야 한다. 물론 학교가 그러한 정책을 가지고 있는 것과 그것을 확실하게 실행하는 것은 별개의 문제이다. 그 정책이 학교 벽에 내걸린 현수막으로 전락하거나 학생 안내책자의 머리말 부분에 들어가는 인사말에 그쳐서는 안 된다. 이러한 정책과 절차와 프로그램이 지향하는 목표는 바로 새로운 학교의 문화와 사회적 환경을 만들어내는 것이다.

이상의 세 가지, 즉 정책, 절차, 프로그램을 아우르는 프로젝트가 하나 있는데, 바로 어린이 위원회가 개발해서 좋은 평가를 받고 있는 〈존중을 받기 위한 단계〉이다. 〈존중을 받기 위한 단계〉는 댄 올베우스 박사의 모델을 기초로 했으며, 미국과 캐나다의 초등학교에서 이용되고 있다. 이 프로젝트는 괴롭힘을 줄이는 것뿐 아니라 학생들이 상호협력적인 관계를 개발하는 데 도움을 주기 위해 설계된 예방 프로그램이다. 이 프로젝트는 괴롭힘을 인식하고, 괴롭힘을 거부하기 위해 단호한 행동을 하고, 어른에게 괴롭힘을 보고하는 것 등 괴롭힘에 대응하는 기술을 가르친다. 이것은 방관자의 중요한 역할을 다루며, 괴롭힘을 없애는 일에서 모든 학교 구성원들의 책임감이 얼마나 중요한가를 강조하는 몇 안 되는 프로그램 중 하나이다. 또한 이 프로젝트는 괴롭힘의 대상에게 공감하는 방법과 아이들이 괴롭힘을 목격했을 때 취할 수 있는 구체적인 대응 방법을 가르치며, 어른의 중요한 역할을 강조한다. 즉, "괴롭힘은 학교의 아이들 간의, 직장의 어른들 간의, 그리고 가족 간의 관계에 매우 부정적인 요인으로 작용할 수 있다. 학교 환경은 교사로 하여금 아이들에게 괴롭힘은 잘못된 것이고, 다른 사람에게 영향을 줄 수 있는 더 긍정적인 방법이 있다는 사실을 가르칠 수 있도록 한다. 교실에서의 수업과 운동장에서의 실천을 통해 어른은 서로를 보살펴주는 행동과 존중하는 행동, 책임감 있는 시민의식의 힘을 보여줄 수 있다." 〈존중을 받기 위한 단계〉는 최적의 개입을 위해 학교 차원에서 할 수 있는 다음의 전략들을 추천하는데, 이 예방 전략들은 올베우스 박사 및 그 밖의 학계의 권위자들로부터 과학적인 지원을 받아 만들어진 것들이다.

1. **학교에서 발생하는 괴롭힘에 대한 정보는 학생들로부터 직접 수집한다.** 이를 위해서는 세 가지 활동이 수반되어야 한다. 첫째, 학생, 교사, 학부모에게 괴롭힘의 정의 및 그것의 유형(언어적 · 신체적 · 관계적)과 학생이 할 수 있는 역할을 숙지시켜야 한다. 둘째, 학생, 교사, 학부모를 대상으로 학교 안에서 이루어지는 또래 관계의 성격과 질적인 측면에 대해 익명으로 조사해야 한다. 만약 학생들이 부모나 교사가 생각하고 있는 것

보다 더 많은 괴롭힘 사건을 보고하더라도 놀라지 말아야 한다. 셋째, 아이들에게 그들이 안전감을 느끼기 위해 어른이 해줄 수 있는 것이 무엇인지를 물어야 한다.

2. **학교와 학급에서 괴롭힘에 대한 규칙을 명확하게 규정한다.** 아이들은 규칙이 무엇이고 그 규칙이 어떻게 효력을 발휘하는가에 대해 알 필요가 있다. 건설적인 결과를 가져오기 위해서는 괴롭힘 참여자들에게 '3R'(보상, 해결, 화해)의 검토를 요구하는 것이 중요하다. 만약 개입이 통하지 않고 가해자가 행동을 바꾸지 않는다면, 다른 행동 계획을 세울 필요가 있다. 이 계획은 가해자를 학급이나 학교에서 내보내는 것일 수도 있고 대안학교나 정신보건기관, 경찰에서 시행하는 프로그램에 참석하게 하는 것일 수도 있다. 규칙의 제정과 더불어 학교는 괴롭힘을 규정하고, 예방하고, 저지하는 프로그램을 통해 괴롭힘에 반대하는 강력한 사회적 규범을 만들어야 한다.
3. **학교의 교사들이 괴롭힘에 민감하고 지속적으로 반응하도록 훈련시킨다.** 괴롭힘을 당하는 아이들은 자신들이 도움과 보호를 받을 수 있는지, 또 어른들이 모든 학생의 안전을 위해 책임을 다할 것인지를 궁금해한다. 교사들은 관용과 다양성을 존중하는 태도와 더불어 타인을 긍정하고 존중하며, 서로를 돕는 행동의 모델을 가르쳐야 한다. 교사들이 "애들이 다 그렇지" "그 애가 잘못해서 화를 자초했어" 또는 "그 애들은 그저 놀렸을 뿐이야"라고 변명하면서 수수방관하는 일은 더 이상 있어선 안 된다.
4. **학교 전체가 적절한 수준의 감독을 받도록 한다. 특히 운동장이나 식당처럼 관리가 느슨한 곳의 감독을 강화한다.** 학생들은 통학 버스만이 아

니라 학교의 모든 구역에서 어른들의 든든한 감독을 원한다. 학교를 안전하게 만들기 위한 가장 효과적인 전략 중 하나는 책임감 있는 어른이 현장에서 자리를 지키고 있는 것이다.

5. **괴롭힘 예방 프로그램에 대한 학부모들의 인식을 향상시키고 그들의 참여를 유도한다.** 부모로서 당신은 타인을 긍정하고 존중하며, 서로를 돕는 행동의 모델이 될 수 있다. 예를 들면 자녀가 강력한 자의식을 개발하도록 돕고, 어떻게 친구를 사귀고 집단의 일원이 되는지를 가르치는 것이다. 당신은 자녀에게 상대를 긍정하고 존중하면서 타인과 관계를 맺고, 불의에 단호하게 맞서 큰소리로 말할 수 있는 방법을 가르칠 수 있다.

   당신은 자발적으로 학교에서 학생들을 돌보는 일을 할 수 있고, 교사와 함께 정책이 확실하게 시행되도록 할 수도 있으며, 자녀의 지지자로서 봉사할 수도 있다.

   당신은 교육위원회나 학교 이사회를 설득하여 감독을 위한 추가적인 직원들의 선발과 지원 서비스, 주 정부와 지방 정부가 시행하는 강력한 정책과 규칙 및 그것의 결과를 뒷받침해주는 프로그램들에 필요한 충분한 재정을 확보할 수 있다. 미국과 캐나다에서의 막대한 예산감축은 학생들의 안전을 잠식했다. 위원회는 교사가 수행해왔던 감독기능을 삭제했다. 감시요원은 거의 사라져버려서 기껏해야 식당 감시요원이 약간 남은 정도이고, 보조교사와 생활지도 카운슬러의 수도 줄어들었다. 이들 모두가 학생들의 안전과 안녕을 결정하는 요인들임에도 말이다.

   당신의 자녀가 가해자이거나 피해자일 경우 학교와 어떤 수단 – 전화, 편지, 메모 – 을 통해 의견을 나눌 것인지를 생각하고 만일 괴롭힘 사건과 관련해 학교 관계자가 미처 생각하지 못한 상황을 우려하고 있을 경우 당신이 어떤 절차를 취할 수 있는지도 알아봐야 한다.

아이들은 자신들의 힘만으로는 괴롭힘을 멈출 수 없다. 그들은 가정에서, 학교에서, 지역사회의 프로그램에서 시간과 장소를 불문하고 폭력의 악순환을 끊기 위해 헌신하고 있는 어른들의 도움이 필요하다.

이 책의 집필을 위한 조사과정 동안, 나는 미국과 캐나다 어느 쪽에서도 중 · 고등학교에서 적용할 만한 종합적인 프로그램을 찾을 수 없었다. 다음에서는 십대 폭력을 예방하기 위해 시행되어 효과를 증명한 두 개의 프로그램을 소개하고자 한다.

1. 캐나다 브리티시컬럼비아 밴쿠버의 아니타 로버츠(Anita Roberts)가 개발한 〈안전한 십대: 삶의 기술과 폭력 예방 프로그램(Safe Teen: A Life-Skills and Violence Prevention Program)〉(www.safeteen.ca)은 다음과 같은 주제와 능력에 관한 깊이 있는 관점을 제공한다.

- 어떻게 내적 의지를 갖고 건강한 관계를 형성할 것인가?
- 경계를 설정하고 존중하는 것의 중요성.
- 괴롭힘과 성희롱을 어떻게 다룰 것인가?
- 인종차별, 성차별, 동성애혐오증의 원인을 이해하고 차이를 포용하는 것의 중요성.
- 개인의 안전, 약물, 술에 관련하여 어떻게 하면 현명한 선택을 내릴 수 있는가?

또한 로버츠는 십대와 부모 모두에게 유익한 저서 『안전한 십대: 폭력에 대한 강력한 대안(Safe Teen: Powerful Alternatives to Violence)』을 통해 또래 압력에 대처하고, 폭력을 줄이며, 강한 자아를 개발하는 방법에 대해서도 알려주었다.

2. 미국 뉴멕시코 라 루즈(La Luz) 소재 정서기술개발연구원(Institute for Affective Skills Development)의 콘스턴스 뎀브로프스키(Constance Dembrowsky)가 개발한 〈개인적 · 사회적 책임과 분노관리 프로그램(Personal and Social Responsibility and Mastering Anger)〉(www.iasd.com)은 중 · 고등학생을 위한 두 개의 커리큘럼 시리즈로 구성되어 있다. 이 프로그램에서는 다음과 같은 내용을 다룬다.

- 자기 절제 능력을 발달시킨다.
- 행동하기 전에 먼저 결과를 생각하게 한다.
- 학생의 행동이 타인에게 미치는 영향을 인식하게 한다.
- 학생으로 하여금 자신과 타인의 위엄과 존엄을 유지하기 위해 무엇이 필요한지를 생각하게 한다.
- 분노에 굴복하지 않고 그것을 관리할 수 있게 한다.
- 평화롭게 갈등을 해결하게 한다.

이상의 두 과정은 순차적으로 가르칠 수도 있고, 하나만 가르쳐도 된다. 두 개의 과정 모두 부모를 훈련시키는 부가 과정에 필요한 자료를 포함하고 있다.

부모로서 당신은 창의적이고, 건설적이며, 책임감 있는 활동을 지지하고, 괴롭힘을 포함한 모든 유형의 폭력을 줄이는 데 기여하는 학교풍토를 조성할 수 있는 다양한 프로그램에 대한 연구에 관여하고 싶을 것이다.

괴롭힘은 모든 학교에서 일어난다. 당신은 자녀의 학교가 적극적인 사전 예방 정책을 시행하고, 괴롭힘의 세 가지 유형(신체적 · 언어적 · 관계적 괴롭힘)에 대해 신속하고, 확고하며, 지속적으로 대처하는 것을 확인해야 한다.

교사들은 모든 괴롭힘 사건을 다루는 데 경계를 늦추지 말아야 한다. 당신 자녀의 학교에 괴롭힘 방지 정책은 있는데, 이 정책을 뒷받침할 절차와 프로그램이 없다면, 당신은 교사가 괴롭힘을 당사자들만의 문제로 간주하여 진퇴양난에 빠졌던 호스(Hoss) 사건과 같은 상황에 처하게 될 것이다.

걸음마 시절부터 가족에게 '호스'라는 별명으로 불린 5세 하워드(Howard)는 운동장에서 남자 또래들로부터 무자비한 조롱을 당했다. 그의 담임교사는 하워드의 엄마를 불러 아이들이 "호스는 송아지라네(Hossy Bossy)!"라고 놀리지 못하게 하기 위해서는 하워드라는 본래 이름을 사용해야 한다고 권유했다. 아들의 호칭을 바꾼다고 조롱을 멈출 수 있을 리 없다고 생각한 하워드의 엄마는 이렇게 쏘아붙였다. "그렇게 하는 게 무슨 소용이 있을까요? 그러면 그 애들은 '겁쟁이 하워드(Coward Howard)'라고 부를 게 뻔하잖아요?" 만일 가해자들을 직접 상대한다면 더 나은 해결책을 찾을지도 모른다. 하지만 그런 경우는 흔치 않다. 사람들은 대개 괴롭힘이 벌어지는 상황에서는 피해자 개인의 문제만 해결하면 그만이라고 생각할 때가 많기 때문이다. 괴롭힘을 당하는 아이는 동급생들이나 어른들의 공감을 끌어내지 못하는 경우가 많다. 따라서 당신이 괴롭힘을 근절하기 위해서는 근본적인 원인인 가해자에 대한 대책을 세워야 한다고 지속적으로 주장해야 한다. 괴롭힘을 당한 당신의 자녀가 또래와 건강한 관계를 맺는 데 악영향을 끼치는 행동에 매진하여 당신이 도와줘야 할 때가 올지도 모르지만, 괴롭힘을 당해도 싼 사람은 이 세상 어디에도 없다. 교사가 제안한 해결책이 미덥지 못하거나 교사의 미온적인 반응이 걱정스럽다면, 당신은 소피(Sophie)의 엄마처럼 교장에게 직접 찾아갈 수도 있다.

청각장애가 있는 12세 소피의 동급생들은 교사가 없을 때만 골라 그녀를 조롱하고는 했다. 조롱을 더 이상 참을 수 없게 되었을 때 소피는 엄마에게 모든 사실을 털어놓았다. 엄마와 소피는 교사와 면담했다. 소피의 엄마는 딸이 교사에게 사건에 대해 말하는 것을 거들어주기 위해 그 자리에 함께 앉아 있었다. 동정을 표한 교사는 어깨를 으쓱하면서 이렇게 말했다. "이 나이 또래 여자아이들이 다 그렇죠." 여기에 더해 교사는 학교에서 소피가 했던 행동들을 쭉 나열한 뒤 자신이 보기에는 소피의 그런 행동들이 아이들로 하여금 그녀를 욕하게 만들었으며, 소피가 그렇게 겁쟁이처럼 굴지만 않았어도 이 정도로 놀림을 받지는 않았을 거라고 이야기했다. 다행히 소피의 엄마는 한 번의 면담으로 끝내지 않았다. 그녀는 교사에게 괴롭힘이 예삿일이 아니며, 소피나 다른 아이들이 그런 경멸을 당한다면 용서하지 말아야 한다고 말했다. 다음 단계는 이 교사와 교장과의 면담이었다. 교장은 소피 엄마의 말에 동의하고, 신속하게 가해자와 가담자를 처리하면서 소피를 도와주었다. 또한 교사에게는 '효과적으로 괴롭힘 다루기(Dealing Effectively with Bullying)'라는 주제의 워크숍에 참석하도록 조치했다.

유념하라: 무관용은 무사고와 동일하다

미국 50개 주와 캐나다 대부분의 주(3개 준주 포함)는 무기 소지와 마약 복용뿐 아니라 괴롭힘과 모든 유형의 폭력에 대해 무관용 정책을 시행하고 있다. 이런 정책의 의도는 칭찬할 만하지만, 수많은 교육구에서 단 하나의 절차, 즉 천편일률적인 정학이나 출교 조치만으로 괴롭힘에 대응하는 방식은 융통성 없고, 지나치게 강경하며, 상식이 결여된 것이라고 생각된다. 이것은 행정가의 재량권을 빼앗아 '전부 아니면 전무'라는 방식으로 사건에 접근하게 만들고 무모하고 가혹한 형태로 문제를 해결하게 만든다. 오히려 이는 보복을 불러들이는 대응법이며 학교가 불공평과 불공정 시비에 얼룩진 소송에 휘말리게 만드는 요인이 된다. 다음에서는 실효성이 떨어지는 몇 가지의 무관용 정책을 소개해보고자 한다.

- 1학년생이 튀긴 닭고기 조각을 친구에게 총처럼 겨눴다는 이유로 3일간 정학 처분을 받았다.
- 8세 학생 2명이 수업 중 종이로 만든 총을 휘두른 것 때문에 '테러리스트 위협'을 한 혐의로 체포된 후 기소되었다.
- 13세 남학생이 자신이 안 좋게 생각하는 아이들 목록을 적은 것 때문에 출교 조치를 당했다. 그는 원래 이 목록을 쓰레기통에 버렸는데, 그의 동급생이 이것을 발견하고 교사에게 보여준 것이다.
- 11세 아이가 플라스틱 칼을 소지한 혐의로 체포되었다. 이것은 도시락에 있는 닭고기를 자르기 위해 가져온 것이었다.
- 10세 여학생이 도시락 가방에서 찾은 작은 칼을 자발적으로 반납했지

만, '치명적인 무기 소지' 혐의로 학교에서 출교 조치를 당했다. 그 여학생은 자기 도시락 대신 엄마 도시락을 가져왔는데, 작은 칼은 사과를 자르기 위한 것이었다. 교사는 옳은 행동을 한 여학생에게 고맙다고 말했지만 교장은 '법에는 재량의 여지가 없다'라는 이유로 즉각 그 여학생에게 정학 처분을 내렸다.

- 6세 남학생이 '성희롱' 혐의로 고소당했다. 통학 버스 기사에게 잠시만 기다려달라고 말하기 위해 집 욕조에서 뛰쳐나온 일 때문이었다.
- 16세 남학생이 자신을 조롱하고 신체적으로 괴롭힌 학생들에게 복수하고 싶다는 생각을 적어 영어 과제로 제출하고 출교 조치를 받았다.

2001년 3월 미국변호사협회는 학교가 직면한 모든 문제를 하나의 정책으로 해결하기 위해 불운한 학생들을 범죄자로 몰고 가는 무관용 정책에 반대한다는 성명서를 발표했다.

괴롭힘에 대해 무관용으로 대응하는 괴롭힘 방지 정책은 분명 좋은 것이다. 자녀가 학교에서 괴롭힘을 당하길 원하는 부모는 없다. 하지만 여기에는 이러한 정책을 지원하는 절차, 즉 행정가들에게 공정하고, 상식적이며, 건전하게 재량권을 발휘할 수 있는 기회를 제공하는 절차가 필요하다. 모든 괴롭힘은 어느 정도 제재를 받아야 한다. 그러나 이것은 모든 잘못에 대해 최대한의 제재를 하라는 뜻이 아니다.

캘리포니아 샌 마르코스 고등학교에서 한 학생이 유인물의 뒷면에 자신을 괴롭힌 가해자의 목록을 적었다. 목록에 있는 학생의 부모 중 몇 명이 교장에게 적절한 조치를 취하라고 요구했다. 프란스 바이츠(Frans Weits) 교장은 그들의 요구를 받아들였지만, 그들이 원하는 방식대로 하지는 않았다. 교장은 조사를 지시했다. 목록에 이름이 적힌 학생들은 급우에게 무슨 행동을 했는가에 대해 조사를 받았다. 그런 다음 교장은 사건에 관련된 모든 사람, 즉 가해자와 그의 부하, 적극적이었던 지지자와 무심했던 방관자, 끝으로 목록을 작성한 피해 학생에게 책임을 물었다. 지역신문에서는 교장의 말을 다음과 같이 옮겼다. "인근 교육구에서 일어난 사건을 고려하여, 우리 학교는 괴롭힘에 대한 무관용 정책을 시행한다. 교직원, 학생, 부모를 포함한 모든 사람은 학생이 언어 희롱에서부터 신체 공격에 이르기까지 자신의 모든 행동에 책임을 진다는 사실을 알게 될 것이다."(≪샌디에고 트리뷴(San Diego Tribune)≫, 2001년 4월 14일 자) 샌 마르코스 고등학교는 모든 학생을 위한 안전한 학교 공동체를 만들기 위해 필요한 정책과 절차를 마련했고, 무엇보다 이를 집행할 헌신적인 행정가를 두었다. 해당 교육구의 무관용 정책에도 행정가가 공정하고 상식적이며 건전한 재량권을 발휘하고 판단할 수 있도록 하는 절차가 덧붙여졌다. 각각의 학생들은 자신의 행동에 책임을 졌고, 댄 올베우스가 주장했던 '비적대적이고 비신체적인 제재'의 원칙에 따라 징계를 받았다.

참고로 지역신문에서 바이츠 교장이 언급했던 인근 교육구란 캘리포니아 샌티를 말하는데, 수주 전 이곳에서 한 남학생이 자신의 울음소리를 듣지 못하고, 자신의 고통을 무시하며, 자신에 대한 박해를 줄여주지도 없애주지도 않는 지역사회에 대한 보복으로 동급생 2명을 살해하고 어른을 포함해 13명이 넘는 사람들에게 부상을 입혔다. 캐나다와 미국의 다른 지역에서도 많은 아이들이 가해자로 인한 고통과 고문에서 벗어날 길이 없고, 의지할 사람도 없으며, 자신의 비참한 처지를 어딘가에 호소할 수도 없다고 생각하여 자살을 선택한다. 닐 마르와 팀 필드는 저서 『괴롭힘에 의한 자살』에서 다음과 같은 비판을 통해 바이츠 교장이 했던 일을 하지 못한 이들을 비난한다. "각각의 괴롭힘으로 인한 자살은, 책임이 있는 어른들이 신체적 · 정신적 폭력을 보고하고, 이에 개입하며 대처할 수 있는 메커니즘을 아이들에게 제공하는 데 실패한 환경에서 한 아이가 누군가의 고의적인 행동으로 인해 죽음을 맞이했다는 납득하기 어려운 현실이다. '우리는 몰랐다'라거나 '우리는 이해할 수 없었다'라는 변명은 더 이상 통하지 않는다."

학교풍토와 문화

괴롭힘을 방지하기 위한 정책 및 절차와 함께 당신의 자녀의 학교가 실제로 학교의 풍토와 문화를 바꾸는 데 도움이 되는 프로그램을 갖추고 있는가를 검토할 필요가 있다.

미연방교육부 민권국 차관보인 아서 콜먼(Arthur Coleman)이 말한 대로 대부분의 교사들은 옳은 일을 할 마음을 먹고 있고, 상처를 주는 행동을 멈추길 원한다. 콜먼은 『희롱과 증오 범죄에서 학생을 보호하는 안내서(Protecting Students from Harassment and Hate Crime)』(www.ed.gov/pubs/Harassment)를 만든 팀의 일원이었다. 이 안내서는 학교가 괴롭힘을 금지하는 성문화된 정책을 개발하거나 공식적인 불만 처리 정책을 수립하는 등의 복합적인 접근방식을 취해야 한다고 강조한다. 이 안내서의 저자들은 1999년 가을, 감독과 교육과정 개발을 위한 협회(Association for Supervision and Curriculum Development: ASCD)의 교육과정 갱신과 관련한 인터뷰에서 "우리는 교사들이 사건이 발생한 후에 후회하지 않도록 사건이 발생하기 전에 능동적이고 전략적인 방법을 모색하도록 돕길 원한다"라고 말했다. 또한 그들은 "성문화된 괴롭힘 방지 정책과 불만 처리 절차는 희롱을 막거나 예방하지 못할 것이다"라고 지적했다. 캘리포니아 주립대학 교육학과 테런스 딜(Terrence Deal) 교수와 어빙 R. 멜보(Irving R. Melbo) 교수도 그들의 말에 동의했다. "정책과 절차, 그리고 규칙과 규정은 종종 가치의 대체재 역할을 한다. 그것들은 사람들의 가슴과 머릿속이 아니라 벽에 장식품으로 걸려 있다. 학교가 필요로 하는 것은 '모두와 함께한다'라는 느낌을 공유하는 것이다."

스티브 세스킨과 앨런 섐블린이 작사하고 피터(Peter), 폴(Paul), 메리(Mary)가 불러 유명해진 노래 「날 비웃지 마」는 오퍼레이션 리스펙트(Operation Respect)(www.dontlaugh.org) 프로젝트를 위한 주제가이다. 설립자 겸 감독인 피터 애로(Peter Yarrow)는 이 프로그램을 개발하여 '학생들이 서로를 존중하는 안전하면서도 배려가 넘치는 풍토'를 만들고자 하는 학교라면 어디서든 무상으로 이용할 수 있도록 한다. 이 프로그램을 소개하는 정보란에서 애로는 '모두와 함께한다'라는 느낌을 공유하는 것의 필요성을 반복하여 강조한다. "사건이 발생한 뒤에야 아이들의 행동을 교정하지 말자. 아이들의 기분 좋고 개방적이고 말랑말랑한 진흙이 단단하게 될 때까지 기다리지 말자. 동일한 열정으로 모든 아이들의 욕구를 다루면서 자신 혹은 타인을 곤란하게 하거나 잠재적으로 위협을 끼칠 아이들에게만 초점을 맞추지 말자. 아이들이 전인적이고, 약자를 돌볼 줄 알고, 자신감 있는 다음 세대의 생산적인 시민으로 성장하도록 우리가 적극적으로 협력하자."

로저(Roger)와 데이비드 존슨(David Johnson)은 저서 『평화주의자(Peacemakers)』에서 아이들의 성적 향상뿐 아니라 사회적·정서적 개발에도 중점을 두는 교육의 중요성에 대해 언급했다. "학교는 수학, 읽기, 사회, 과학을 가르치고 있지만, 아마도 학생이 배워야 할 가장 중요한 것은 어떻게 효과적이면서도 평화롭게 상호작용을 할 것인가이다." 당신의 자녀가 가해자이든 피해자이든 또는 잠재적 방관자이든 간에 당신이 학교 공동체에 적극 참여하게 되면, 가정과 학교와 지역사회에서는 '모두와 함께한다'라는 의식을 공유하게 되고, 모든 아이들의 욕구가 '동일한 열정'으로 다루어지며, 당신의 자녀와 급우들은 '효과적이고 평화롭게 상호작용'하는 법을 배우게 된다. 당신은 교실에서의 봉사활동이나 학교 개방지의 감독을 돕는 일에서부터 학부모와 교사, 학생이 연합한 단체의 활동에 참여하거나 동아리 활동을 돕는 일에 이르기까지 다양한 형태로 참여할 수 있다. 다시 한 번 강조하지만 괴롭힘을 효과적으로 다루는 핵심은 '주의를 기울여라, 관여하라, 그리고 절대 외면하지 말라'이다.

학교의 계획적인 개입은 괴롭힘은 물론이고 그것이 아이 개인과 학교 공동체와 전체 지역사회에 연속적으로 미치는 부정적 충격을 크게 줄일 수 있다. 연구에 따르면, 만일 교사와 학생과 학부모가 협력하여 아이들에게 자신들이 가치 있고, 인간으로서의 능력을 갖추었으며, 타인에게 봉사할 수 있고, 비폭력적인 방법으로 갈등을 해결할 수 있다는 믿음을 심어주고, 단결 — 집단의 구성원들이 갖고 있는 서로를 향한, 집단을 향한, 공동의 목표를 향한 헌신과 열정의 정신 — 할 수 있는 풍토를 만든다면 괴롭힘을 줄일 수 있다고 한다. 그러나 중 · 고등학교에는 이러한 단결을 가로막는 주된 문화적 장애물이 있다. 바로 패거리(cliques)이다.

패거리

영화 〈조찬클럽(Breakfast Club)〉에서는 경직된 사회 시스템을 가진 고등학교에 다니는 5명의 학생이 그들이 저지른 온갖 '범죄'로 인해 토요일에 등교를 하는 벌을 받게 된다. 그들은 자기 자신을 어떻게 생각하는지에 대해 에세이를 쓰는 과제를 받는다. 그들은 하루 동안 일련의 사건을 겪으면서 자신들의 가면과 위선을 벗어버리고, 서로를 1명의 인간 – 차이점보다는 공통점이 많으며, 상대를 냉대하기보다는 돌봐주려 하는 – 으로 인식하게 된다. 영화의 끝부분에서는 이들 중 1명이 모두를 대표해 마지막 에세이를 써서 교감에게 제출하는데, 이 글을 통해 그는 이제까지 자신이 맹목적으로 따랐던 학교의 인위적이고 경직된 사회 시스템을 비난한다.

친애하는 버논 선생님께

우리는 우리의 잘못으로 토요일 종일 벌을 받게 된 사실을 인정합니다. 분명히 우리의 행동은 잘못되었습니다. 하지만 스스로를 어떻게 생각하는지에 대해 에세이를 쓰게 한 것은 터무니없는 처사라고 생각합니다. 정말로 우리에게 관심이 있기는 한가요? 선생님은 자신이 보고 싶은 대로만 우리를 봤습니다. 우리를 단순한 낱말로 편리하게 규정하셨죠. 선생님은 우리를 천재, 운동선수, 괴짜, 공주병 환자, 범죄자로 보지 않았나요? 오늘 아침 7시에 여기에 모일 때까지만 해도 우리 역시 서로를 그렇게 봤죠. 단단히 세뇌가 된 상태였으니까요. 오늘 깨달았습니다. 선생님이 우리를 그렇게 보는 한, 우리는 언제까지고 천재, 운동선수, 괴짜, 공주병 환자, 범죄자라는 사실을요. 선생님의 질문에 답변이 되었습니까?

— 조찬클럽 일동

엘리엇 애런슨(Elliot Aronson)은 그의 저서『누구도 증오의 대상이 되지 않아야 한다: 컬럼바인 사건 이후 연민을 가르치기(Nobody Left to Hate: Teaching Compassion After Columbine)』에서 자신이 폭력의 가장 근본적인 원인 중 하나로 생각하는 중·고등학교의 유해한 분위기에 대해 언급했다.

패거리 안에서 떠도는 배제와 경멸의 분위기가 괴롭힘을 당하는 소수의 학생들을 만들어낸다. 그 학생들의 30~40%는 매우 불행하다. 계급 피라미드의 꼭대기에 있는 아이들이 한 아이를 얼간이라고 부르기 시작하면, 두 번째 층에 있는 아이들은 자신이 힘센 집단의 일원이라는 것을 보여주기 위해 그를 조롱한다. 그다음에 일어나는 일은 당신도 알다시피 모든 아이들이 그 아이를 조롱하는 것이다. 학교의 아이들은 다른 아이가 어느 집단에 소속되어 있는지를 안다. 그래서 그들은 누구를 조롱하고 따돌려도 되는지를 안다.

최근 학교에서 벌어지는 총기난사 사건의 주요인이 타인을 무시하고 괴롭힘을 묵인하는 학교의 분위기와 수많은 학생들을 대상으로 하는 조롱, 따돌림, 언어적인 학대라는 사실은 명백하다. 공감, 관용, 연민의 가치를 무시하는 학교나, 더 나쁘게는 입으로만 이런 가치를 떠들면서 그것들에 대한 인식을 향상시킬 만한 구체적이고 효과적인 행동을 취하지 않는 학교는 '패배자'를 불편하게 할 뿐 아니라 '승리자'조차 부당하게 대하는 분위기를 만든다.

에릭 해리스와 딜런 클레볼드는 유서에서 유명 선수들을 스타처럼 떠받드는 학교의 카스트제도에 대한 그들의 분노를 표현했다. 컬럼바인에서 총기난사 사건이 발생한 후 다른 학생들 역시 패거리 간의 위계, 즉 학생들에 의해 지속되고 학교 관계자들에 의해 용인되는 계급구조에 대해 비슷한 우려를 나타냈다. 에번 램지 역시 알래스카 작은 고등학교의 경직된 사회 시스템 내에서 가장 밑바닥에 있었다는 이유로 수년 간 학대의 대상이 되었다. 알렉산드라 시어도 '지하 사회를 이끄는 어린 보스들'에 대해 기술했다. 다양한 배경을 가진 조찬클럽의 주인공들은 각자가 나름의 재주와 능력과 약점을 가진 인간이라는 사실을 받아들이고 협력하여 프로젝트를 수행했다.(조찬클럽이 수행했던 프로젝트 중 몇 가지는 당신의 마음에 들지 않을지도 모른다는 사실을 인정한다. 그러나 함께 일하고 공유하며 서로의 앞에서 1명의 인간으로 서게 되었을 때, 그들이 처음에 가지고 있었던 편견과 고정관념과 편협함은 산산이 부서졌다.)

다양한 배경과 관심분야를 가진 학생들이 모여 함께 일하고 놀 기회가 많을수록, 그들이 패거리를 형성하여 또래를 배제하고 조롱할 가능성은 낮아진다. 학교 관계자와 다른 어른들, 지역사회의 구성원들이 여러 집단 가운데 하나의 집단만을 편애하지 않는다면, 누군가가 자신의 집단이 아니라는 이유로 그를 괴롭힐 가능성이 적어진다. 중·고등학교의 사회적 카스트제도를 해체하는 것은 어렵겠지만, 우리가 괴롭힘을 막기 위해서는 근본적인 원인(패거리의 엄격한 사회적 시스템을 포함한)을 제거해야 한다. 한쪽에서는 괴롭힘 방지 정책을 수립하면서 다른 한쪽에서는 사회적 계층화와 특권을 조장하는 유해한 사회적 환경을 묵인함으로써 불의, 억압, 굴종, 경멸을 야기한다면, 이는 피라미드의 맨 아래에 있는 아이들의 분노에 조용히 기름을 붓는 것과 같은 행동이다.

피해자의 대응 방법

당신의 딸이 괴롭힘을 당했다는 사실을 이야기했든, 당신 자녀의 가장 친한 친구의 부모가 당신에게 소식을 전했든, 자동차 뒷좌석에서 지저분한 사건을 자세히 기록해둔 노트를 발견했든, 당신은 자녀와 이야기를 나누고 나서 자녀의 담임교사에게 당신의 아이가 학교에서 경험했던 괴롭힘에 대해 이야기하려 할 것이다. 다음은 당신이 취해야 할 다섯 가지 단계이다.

- 당신은 자녀와 학교 관계자와의 삼자 미팅을 준비한다. 자녀의 학교에 괴롭힘 방지 정책과 그에 따른 절차가 있다면, 괴롭힘을 방지하는 임무를 부여받고 효과적으로 개입하기 위한 훈련을 받은 관계자도 있을 것이다. 괴롭힘을 당한 당신의 자녀가 문제의 해결책을 찾는 과정에서 주도적인 역할을 맡는 것 역시 중요하다. 모든 어른들이 적극적으로 참여하려는 아이를 배제한 채 해결책을 찾으려 한다면, 그 아이는 더욱 무기력해질 것이다. 당신의 자녀가 십대라면, 당신의 도움을 받아 최초의 회의를 주도적으로 이끌어갈 수 있다.
- 회의에 괴롭힘에 관한 정보(일시, 장소, 관련 아이들, 사건의 구체적 내용)와 당신의 자녀가 괴롭힘을 막기 위해 했던 행동 및 괴롭힘이 자녀에게 미친 영향을 문서로 정리하여 가져오는 것이 좋다.(사전에 이렇게 문서로 정리해놓으면 당신과 자녀가 감정적으로 변하기 쉬운 회의에서 기억력에 의존할 경우 잊어버릴 수 있는 사실관계를 효과적으로 제시할 수 있다.)
- 당신의 자녀와 학교 관계자와 협력하여 당신의 자녀가 안전하다고 느끼기 위해 당장 필요한 것이 무엇인지, 자녀가 괴롭힘을 피하고 미래의 괴

롭힘에 맞서기 위해 무엇을 해야 하는지, 자녀가 누구에게 도움을 청해야 하는지를 확실하게 정리해야 한다. 이렇게 정리한 계획서에는 어른들이 자녀나 다른 잠재적인 괴롭힘의 대상을 안전하게 지키고 괴롭힘을 예방하기 위해 무엇을 할 것인지도 기재되어 있어야 한다.

- 가해자가 어떤 징계 절차를 밟게 될 것이며, 가해자의 부모는 이때 어떤 식으로 학교에 협조할지를 명확하게 알아야 한다. 이 시점에서 당신은 자녀와 가해자가 만날 가능성(규율에 따른 제재의 세 번째 단계에 해당하는 화해)을 논의할 수 있다. 아무도 이것을 당장 시도하려 하지는 않겠지만, 당신은 가능하다면 모든 징계의 절차 후에 가해자를 치유하는 것이 중요하다는 사실을 학교에 알려야 한다. 학교 관계자와 그 계획을 검토하는 시간을 가져보는 것이 바람직하다.
- 만일 학교가 문제를 적절히 처리하지 못한다는 느낌이 들 경우 당신의 우려를 우선 교사나 학교 관계자에게 알리고, 그래도 미덥지 않다면 교육구 위원회 사무국이나 필요하다면 — 특히 심각한 학대나 인종차별적 내지는 성적인 괴롭힘이 일어날 경우 — 경찰에 찾아가 도움을 요청할 수 있다. 학교는 학생을 보호할 책임이 있고, 만약 책임을 다하지 못할 경우 비난받아야 한다.

변하느냐 변하지 않느냐, 그것이 문제로다

당신의 자녀는 두려움과 괴롭힘이 없는 환경에서 교육받을 권리가 있다. 당신의 자녀가 괴롭힘을 당한다면 당신은 많은 지원을 해줄 필요가 있다. 괴롭힘을 당한 아이는 충격에 빠지고, 신체적 · 정서적으로 상처를 받으며, 또 다시 괴롭힘을 당할지도 모른다는 두려움에 휩싸이고, 극도의 슬픔을 느끼며, 자신을 괴롭힌 아이를 더 이상 믿지 못하게 되기 때문이다. 자녀는 분노를 복수로 갚으려 할지도 모른다. 당신은 자녀의 치유를 위해 연민, 친절, 상냥함, 인내의 분위기를 조성하고, 안전하고 안정된 환경을 제공할 필요가 있다. 이상적인 환경이 조성된 학교에서는 어른들이 괴롭힘을 심각한 사건으로 처리하고, 자녀의 말에 민감하고 효과적으로 대응하며, 가해자로 하여금 화해의 단계를 밟게 하고, 또래들이 자녀를 존중하고 친근하게 대한다.

나는 괴롭힘의 대상이 된 아이가 괴롭힘에서 벗어날 목적으로 학급을 옮기거나 전학을 하는 일에 그리 찬성하지 않는다. 이럴 경우 두 가지 문제가 발생할 수 있다. 첫째, 원래 학교에서의 괴롭힘은 또 다른 아이를 희생양으로 삼아 앞으로도 지속될 것이다. 둘째, 적절한 지원과 개입이 없을 경우 괴롭힘을 당하던 아이는 한층 약화되어 새로운 학교에서조차 괴롭힘을 당할 수 있다. 하지만 적절한 지원과 개입이 이루어진다면, 때에 따라서는 당신의 자녀가 전학하는 것이 최상의 해결책이 될 수도 있다. 제3장에서 언급했던 레이첼은 원래의 학교에서 5년 반 동안 괴롭힘을 당하다가 전학하여 마침내 그곳에서 인간다운 대우를 받았다. 나는 『양육의 가정(The Nurture Assumption)』의 저자 주디스 리치 해리스(Judith Rich Harris)가 한 말에 찬성한다. "내 자녀가 학교 내의 계급에서 최하위에 속해 있고, 더 높은 계급에 속한 아이들이 모두 내 아이를 때린다면, 아이를 전학시킬 것이다. 피해자는 당해도 싸다는 평판만으로도 피해를 입을 수 있는데, 또래집단의 이런 생각을 바꾸는 것은 매우 어려운 일이다. 사실 전학은 그동안 아이가 또래들과 쌓아올린 관계를 없애버린다는 문제점이 있다. 하지만 그 또래와의 관계가 아이의 삶을 비참하게 만들었을 뿐이라면, 그가 잃을 것은 상대적으로 많지 않다."

자녀의 학급이나 학교를 변화시키느냐 그대로 놔두느냐의 결정은 단순하지도 쉽지도 않은 문제이다. 켄 릭비가 제시한 효과적인 괴롭힘 방지를 위한 일곱 가지 요소와 〈존중을 받기 위한 단계〉에서 목록화한 다섯 가지 요소는 당신의 자녀가 성장할 수 있는 학교를 식별하는 데 도움을 줄 수 있다. 이들 요소가 자녀에 대한 당신의 이해와 자녀 자신의 의지와 조합된다면 최상의 선택을 내릴 수 있을 것이다. 괴롭힘으로부터 도망치는 것은 해결책이 아니지만, 상황에 따라서는 자녀를 더 잘 돌봐주는 학급이나 학교로 옮겨가는 것이 최선의 선택이 될 수 있다.

가해자의 가정이 대처하는 방법

학교로부터 자녀가 괴롭힘의 핵심 주역이었거나 심복이었다는 전화를 받게 된다면 슬프고, 화가 나고, 좌절하고, 실망할 것이다. 이럴 경우 당신은 자녀가 어떤 일을 했는지를 들으면서 그것을 정당화하거나 합리화하거나 축소하거나 변명하지 않는 것이 중요하다.("맞은 애가 그럴만한 짓을 했겠죠." "아이들이 다 그런 욕들 하잖아요." "하필 왜 내 아들만 탓해요?" "그저 놀린 것뿐이에요." "애 아빠와 이혼 수속 중에 있어요. 그런 행동을 한 건 그 애의 잘못이 아니에요.") 가장 건설적인 결과를 얻기 위해서는 전국학교심리학자연합회의 테드 파인버그(Ted Feinburg)가 제안하는 다음 일곱 가지 단계를 참고하는 것이 좋다.

- 방어적으로 행동하지 말고, 학교가 우려하는 것을 경청한다.

- 정확하게 무슨 일이 일어났는지를 묻고 감정적으로 반응하지 않는다.
- 학교에서 문제를 해결하기 위해 무엇을 했는가를 묻는다.
- 자녀에게 무슨 일이 생긴 것인지 묻는다.(제6장 '집 안의 가해자' 참조.)
- 문제를 처리하기 위한 회의가 잡힌다면, 당신이 의제를 확실하게 이해하고 있는가를 확인한다. 학교에서 자녀를 대하는 태도에 대한 당신의 우려 사항을 기록한다.
- 당신의 자녀가 집에서 다르게 행동하거나, 자녀에게 효과적인 규율전략이 있다면 학교 관계자에게 말한다.
- 문제를 해결하기 위해 학교와 협력한다. 당신은 학교를 돕기 위해 왔으며, 학교도 당신과 함께 협력할 것이라 믿는다는 점을 분명히 한다.

당신이 자녀를 싸고돌려 하거나 자녀가 괴롭힘의 대상으로 삼았던 아이를 비난한다면, 당신은 자녀의 괴롭힘을 막기 위해 필요한 건설적인 의사소통을 봉쇄하게 될 뿐 아니라, 학교 관계자로부터 적극적인 협력도 이끌어내지 못하게 될 것이다. 그뿐 아니라 그러한 행동은 당신의 자녀에게 괴롭힘을 용인하겠다는 메시지를 보내는 것과 같다. 만약 학교가 규율에 따른 제재 대신 정학 등의 처벌을 하려 한다면, 당신은 가해자인 아들과 그가 괴롭힌 아이의 지지자가 되어 제6장에서 논의한 일곱 가지 단계를 시행하는 계획을 제안할 수 있다. 다시 한 번 제6장에서 언급했던 일곱 가지 단계를 상기해보자.

- 규율에 따라 즉시 개입한다.
- 선한 일을 할 기회를 만든다.
- 공감 능력을 키워준다.

- 적극적이고 공손하면서도 평화로운 방식으로 타인과 관계를 맺을 수 있는 사교 기술을 가르친다.
- 자녀가 즐기는 TV 프로그램과 비디오 게임, 컴퓨터 활동, 음악 등을 늘 주의 깊게 관찰한다.
- 더 건설적이고 재미있으며 정력적인 활동에 참여하게 한다.
- 선한 의지를 갖도록 가르친다.

당신의 자녀는 정학 처분을 받게 될지도 모르지만, 자녀로 하여금 자신의 행동을 바로잡게 하고(보상), 앞으로 같은 일이 재발하지 않도록 하기 위해서는 어떻게 하면 좋을지를 생각해보도록 하며(해결), 자신이 상처를 준 아이를 치유할 계획을 세우도록 하면서(화해) 이 기간을 건설적으로 활용할 수 있다. 교육자로서, 나는 언제나 학부모 — 문제해결에 적극 동참하려 하고, 기꺼이 타인의 말을 경청하며, 하루 5시간을 아이들과 함께 생활하는 우리와 같은 교사의 제안에 개방적인 태도를 갖춘 — 가 제안하는 아이디어를 환영했다.

당신은 자녀가 일곱 가지 단계를 실행할 수 있도록 돕는 방법에 대해 논의할 수도 있고, 자녀와 함께 생활하는 교사들이 어떤 도움을 줄 수 있는지를 설명할 수도 있다. 예를 들어, 당신의 자녀는 2학년에게 책을 읽어주거나 도서관에서 봉사함으로써 선한 일을 할 수 있다.

괴롭힘이 범죄가 될 때

당신의 십대 자녀가 피해자를 괴롭히다가 그에게 치명적인 상해를 입혔거나 그를 죽음에 이르게 했다면, 내 책 『위기상황에서 부모의 역할(Parenting Through Crisis)』의 '실수, 나쁜 장난, 아수라장' 부분을 읽으면 도움이 될 것이다. 나는 그 책에서 그런 사건이 발생한 후 가족과 지역사회가 어떻게 화해적 정의(Reconciliatory justice)를 이용할 수 있는가에 대해 소개했다. 화해적 정의는 명확한 용서의 표현이자 지역사회 안에서의 치료 행위이며, 아마도 폭력의 사슬을 끊을 수 있는 하나의 도구가 될 수 있다. 그것은 폭력을 변명하는 것도 피해자의 위엄과 가치 또는 가해자의 인간성을 부정하는 것도 아니다. 그것은 증오가 지속되지 않도록 하면서 피해자를 공정하게 대하는 것이다. 그것은 보복과 복수에 대한 배려와 연민의 승리이다. 화해적 정의의 궁극적인 핵심은 처벌보다는 인간관계의 유지에 놓여 있다.

이 과정에서 우리는 가해자에게 두 개의 손을 내밀 수 있다. 하나는 제지의 손이고, 다른 하나는 연민의 손이다. 첫 번째 손은 가해자가 자신이나 타인에게 더 이상 해를 주지 않게 한다. 두 번째 손은 가해자에게 연민의 마음을 전하고 성찰의 시간을 허락하며 화해를 유도한다. 우리의 두 손이 뻗어나가면, 그 즉시 균형과 긴장 상태를 불러와 마치 우리가 갈라진 균열을 치유하려 노력할 때처럼 가해자와 피해자가 적극적으로 화해의 과정에 동참하도록 만든다. 우리는 지역사회를 회복시키려 노력한다. 우리가 추구하는 궁극적 목표는 가해자가 책임을 다하고, 기꺼이 보상을 하며, 괴롭힘이 재발하지 않도록 하고, 다시 한 번 지역사회의 적극적인 참여자가 되도록 포용하는 것이다. 우리는 지역사회의 참여자로 그를 맞이할 준비가 되어 있다.

2002년 4월, 캐나다 브리티시컬럼비아 미션에서 14세 돈-마리 웨슬리를 위협하고 학대하여 자살로 몰고 간 일로 유죄판결을 받은 십대 청소년이 돈-마리의 가족과 함께 원주민 치유 모임에 참석하여 자신의 죄에 대한 판결을 받기로 했다. 자살한 아이의 엄마는 가해자와 희생자 가족이 서로 의사소통을 하지 못하도록 하는 전통적인 사법제도에 좌절하여 이런 치유 모임을 제안했다. 치유 모임에서 내리는 모든 판결은 치유와 회복을 위한 행동을 담고 있다. 퍼스트 네이션즈(First Nations)*의 원로이면서 작가이기도 한 오비드 메르크레디(Ovid Mercredi)는 저서 『격류 속에서(In the Rapids)』에서 다음과 같이 말했다. "우리는 원로로 하여금 문제의 증상보다는 근본을 다루게 하고, 가해자와 희생자 양쪽을 치유하여 지역사회의 불균형을 교정하게 한다. 핵심은 대립의 과정과 처벌이 아니라 치유와 회복에 있다. …… 처벌, 제지, 투옥에 반대되는 개념으로서의 치유, 보상, 회복의 관점에서 결정이 내려진다."

데즈먼드 투투 대주교는 『용서 없이 미래 없다』에서 이상의 개념을 또 다른 유형의 정의로 소개했다. "우리에겐 또 다른 유형의 정의, 즉 전통적인 아프리카 법률의 특성인 회복적 정의(Restorative justice)**가 있다. 여기에서 핵심적인 관심사는 보복이나 처벌이 아니다. 공동체 의식의 핵심적인 관심사는 균열의 치유, 불균형의 교정, 깨진 관계의 회복이다."

우리의 목적이 서로를 더 잘 돌봐주고 덜 소외시키며, 서로에게 더 연민을 갖고 덜 폭력적인 지역사회를 조성하는 것이라면, 우리는 신속한 보복과 복수, 더 강력한 처벌과 더 준엄한 판결에 대한 욕심을 포기해야 한다. 우리의

---

* 캐나다에 거주하는 원주민을 통칭하는 용어

** 미국의 하워드 제어 교수가 주창한 이론으로, 처벌보다 회복에 역점을 둔 치유사역의 일종이다. 그는 '정의'가 죄에 대한 응보로 해결되는 것이 아니고, 처벌의 단계를 넘어 회복까지 이르러야 한다고 주장한다. 갈등을 해결하는 가장 보편적인 방식이 '죄와 벌'이라는 렌즈라면, 회복적 정의는 '용서와 화해'의 렌즈를 끼고 갈등을 해결하고자 하는 시도이다.(윤중식, "'처벌보다 회복에 역점을 둔' 회복적 정의", ≪국민일보≫, 2011년 8월 11일 자 참고.)

핵심적인 목표가 아이들이 한 행동에 대해 '큰 대가를 치르게 하여' 같은 행동을 하려는 다른 아이들에게 일벌백계로 삼는 것이라면 아이들에게 증오심과 적개심을 키우는 비옥한 토양을 제공하는 것이나 다름없다. 가해자들을 어떻게 대우하느냐는 그들이 어떤 유형의 인간으로 성장하고, 우리가 남은 시간 동안 어떤 유형의 삶을 살지에 영향을 미친다. 가해자들이 지역사회와 화해하는 것을 돕지 않는다면, 우리는 지역사회에서 공포와 불신과 폭력이 멈추지 않은 것에 대해 자책하게 될 것이다.

모든 지역사회가 화해적 정의에 헌신한다면, 가해자들은 비행과 폭력적 행동을 멈추게 될 것이다. 우리의 목표는 격리하고 처벌하는 것보다 교정하고 회복하는 것이다. 또한 우리가 궁리해야 할 것은 복수가 아니라 사람과의 관계를 회복시키는 방법이다.

학교의 안이함이 지역사회에 불러일으킨 일

13세 남자아이가 급우의 집에서 밤샘 파티를 하다 5명의 또래로부터 공격을 받았다. 또래들은 그를 조롱하고 달려들어 때렸다. 다음 날 의사와 경찰이 제출한 문서를 보면 그는 몇 군데에 자상과 찰과상을 입었다고 한다. 그는 사건 후 곧바로 집에 전화하는 것이 너무 두려웠던 나머지 친구의 집에서 하루를 보낸 뒤 다음 날도 정상적인 학교생활을 했다. 그리고 방과 후가 되어서야 그를 태우러 온 엄마에게 전날 밤 일어났던 사건에 대해 말했다.

학교 관계자들은 경찰과는 별도로 사건을 조사하기로 결정했다. 그들은 사립 종교 학교의 또래 사이에서 그런 폭력적인 사건이 발생했다는 사실에 충격을 받았다고 말했다. "우리는 다시 그런 일이 발생하지 않도록 확실한 조치를 취할 것이다. 학생의 안전과 안녕이 최우선이다." 그러나 이런 발표와는 달리 학교는 피해 학생을 보호하기 위한 아무런 후속 조치도 취하지 않았다. 피해 학생은 하루를 쉰 다음 학교에 왔지만, 가해 학생들은 자신들의 행동을 자랑스러워하며 "폭행사건에 대해 입을 다물지 않으면 더 나쁜 짓을 할 거야!"라고 위협했다. 13세의 피해 학생은 그 주 내내 집에 있었다.(이처럼 피해 학생에 대한 후속 조치가 즉각 취해지지 않고 가해 학생에 대해 어떤 식으로든 제재 조치 — 밀착 감독, 수업일정의 변경, 잠정적 격리 — 가 취해지지 않는다면, 피해 학생은 재차 공격을 받을 거라는 두려움에 학교를 빠지며 고통을 받게 된다.)

피해 학생의 부모는 아들 학급의 모든 부모에게 편지를 보냈지만, 가해자 부모 중 누구도 답장을 보내거나 사과를 하지 않았다. 가해 학생의 부모들로부터 어떤 답변도 듣지 못해 좌절하게 된 피해 학생의 부모는 가해자들을 상대로 소송을 제기하여 가해자들과 그들의 부모가 사건의 심각성을 깨닫게 하려 했다.

일단 사건이 법적인 영역으로 들어서게 되면서 당사자들 중 그 어느 쪽도 더 이상의 대화나 화해를 시도하지 않을 정도로 적대적 상황이 전개되었다. 이것은 사건의 당사자들이 대립각을 세우면서 상대에 대한 증오감을 키울 때 돈-마리의 엄마가 느꼈을 좌절감과 유사할 것이다. 만일 모든 당사자가 치유 모임에 참가하기로 합의했다면 어떻게 되었을지 생각해보라. 그 자리에서 아이들은 해당 사건에서 자신이 무슨 일을 했는지를 인정한 뒤 자신의 행동을 바로잡을 계획을 세우고 어떻게 재발을 방지할지 고심한 다음 자신들이 괴롭혔던 아이를 치유하려 노력했을 것이다. 이런 과정에서 핵심 가해자는 기꺼이 가담한 아이, 마지못해 가담한 아이, 또는 꽁무니를 빼고 너무 무서워 지켜보기만 한 아이와는 다른 각도에서 문제를 해결할 것이고, 이를 위한 계획과 후속 조치도 다른 방식이 될 것이다.

학교 관계자들도 이런 치유 모임에 참여하여 치유 과정의 모든 단계에서 아이들 각자에게 의미 있는 결과가 주어졌는지를 평가하고, 재발을 방지하기 위한 그들의 계획이 지켜지도록 후속 조치를 취하며, 학교 공동체 – 아이들이 가장 많은 시간을 보내는 사회적 환경 – 의 일원으로서 갈라진 틈을 치유하도록 격려할 수 있다.

집 뒤뜰의 가해자

가해자가 당신의 집 뒤뜰에 나타나 거기에 모여 놀고 있는 자녀와 또래들에게 위협을 가한다면 어떻게 할 것인가? 아이들의 일상적인 말다툼과 불협화음과 갈등을 실제 괴롭힘과 구별하는 것이 중요하다. 시시콜콜한 말다툼 정도는 아이들의 힘만으로도 해결할 수 있으며, 당신은 아이들이 그렇게 하도록 격려해야 한다. 그러나 그것이 괴롭힘이라면 당신이 개입해야 한다. 이럴 경우에는 당신의 딸이 남동생의 팔을 비틀었을 때 취했던 절차(제6장)를 밟아나간다면 가해자와 피해자 모두에게 도움이 될 것이다. 또한 당신은 그 아이의 장점을 끌어내어 도움이 될 만한 어떤 일을 시킬 수도 있다. "넌 참 힘이 세구나. 모래 상자에서 파종기 꺼내는 것 좀 도와줄래?" 그 애가 당신을 돕는 동안 적당한 때를 보아 그 애가 자신의 리더십을 어떻게 잘못 사용하고 있는지, 어떻게 하면 리더십을 더 나은 방식으로 사용할 수 있는지를 말해줄 수 있다. 아이들이 놀고 있을 때는 그들 모두가 보이고 그들의 말소리가 들리는 거리에 있어야 한다. 학교에서 하는 것처럼 아이들의 안전을 보장하는 가장 쉬운 방법 중 하나는 책임감 있는 어른이 현장에 있는 것이다.

만약 괴롭힘이 심각한 상황인데도 가해자의 잘못을 확신할 만한 증거를 찾지 못했을 경우에는 의심이 가는 아이를 집에 돌려보내야 한다. 이런 상황이 학교에서 발생한다면, 그 아이의 부모에게 직접 전화하지 말고 학교가 중재자 역할을 하게 해야 한다. 이런 일이 이웃 사이에서 발생한다면, 당신은 홀로 대처해야 할 것이다. 가해자의 부모에게 연락을 할 경우, 앞서 가해자의 장점에 호소했던 것처럼 그들의 장점에 호소하는 것이 도움이 된다. "당신의 딸과 내 딸이 함께 노는 모습은 참 보기 좋아요. 그런데 오늘 당신도 알아야 하는 사고가 하나 벌어졌어요. 우리 함께 아이들과 이야기 좀 해볼까요? 전 우리 아이들이 앞으로도 함께 놀 수 있다면 참 행복할 것 같거든요."

가해자의 부모는 여전히 자녀의 행동을 정당화하거나 합리화하거나 축소하거나 변명하려고 할 것이다. 그러나 기억하라. 당신이 자녀에게 가르쳤던 것처럼, 당신은 인간관계의 50%만을 통제할 수 있다. 즉, 당신은 그 부모에게 괴롭힘에 대한 책임을 인정하도록 만들 수는 없지만, 당신이 그 문제를 다루는 방식은 그 부모의 반응에 큰 영향을 미칠 수 있다. 당신은 그 부모의 자녀를 공격하는 것이 아니라 그 문제를 공격하는 것이고, 당신의 자녀에게 적용했던 해결책을 가해자 쪽에 적용하는 것이다. 회의가 끝날 무렵 당신은 다음에 무슨 일을 해야 할지 감을 잡을 수 있을 것이다. 이야기가 잘 풀렸다면 가해 아이를 다시 당신의 집에서 놀게 할 수 있다. 그러나 해결책을 찾지 못했다면 그 아이가 당분간 당신의 뒤뜰에서 놀 수 없다고 주장해야 할 것이다. 이것은 가장 피하고 싶은 조치겠지만 때에 따라서는 반드시 필요한 조치이기도 하다. 당신은 가해자의 부모에게 이 조치는 모든 사람을 위한 조치이며,

이렇게 하는 것이 효과가 있는가에 대해 나중에 재차 확인할 것이라는 점을 알려줄 수 있다. 가해 아이의 접근을 막는 기간은 그 아이의 부모가 사건을 어떤 식으로 여기는지 혹은 그 아이가 이후 어떤 식으로 행동하는지에 따라 달라진다. 만일 다른 아이의 부모들이 비슷한 사건으로 인해 가해 아이의 부모와 접촉하려 한다면 상황은 또 달라질 것이다.

때때로 여러 부모들이 함께 품위 있으면서도 단호하게 우려를 표명한다면 도움이 될 것이다. 만약 당신을 포함한 여러 부모들이 가해자의 부모를 둘러싸고 그들을 비난하면서 그 자녀가 얼마나 끔찍한지에 대해 장황하게 떠들어대면 누구에게도 전혀 도움이 되지 않을 것이다. 그러나 부모들이 서로를 존중하면서 괴롭힘에 대처한다면 당신의 자녀를 안전하게 보호할 수 있을 뿐 아니라 가해자가 이웃 간의 관계에서 새롭고 생산적인 역할을 하도록 도울 수 있다. 이러한 상호작용이 일어나는 동안 당신은 자녀와 더불어 어떻게 괴롭힘에 맞서고, 어떻게 위험한 상황을 보고하고, 어떻게 품위 있게 가해자를 대할 것인가에 관한 대화를 나눠야 한다. 우리가 관대함과 지혜와 분별력과 넉넉한 친절과 자비를 가지고 반응할 때, 그리고 우리가 타인의 고통을 줄이려 노력하고, 그들에게 우리의 연민과 공감의 마음을 표현할 때 우리는 모든 아이들에게 그들을 돌봐주는 지역사회와 안전한 피난처를 만들어줄 수 있다.

각본을 다시 쓰기

가해자, 피해자, 방관자. 나는 이 역할들이 어떤 식으로 상호작용을 하는지를 당신이 확실하게 이해했을 거라 생각한다. 또한 우리 문화에 만연해 있는 이 역할극이 건강하지도 정상적이지도 필수적이지도 않을뿐더러 그것에 참여하는 아이들에게 끔찍한 악영향을 준다는 사실을 알게 되었기를 바란다. 부모로서 교육자로서 우리는 우리 아이들을 위해 새로운 각본과 대안적이면서도 어떠한 가식이나 폭력을 요구하지 않는 더 건강한 역할을 만들어낼 수 있다. 우리는 배려와 헌신을 통해 가해자의 행동을 긍정적인 리더십 활동으로 재조정하고, 피해자의 비폭력적인 태도가 칭송받을 만한 강인함이라는 사실을 일깨우며, 방관자의 역할을 목격자의 역할로 바꿔 그들이 기꺼이 괴롭힘에 맞서고, 큰소리로 반대 의사를 밝히며, 불의에 저항하는 행동을 하도록 할 수 있다. 이렇게 하는 것은 어렵지만 필요한 일이다. 미국의 농장 노동자들이 인간으로서의 존엄과 가치를 인정받고 인간다운 생활이 가능한 임금과 생활조건을 얻기 위한 싸움을 하는 과정에서 극복하기 어려운 장애물과 마주쳤을 때, 인권운동가 세자르 차베스(César Chávez)는 "맞아, 그래도 가능한 일이야(Sí, se puede)"라고 말하면서 시련에 맞섰다. 폭력의 악순환을 끊고 배려의 순환 고리를 확장시키는 것, 그것은 가능한 일이다.

> 사려 깊고 헌신적인 소수의 사람이 세상을 바꿀 수 있음을 의심하지 말라. 지금까지 바로 이런 사람들이 세상을 바꿔왔다.
>
> — 마거릿 미드(Margaret Mead)

제10장

사이버 불링*
첨단 기술을 이용한 인터넷상의 괴롭힘

오늘날 인스턴트 메시지, 블로그, 마이스페이스와 같은 SNS가 크게 유행하고 있지만 급격히 변화하는 첨단 기술이 우리의 미래에 무엇을 가져다줄지는 아무도 알 수 없다. 문제는 기술이 아니라, 그 기술을 어떻게 이용하느냐이다. 이때 부모가 아이들에게 우선적으로 해야 할 일은 아이들이 미디어 기술과 건설적인 관계를 형성하도록 돕는 것이다. 그래야만 아이들은 자신이 참여하고 싶은 활동이 무엇이고, 자신을 어떻게 표현하며, 누구를 신뢰하고, 무엇이 윤리적인가를 합리적으로 결정할 수 있다.

— 헨리 젱킨스(Henry Jenkins) MIT 비교미디어학부장

내가 이 책의 제1판을 탈고한 이래 우리 삶의 깊숙한 곳까지 영향을 미치는 첨단 기술이 급격히 개발되고 확대되었다. 최근 헨리 J. 카이저 가족재단

---

* 사이버상에서 특정한 인물을 따돌리거나 괴롭히는 행동. 주로 컴퓨터나 스마트폰 등의 통신 수단을 이용해 이루어진다. 스마트폰의 이용이 확대되고 이로 인해 트위터나 페이스북 등의 SNS나 카카오톡과 같은 스마트폰 메신저의 이용자가 급증함에 따라 사이버 불링으로 인한 피해가 심화되는 경향을 보이고 있다. 욕설이 담긴 메시지나 인터넷 게시판에 달린 악성 댓글이 사이버 불링의 기본적인 형태이지만, 심할 경우 가해자들은 익명의 사이버공간에서 목표로 삼은 인물의 개인신상정보를 올리거나 그 사람에 관한 허위사실을 유포하기도 한다. 이런 식으로 올라온 정보는 불특정 다수의 사람들에 의해 공유되기 때문에 완전한 삭제가 어렵다.

(Henry J. Kaiser Family Foundation)이 8~18세 청소년 2,000여 명을 대상으로 수행한 연구에 따르면, 아이들은 평균적으로 하루 6시간 30분 동안 미디어를 이용하며, 일주일 중 총 8시간 30분 동안 동시에 두 가지 미디어를 이용(TV를 보면서 인터넷 검색을 하거나 음악을 들으며 문자메시지를 보내는 등)한다고 한다. 아이들은 주 45시간가량을 인터넷을 이용하고 TV를 보고 음악을 들으면서 보낸다. 미디어 기술이 우리 아이들의 현실감각에 커다란 영향을 미치게 됨에 따라, 그들은 자신이 누구이며, 실제로 어떤 세계에 살고 있는지에 대해 엄청난 혼란을 겪고 있다. 그래서 우리 아이들을 생각한다면, 강력한 미디어 기술이 초래할 결과를 지켜만 볼 수 없게 되었다.

우리 아이들은 인터넷, 휴대전화, 블랙베리를 통해 전 세계에 걸쳐 이웃과 친구를 만든다. 유년기의 아이들이 미디어에 푹 빠져들면서 유년기의 근본적인 문화가 변하고 있으며, 괴롭힘의 성격도 변하고 있다. 이제까지는 괴롭힘 가해자들이 언어적 · 신체적 · 관계적 괴롭힘이라는 저차원 기술(low-tech)을 통해 대상을 괴롭혀왔지만, 지금은 그들도 첨단 기술(high-tech) 도구를 동원하여 대상을 위협하고, 협박하고, 스토킹하고, 비아냥거리고, 경멸하고, 조롱하고, 루머를 퍼트린다.

2000년 14세의 돈-마리 웨슬리가 자살 직전에 휴대전화 음성메시지로 들었던 마지막 말은 "이제 넌 죽었어!"였다.

2005년 잉글랜드 어스킨에서 14세 남자아이가 5개월 동안 100번 이상 가해자들로부터 공격을 당했다. 언젠가는 '해피 슬래핑(가해자가 폭행을 가할 때 다른 가해자나 방관자가 이를 휴대전화 카메라 등으로 찍어 다른 사람과 공유하는 것)'을 당한 적도 있었다. 그의 부모가 학교에 이 일을 알렸을 때, 그는 전에 손목을 그어 자살을 기도한 적이 있다고 고백했다.

매사추세츠의 한 십대 가해자는 남성 성매매 웹사이트에 파트너를 구한다며 다른 16세 소년의 이름과 주소를 게재한 후 그 소년의 집 건너편에 숨어 온라인상에서 데이트를 약속한 남자들이 모이는 모습을 낄낄거리며 지켜봤다.(이처럼 인터넷상에서 당신이 신원을 감추고 위장하는 것은 쉽다. 누구든지 인터넷 서비스 회사를 통해 인터넷 기반의 이메일 계정을 가질 수 있고, 들킬 위험 없이 별명을 만들고 글을 올릴 수 있다.)

2002년 캐나다 온타리오에서 누군가(아마도 벌링턴에 있는 고등학교의 학생일 것이다)가 한 고등학생을 희롱하는 웹사이트를 만들었다. 얼마 지나지 않아 이 사이트에는 수년 동안 조롱과 구타를 당해왔던 그 십대 소년을 겨냥한 혐오스럽고 외설적인 말로 가득한 페이지가 생성되었다. 표적이 된 학생은 최악의 사이버 불링을 경험해야 했다. 피해 학생은 자신의 심정을 이렇게 설명했다. “식당에서 누군가가 당신을 욕하면 30명이 듣는다. 인터넷에서는 6억 명이 본다. 컴퓨터가 있는 사람은 누구나 볼 수 있다. 그것을 삭제할 수도 없다. 학교에서 집에 와도 삭제되지 않은 채 그대로 있다. 그것은 나를 옴짝달싹 못하게 묶어놨다.” 결국 그는 고등학교 마지막 학년을 집에서 끝마쳤다.

2003년 4월, 캐나다 퀘벡 트루아리비에르의 15세 소년이 영화 〈스타워즈(Star Wars)〉의 전투 장면을 흉내 내는 비디오를 제작했다. 한 학교 친구가 이 비디오를 발견해 다른 친구와 공유했다. 공유를 받은 친구는 그 소년을 놀려주기 위해 학교 컴퓨터에 그 영상을 올렸다. 이것은 곧 전교생들에게 이메일로 보내졌고, 나중에는 한 학생이 웹사이트까지 만들어 이 영상을 게재했다. 한 달 뒤 어느 웹블로그에서는 이 2분짜리 동영상이 110만 번이나 다운로드가 되었다. 법원 기록에 따르면, 또 다른 인터넷 사이트에서는 2004년 10월 기준으로 7,600만 번의 다운로드를 기록했다.

그는 국제적으로 비웃음의 대상이 되었고, 학교생활을 더 이상 할 수 없었다. 학교 친구들은 항상 그를 비아냥거리고 조롱했다. 그는 그런 괴롭힘 때문에 우울해졌고, 학교생활을 더 이상 계속할 수 없게 되었다고 말했다. "도저히 참을 수 없었다." 결국 그의 부모는 3명의 학생을 고소했고, 2006년 4월 그들은 법정 밖에서 화해를 했다.

2003년 10월, 미국 버몬트 에식스정크션의 13세 소년이 자살하는 사건이 발생했다. 또래들은 5학년 때부터 그를 괴롭혀왔다. 7학년 때는 인터넷을 통해 그에 대한 성적인 추문을 퍼뜨렸다. 그의 성적은 떨어졌고, 그는 집에서 컴퓨터를 하는 일에만 몰두하게 되었다. 아들이 사망한 후 부모는 그가 한 십대와 인스턴트 메시지를 주고받았으며, 이를 통해 상대가 그의 자살을 부추겼다는 사실을 알게 되었다.(괴롭힘의 대상이 된 청소년은 불건전하고, 유해하며, 반사회적인 행동을 정상적인 것으로 여기도록 부추기는 청소년 또는 성인용 온라인 커뮤니티에 가입할 위험이 크다.)

제프리 와이즈(Jeffrey Weise)는 채팅방에 이렇게 썼다. "상황이 나아질 거라고 믿다니 난 바보 멍청이야. 시간을 낭비한 게 후회스러워. 지난번에 말했던 것처럼 면도칼을 가져왔어야 했는데……." "자기 머리에 총을 겨누고 방아쇠를 당기는 건 용기가 필요한 일이지. 하지만 넌 할 수 있어. 용기를 내. 나는 네가 누군지 신경 쓰지 않으니까." "……난 지금 힘들어. 언젠가 갑자기 사라질 것 같은 기분이 들어." 2005년 4월, 제프리는 채팅방에 마지막으로 잠깐 입장한 뒤, 미네소타 레드레이크 소재 고등학교에서 총기를 난사한 뒤 스스로 목숨을 끊었다.

2005년 6월 29일, 미국 플로리다 케이프코럴에서 15세의 소년이 온라인상에서 동급생들로부터 2년간 지속적인 조롱을 당한 뒤 목을 매 죽었다. 가해

학생들은 그를 "더러운 스토커"라고 부르거나 상스럽고 지저분한 성적 표현으로 희롱하면서 "넌 죽어도 싸"라고 말했다. 그는 자살하기 전날 밤 같은 온라인 게임을 즐기는 캐나다의 친구에게 보내는 이메일에 이렇게 썼다. "8학년까지 버티질 못하겠어."

2006년 2월, 캘리포니아 코스타메이사에서는 한 학생이 마이스페이스를 통해 유대인을 비하하는 발언을 하면서 다른 학생을 죽이겠다고 공공연히 떠벌렸다. 이 학생은 이미 받은 이틀간의 정학에 더해 형사고발과 출교를 당하게 되었다. 그에게 동조했던 20명의 중학생들도 정학 처분을 받았다.

2006년 4월, 캘리포니아 팜스프링스에서 한 학생이 마이스페이스에 15세 소녀의 사진을 포르노 이미지 옆에 나란히 붙여놓고 음란한 문구를 적었다. 피해 여학생은 이렇게 말했다. "난 정말 억울해요. 이제는 학교에 갈 수도, 정상적인 생활을 할 수도 없어요."

괴롭힘의 네 가지 특성 – 권력의 불균형, 상해 의도, 추가 공격의 위협, 공포의 조성 – 은 전자 기술의 사용과 함께 확대되었다. 얼굴도 없고 때로는 이름도 없는 사이버공간은 가해자들이 익명으로 대상을 언제 어디서나 괴롭힐 수 있도록 만든다. 사이버 불링 분야에서 국제적으로 명망 있는 변호사이자 학자이고 교육자인 낸시 윌러드(Nancy Willard)는 저서 『사이버 불링과 사이버위협에 대한 교육자의 가이드(An Educator's Guide to Cyberbullying and Cyber-threats)』(www.cyberbully.org)에서 사이버 불링으로 발생한 상해가 다른 괴롭힘으로 발생한 상해보다 훨씬 심각할 수 있다고 주장한다. 그 이유는 다음과 같다.

- 온라인상의 의사소통은 지나치게 잔인하고 악랄하게 변모할 수 있다.

- 사이버 불링의 피해자는 잠시도 괴롭힘에서 벗어날 수 없다. 괴롭힘은 주 7일, 하루 24시간 계속된다.
- 사이버 불링의 자료는 전 세계적으로 배포될 수 있으며, 돌이킬 수 없는 경우도 자주 발생한다.
- 사이버 불링의 가해자들은 익명이며, 또 다른 무명의 '친구들'을 끌어들일 수 있다.

사이버 불링은 대상을 공격할 목적으로 다른 유형의 괴롭힘과 조합되거나 또 다른 괴롭힘의 발단이 될 수 있다. 휴대전화 혹은 PDA(가장 흔한 브랜드는 블랙베리), 인스턴트 메시지, 이메일, 블로그(온라인 저널), 욕설이 난무하는 개인 웹사이트, 다이어리 사이트, 온라인 프로필, 온라인 개인 설문조사 웹사이트, 온라인 게임 등을 사용하는 가해자들은 사이버공간에서 익명성을 이용하여 대담한 행동을 한다. 그들은 괴롭힘을 당하는 쪽의 즉각적인 반응에 연연할 필요가 없으며, 행동에 대한 책임을 질 필요도 없다. 그들은 잘 알려지지 않은 이메일 주소, 제3자의 웹사이트, 학교나 공공 도서관의 컴퓨터, 또는 버려진 휴대전화를 이용하여 대상에게 메시지를 쉽게 전송할 수 있다.

가해자들은 개인이나 집단에 대한 경멸 행위의 타당성을 입증하고 이를 정당화시키기 위해 인종, 젠더(성적 취향을 포함), 종교, 신체적 특성, 정신적 특징과 관련된 모든 편향이나 편견을 이용할 수 있고, 또 그렇게 할 것이다. 사이버 불링을 포함하여 모든 유형의 괴롭힘을 부채질하는 것은 바로 경멸이다. 가해자가 대상을 경멸하게 되면, 그는 대상이 된 아이에게 무슨 짓이든 할 수 있으며 대상에 대해 연민도 느끼지 않고, 자신이 했던 행위에 대해 수치심도 느끼지 못한다. 그는 대상의 약점을 파악하여 평판에 먹칠을 하거나,

온갖 위협으로 공포를 느끼게 하면서 대상이 받는 고통으로부터 쾌락을 얻는다. 사이버상의 가해자가 익명으로 대상에게 고통을 주고, 많은 또래 구경꾼이 지켜보는 가운데 대상을 경멸하는 것은 얼굴과 얼굴을 마주 보며 이루어지는 괴롭힘보다 훨씬 더 커다란 피해를 줄 수 있다.

고전적인 방식으로 또래와 대면하면서 이루어지는 성적 괴롭힘이 가장 보편적인 학교폭력의 유형 중 하나인 것처럼, 첨단 기술에 의한 성적 괴롭힘도 사이버공간에서 십대가 경험하는 가장 보편적인 폭력 유형 중 하나이다. 2002년 미국 걸 스카우트(Girl Scouts of America)가 수행한 연구 「인터넷 효과: 십대 여학생과 새로운 미디어(The Net Effect: Girls and the New Media)」에서 휘트니 로번(Whitney Roban) 박사는 13~18세의 여학생 1,000명 중 30%가 채팅방에서 성희롱(남자의 나체 사진에 노출되거나 브래지어 사이즈와 같은 개인 신상이나 사이버 섹스를 요구받음)을 당했다고 보고했다. 성희롱을 당한 학생 중 7%만이 부모에게 알렸고, 30%는 아무에게도 말하지 않았다고 응답했다. 성(性)은 우리가 누구인가를 규정하는 근본적인 정체성과 관련되기 때문에, 성적 괴롭힘은 우리 존재의 핵심에 상처를 입히고, 치명적인 결과를 초래할 수 있다. 사이버상의 성적 괴롭힘은 경멸을 증대시키고, 피해를 확대시킬 수 있다.

휴대전화에 의한 괴롭힘

아이들은 부모와 친구들과 연락하기 위해 휴대전화를 사용한다. 그러나 다른 전자도구와 마찬가지로 휴대전화도 사이버 괴롭힘을 하는 데 이용될 수 있다. 오늘날 휴대전화는 다양한 모델이 있는데, 아이들이 사용하는 대부분의 휴대전화는 통화하고, 인스턴트 메시지를 주고받고, 사진과 비디오 이미지를 탑재한 텍스트와 멀티미디어 메시지를 보내고, 온라인 채팅을 하고, 인터넷을 검색하고, 노래를 다운로드하고, TV를 시청하는 등 다양한 용도로 사용하는 강력한 소형 멀티미디어 컴퓨터이다.

5세가량의 어린아이들이 휴대전화를 통해 사이버 불링을 하거나 당하는 일이 적지 않다고 한다. 사실 초등학생에게 휴대전화는 괴롭힘을 당하기 안성맞춤인 전자도구이다. 부모와 교육자는 어린이가 컴퓨터를 사용할 때는 유심히 감독하지만, 휴대전화를 사용할 때는 컴퓨터만큼 신경을 쓰지 않는다. 유년기를 벗어난 아이들은 또래를 괴롭히기 위해 휴대전화를 인터넷과 결합하여 사용하곤 한다. 그들은 아래와 같은 방식으로 친구들을 괴롭힌다.

- 욕설을 퍼붓고, 경멸하는 말을 하고, 위협하는 음성메시지.
- 욕설을 퍼붓고, 경멸하는 말을 하고, 위협하는 문자메시지.
- 전화를 걸어 상대방이 받으면 말을 하지 않는다.
- 개인신상정보 훔치기: 대상의 이름과 전화번호를 인터넷상에 퍼뜨려 대상을 곤경에 빠뜨리고, 나쁜 소문이 퍼지게 하거나 인터넷상의 누군가를 도발한 뒤 대상의 신상정보를 알려줘 그에게 보복하도록 유도한다.
- 대상에게 엄청난 전화요금이 부과되도록 휴대전화에 수없이 많은 전화를 하거나 메시지를 전송한다.
- 사진으로 괴롭히기: 휴대전화를 이용하여 대상의 수치스러운 모습이 담긴 사진이나 영상을 자신의 주소록에 있는 모든 사람들에게 보내거나 파일 공유 사이트에 올려 누구나 다운로드할 수 있도록 한다.

이상의 문제들을 해결하기 위해서는 아이들에게 휴대전화 사용에 대한 기본 에티켓을 가르치는 것이 출발점이지만, 학부모와 교사들도 휴대전화가 괴롭힘에 이용될 수 있다는 사실을 자각해야 한다. 또한 아이들에게 휴대전화를 사용하면서 뒤따르게 되는 혜택과 책임을 알려줘야 한다. 다른 전자도구도 마찬가지이지만, 휴대전화를 오용하게 되면 결국에는 휴대전화를 사용하면서 얻는 혜택을 상실하게 될 것이라는 점을 확실히 해야 한다.

인터넷 게임

소니 플레이스테이션 2 네트워크 또는 엑스박스 라이브 등으로 즐기는 게임은 전 세계의 플레이어가 함께 협력하거나 서로 경쟁하도록 한다. 게임 커뮤니티를 자주 드나드는 사이버 가해자들은 대상을 조롱하고, 위협하며, 게임을 못하게 하거나 대상의 계정을 해킹한다.

모든 인터넷 게임이 폭력적인 것은 아니지만, 폭력적인 게임은 가해자, 피해자, 방관자 모두에게 큰 충격을 준다. 그것은 폭력을 정당화하고 일상적인 것으로 만들 뿐 아니라 타인을 적, 먹잇감, 표적으로 설정하게 하고, 폭력을 공포, 슬픔, 동감보다는 쾌락과 보상을 불러오는 수단으로 생각하게 만든다.

폭력 게임은 위협감, 불신, 소외, 우울감을 키울 수 있다. 게임 〈GTA〉 시리즈의 제조사 – 테이크 투 산하의 락스타 게임즈 – 는 〈불리(Bully)〉라는 제목의 악의로 가득 찬 새로운 컴퓨터 게임을 제작했다. 마이애미의 변호사이자 『안전한 곳으로(Out of Harm's Way)』의 저자인 잭 톰슨(Jack Thompson)은 그 게임을 "폭력의 가상현실 연습장"이라고 설명한다. 이 게임은 플레이어가 가상의 학교에서 복수를 실행하는 내용이다. 그는 자신을 괴롭혔던 학생들과 교사들을 야구 방망이로 치고, 새총으로 쏘고, 주먹으로 때리거나 발로 차며, 그들의 머리를 변기에 집어넣은 뒤 물을 내리거나 그들을 들어 바닥에 메어꽂는다. 톰슨은 게임 〈둠〉이 컬럼바인 총기난사 사건의 주역인 에릭 해리스와 딜런 클레볼드에게 영향을 주었고, 〈GTA: 바이스시티〉가 제프리 와이즈(그는 게임을 하면서 표적을 미행하고 총으로 쏘는 장면을 머릿속에 그려봤다고 이야기했다)에게 영향을 주었듯 이 게임 역시 가해자의 괴롭힘과 폭력에 영감을 줄 것이라 추측했다.

사이버 불링의 중단

사이버 불링이 휴대전화를 통해 이루어졌든 다른 전자도구를 통해 이루어졌든 복수의 도구들을 조합해 이루어졌든, 이에 따른 대응책은 이런 첨단 기술 도구의 사용에 따른 혜택을 박탈하는 것에서 시작되어야 한다. 부모와 교육자들이 사이버 가해자들로 하여금 책임을 지게 하고, 그들을 원 상태로 돌려놓기 위해서는 제6장에서 언급했던 것과 같이 다음의 일곱 가지 단계를 사용해야 한다.

- '3R'(보상, 해결, 화해)을 이용한 규율에 따라 즉시 개입한다.
- 선한 일을 할 기회를 만든다.
- 공감 능력을 키워준다.
- 적극적이고 공손하면서도 평화로운 방식으로 타인과 관계를 맺을 수 있

는 사교 기술을 가르친다.

- 자녀가 즐기는 TV 프로그램과 비디오 게임, 컴퓨터 활동, 음악 등을 늘 주의 깊게 관찰한다.
- 더 건설적이고, 재미있으며, 정력적인 활동에 참여하게 한다.
- 선한 의지를 갖도록 가르친다.

이상의 일곱 가지 단계는 사이버 불링에 대한 건설적이면서도 온정적인 대응책으로 사이버 불링의 의도, 심각성뿐 아니라 사이버 가해자가 또래와 가상의 이웃과 대면하여 친사회적인 역할을 수행하기 위해 필요한 회복의 절차를 고려한 것이다.

사이버 피해자를 돕기

이 장을 시작하면서 언급한 것처럼, 사이버공간에서 대상이 되는 것은 치명적이고 때로는 죽음에 이르는 결과를 불러올 수 있다. 아이들이 사이버 피해자가 될 때 보이는 경고신호는 다른 방식으로 피해를 당할 때 보이는 신호와 비슷하지만, 우울증, 질병, 성적 하락 등은 대개 사이버 불링이 발생할 때 더욱 악화된다. 이것은 사이버 불링의 대상이 가해자로부터 괴롭힘의 경감이나 일시적인 유예를 기대할 수 없기 때문이다. 고전적인 방식으로 괴롭힘을 당하는 아이는 학교에서 집에 가는 것 또는 학교에 가지 않고 집에 있는 것만으로도 괴롭힘을 피할 수 있다. 그러나 사이버 불링은 언제 어디서든 일어날 수 있고, 또 실제 일어난다. 사이버 불링의 대상이 된 아이들이 그 사실을 어른들에게 말하지 않는 이유는 제7장에서 살펴본 것과 마찬가지이다.

- 그들은 괴롭힘을 당했다는 것을 부끄럽게 생각한다.
- 그들은 어른들에게 말할 경우 받게 될 보복을 두려워한다.
- 그들은 누구도 자신을 도와주지 못한다고 생각한다.(무력감을 느낀다.)
- 그들은 누구도 자신을 도와주지 않는다고 생각한다.(절망감을 느낀다.)
- 그들은 괴롭힘이 일종의 성장통이라는 근거 없는 말을 믿는다.
- 그들은 어른들 역시 거짓말을 하고 자신들을 괴롭히거나 괴롭힘을 과소평가할 것이라고 믿는다.
- 그들은 또래의 잘못을 밀고하는 것은 나쁘고 떳떳하지 못하며 유치하다고 배웠다.

사이버 불링으로 피해를 당한 아이는 부모에게 보고를 하면 휴대전화를 뺏기고, 컴퓨터를 할 수 없게 될지도 모른다는 두려움을 가지고 있다. 부모로서 당신은 아이들에게 미리 그렇게 하지 않을 것이라는 확신을 주는 것이 중요하다.

아이들이 사이버 불링을 당하기 전 사이버 가해자에게 어떻게 대응할 것인가를 가르치는 것도 중요하다. 가끔 사이버 가해자에게 반응(이 반응이 수동적이든 공격적이든 단호하든)함으로써 상황을 더 악화시킬 수도 있다. 가해자와 피해자가 대면한 상태에서 이루어지는 괴롭힘의 경우에는 단호한 반응만으로도 괴롭힘을 멈출 수 있다. 그러나 사이버 불링은 그렇지 않다. 당신은 아이들에게 'SCBT[반응하지 마라(Stop), 복사해라(Copy), 차단해라(Block), 말해라(Tell)]'를 가르칠 수 있다.

- 반응하지 마라(Stop): 사이버 가해자에게 반응하지 마라. 대상이 화를 못 참아서, 혹은 너무 상처를 받은 나머지 대뜸 반응하는 것은 사이버 불링을 부추기는 것이다. 또한 이런 서툰 반응은 사건을 조사하는 당국자들로 하여금 대상이 먼저 도발했다고 생각하게 만들거나 심지어는 대상이 하지도 않았던 말을 했다고 의심하게 만들어 모든 잘못을 피해자가 뒤집어쓰는 결과를 가져올 수 있다.
- 복사해라(Copy): 모든 메시지와 사진을 복사해두고, 휴대전화 문자와 음성메시지를 저장하라.[여러 유형의 사이버메시지를 저장하는 법을 알고 싶다면, 로버트 보리스(Robert Borys)와 존 살라타(John Salata)의 저서 『부모를 위한 인터넷 지침서: 가족을 보호하는 실용적인 가이드(Internet Awareness for Parents: A Practical Guide for Safeguarding Your Family)』를 참조하거나 온라인을 통해 도움을 받을 수도 있고, www.cyberbullying.org에 그림과 함께 나오는 지시들을 읽을 수도 있다.]
- 차단해라(Block): 문제가 되는 인스턴트 메시지나 이메일이 오는 주소를 막아 그들로부터 오는 공격을 차단하라.
- 말해라(Tell): 신뢰하는 어른에게 사정을 말하고 도움을 요청하라.

만약 사이버 불링이 지나치게 위협적이거나 잔인하다면, 다음의 행동들을 할 필요가 있다.

- 이메일 주소, 계정, 아이디, 전화번호, 휴대전화의 경우 유심(USIM, 범용 가입자 인식 모듈) 칩을 바꿔라.
- 학교에 구체적인 불편사항을 알려라.(제6장 참조.)

- 웹사이트나 인터넷 서비스 회사의 고객센터, 휴대전화 서비스센터에 불편사항을 접수해라.
- 사이버 불링이 범죄에 해당한다면 경찰에게 알려라. 캐나다 형사법에 따르면, 상대방으로 하여금 상대방 본인 혹은 타인의 안전에 대한 위협을 느끼게 만드는 의사표시를 하는 것은 범죄이다. 또한 명예훼손을 하는 글, 즉 혐오, 경멸, 조롱을 통해 상대방을 모욕하거나 상대방의 평판에 해를 끼치는 게시물을 게재하는 것 역시 범죄이다. 만약 가해자가 인종, 국적이나 민족, 피부색, 연령, 성, 성적 취향, 결혼 여부, 가족 상황, 또는 장애를 이유로 자신의 혐오감이나 차별의식을 드러낸다면, 캐나다 인권법(Canadian Human Rights Act)에 위배된다. 폭력의 위협, 음란한 문자 메시지, 스토킹, 인종차별적 괴롭힘, 성적 괴롭힘, 노골적으로 성적인 사진을 제작하고 및 전송하는 것, 프라이버시를 기대하는 곳(탈의실, 화장실)에서 누군가의 사진을 찍는 것 등은 범죄 행위가 될 수 있다.*
- 변호사와 접촉하라. 캐나다 퀘벡 트루아리비에르에서 피해자 가족이 대응했던 것처럼, 사이버 가해자와 부모에게 금전적 손해배상을 청구할 수 있다.

대부분의 괴롭힘은 어른들의 눈을 피해 이루어지고, 아이들은 이를 보고하는 것을 주저한다. 사이버 불링은 어른들의 눈을 피해 발생할 뿐 아니라 피

---

* 한국의 경우, 휴대전화나 인터넷 등을 통해 상대방을 위협하고 조롱하거나 허위사실을 유포하는 것은 협박죄 또는 사이버 명예훼손죄에 해당한다. 이런 행위로 피해를 입을 경우 경찰에 직접 신고하거나 사이버 경찰청(http://www.police.go.kr)에 민원을 올려 대처할 수 있다.

해 아이의 생활공간을 완전히 망쳐놓음으로써 그로 하여금 심각한 고립감을 느끼게 만든다. 우리는 아이들에게 어른들이 신뢰할 수 있는 강력한 지원군이며, 그들이 말만 한다면 기꺼이 행동할 거라는 믿음을 줘야 한다. 그러나 아이들은 먼저 어른들이 사이버 불링에 대해 알고 있어야 그것의 끔찍함을 상상할 수 있고, 그것을 막아낼 방법을 찾을 수 있다는 것을 인식해야 한다.

방관자

가해자와 피해자가 얼굴을 마주친 상태에서 이루어지는 괴롭힘에서 방관자들이 심복, 적극적 지지자, 소극적 지지자, 무심한 구경꾼, 겁에 질린 잠재적 목격자 등 다양한 역할을 수행할 수 있는 것처럼, 사이버 불링에서도 자각 없이, 혹은 자각한 상태에서 공범자가 될 수 있다. 방관자는 가해자를 응원하고, 루머를 퍼뜨리고, 웹사이트를 개설하여 잔인한 내용을 퍼뜨리고, 대상이 겪는 고통과 경멸로부터 쾌락을 얻고, 곁에서 손 놓고 괴롭힘을 볼 수도 있고, 끼어드는 것을 두려워하거나 다음번 대상은 자신이 될 것이라는 공포를 느낄 수도 있다.

가해자들은 방관자를 이용하여 '대리 사이버 불링'을 한다. 가해자는 제3자를 통해 대상에게 도발적이고 경멸적인 메시지를 보내게 하거나, 대상에 대한 거짓 소문이나 혐의를 퍼뜨려 방관자를 자극한다. 그러면 자연스럽게 방관자가 대상을 공격하게 된다. 가해자는 제3자를 통해 대상을 괴롭힌 뒤, 방관자가 붙잡혔을 때는 자신의 무고함을 주장한다.

때에 따라서 대리인 역할을 하는 것은 방관자가 아니라, AOL이나 MSN과 같은 인터넷 서비스 회사일 수 있다. 패리 애프탭(Parry Aftab)(www.stop-cyberbullying.org)은 이런 유형의 대리인을 통한 사이버 불링을 상세히 소개하고 있다.

'신고'는 대리인을 통한 사이버 불링의 실례이다. 가해자들이 인스턴트 메시지나 이메일, 채팅 화면에 있는 신고 버튼을 누르면 인터넷 서비스 회사 쪽으로 피해자가 뭔가 규칙을 위반하는 행동을 했다는 경고가 가게 된다. 이런 식으로 피해자가 여러 번 신고를 당하면, 그는 계정을 잃게 된다. 물론 인터넷 서비스 회사도 이러한 오용을 알고 있기에 신고가 들어왔을 때 그것이 정당한 것인지 확인한다. 하지만 사이버 가해자들은 언제나 대상을 도발해 상대로 하여금 먼저 무례하거나 증오에 가득 찬 반응을 하게 만든다. 상대가 원하는 반응을 보이면 가해자는 상대를 신고하면서 피해자가 먼저 잘못을 저지른 것처럼 만들 수 있다. 이런 경우 인터넷 서비스 회사는 본의 아니게 사이버 불링의 공범자가 되는 것이다.

또한 가해자들은 대상의 부모 또는 학교 관계자를 대리인으로 이용한다. 대상을 조롱한 뒤, 대상의 반응을 부모나 학교 관계자에게 전달하는 것이다. 그러면 어른들은 피해자를 오히려 가해자로 여기게 된다.

좀 더 치명적인 – 간혹 죽음에 이르게 할 수도 있는 – 형태의 대리 괴롭힘은 대상의 휴대전화 연락처와 아이디, 주소를 폭력 집단의 홈페이지나 성매매 사이트에 게재하는 것이다.(만약 당신의 아이가 이런 일을 당했을 경우 즉시 사법 당국에 알려야 한다. 앞서 언급한 집단의 구성원과 온라인 또는 오프라인에서 접촉하는 것은 매우 위험하기 때문이다.)

방관자에서 목격자로

가해자에게 맞서거나 대상을 보호하는 것은 결코 쉬운 일이 아니다. 그러나 현실세계에서 용감하게 행동하는 방법이 있는 것처럼, 사이버세계에서도 괴롭힘에 맞서고 큰소리로 불의에 반대하며 대상을 보호하는 방법이 있기 마련이다. 부모 혹은 교육자로서 당신은 자녀에게 다음의 전술들을 가르칠 수 있다.

- 대상을 폄하하거나 경멸하는 블로그나 게시물에 글을 남기지 마라. 대신 종료 버튼을 눌러라.
- 타인의 명예를 훼손하고 타인에게 해를 끼치거나 상처를 주는 이메일, 문자메시지, 사진을 다른 사이트에 전송하거나 복사하지 마라.
- 사이버 불링의 증거들을 저장하고 복사하고 출력하여 대상에게 전달해 그가 무슨 일이 일어났는지를 알게 해라. 이런 식의 배려와 도움은 대상이 느끼는 고립감을 줄일 수 있다.
- 자신의 신원을 보호해줄 수 있고, 대상이 된 아이를 도와줄 수 있으며, 사이버 가해자에게 책임을 물을 수 있는 사려 깊은 어른에게 사실을 알려라.
- 사이버 불링에 얽히는 것이 불편하다고 사이버 가해자에게 말하라.

아이들은 어른에게 괴롭힘에 대해 알리는 것이 긍정적인 변화를 이끌어낼 것이라 믿을 수 있어야 한다. 아이들이 당신과 정보를 공유하고 나면, 그들이 무엇을 할 수 있고, 당신이 하고자 하는 것이 무엇인가에 대해 그들과 이야기하는 것이 좋다. 만약 당신의 자녀가 당신에게 개입하지 말라고 요청한다면, 그의 말을 경청한 뒤 행동하지 않을 경우 발생할 결과에 대한 당신의 우려를 전달하고 당신과 자녀가 함께 취할 수 있는 행동이 무엇인지를 알려줘라. 사이버 불링에 대해 아무런 행동을 하지 않은 것은 대안이 될 수 없다.

인터넷으로 연결된 이웃

인터넷에 접속하는 것은 광대한 신도시의 문을 여는 것과 같다. 몇몇 부모들은 신도시에서 일어나는 지저분하고 끔찍한 일들을 목격한 뒤 인터넷이 가족생활의 일부가 되는 것을 거부한다. 일부 부모는 자녀의 연령, 능력, 감수성, 욕구에 상관없이 자녀가 컴퓨터에 접속하여 인터넷을 하면서 시간을 보내는 것을 엄격히 통제한다.

일부 부모는 컴퓨터에 대해 잘 모르고 굳이 그것을 배우려는 시도도 하지 않아 자녀들이 인터넷의 뒷골목을 헤매도록 방치한다. 그리고 어떤 부모들은 자신들이 컴퓨터에 무지하다는 것을 자각하고 그것을 배우려 노력한다. 그렇게 해서 컴퓨터에 대해 최소한 어린 자녀들이 아는 만큼, 혹은 그 이상 – 특히 인터넷 보안이나 인터넷상의 예절 등에 관해 – 을 알게 된다. 그들은 인터넷이 우리 생활의 일부이며, 아이들에게 인터넷을 최대한 유용하게 활용하는 법과 안전하게 이용하는 법을 가르치는 것은 타인과의 의사소통이나 관계를 맺는 과정을 가르치는 것과 다를 바 없다는 사실을 깨닫게 될 것이다.

만약 당신이 이 책을 읽는다면, 당신은 자신과 자녀를 위해 인터넷을 최대한 활용할 수 있는 부모가 되고 싶을 것이다. 첫 번째 단계는 할 수 있는 한

최신 정보를 수집하는 것이다. 당신의 자녀에게 온라인을 소개하고, 사이버 공간에서 그들을 보호하며, 인터넷상에서 타인과 소통하는 방법을 다루는 좋은 책들이 많이 있다. 나는 당신이 지역 서점을 둘러본 다음 교육자나 다른 부모와 이야기해보라고 권하고 싶다. 만일 할 수 있다면, 인터넷을 통해 자료를 찾아보라. 컴퓨터에 능숙한 자녀의 능력을 이용하라. 자녀에게 인터넷의 언어와 문화를 가르쳐달라고 요청하라. 당신의 자녀가 인스턴트 메시지와 채팅방을 사용하는 데 필요한 아이디와 비밀번호를 얻게 되는 순간, 그는 또한 수많은 새 이웃들을 얻게 된다. 당신은 그들을 알고 있는가?

자녀가 책임감 있고 재기 넘치며 강인한 인간 — 정직과 공손함과 연민의 미덕을 실천할 줄 아는 사람 — 이 되는 데 필요한 능력과 자신감과 기량을 보여줄 때 당신이 새로운 책임과 의사결정의 기회를 부여하고 그에 대한 제한과 한계를 줄이는 것처럼, 자녀가 인터넷으로 연결된 이웃과 함께 살면서 자신의 길을 찾도록 가르치고 있는가?

어린 자녀가 처음 인터넷을 탐색할 때는 감독을 받아야 하는데, 당신은 조언이나 제안, 예상 밖의 침해나 사이버 불링에 대처하는 도구를 제공해야 한다. 자녀가 성장하면서 인터넷상에서 의도적으로 상대를 화나게 하거나 상처 입히려 하는 사람과 조우했을 때나 불편한 기분이 들었을 때 당신이 가르쳐 준 대로 적절히 대처한다면, 당신은 그들이 인터넷을 훌륭히 다루고 있다고 인정하고 그들을 신뢰할 수 있을 것이다. 당신은 자녀들이 '보내기' 버튼을 누르기 전에 다시 한 번 생각하고, 사이버 불링에 가담하는 것을 거부하도록 가르칠 수 있다.

당신은 자녀가 인터넷 사용법을 배울 때 신체적 · 심리적으로 그들과 가까운 거리에 있어야 한다. 그들이 성장한 뒤에도 그들이 인터넷으로 무슨 일을 하는지, 또 그 일을 하면서 어느 정도의 시간을 소비하는지를 알아두기 위해 곁에 있는 편이 좋다. 자녀의 인터넷 친구들과 가까이 지내라. 대부분은 학교 친구가 곧 인터넷상의 친구이다. 항상 소통할 수 있는 수단을 마련하고 일상 생활과 친구 간의 우정에 대해 함께 이야기할 기회를 가져라. 자녀가 당신과 인터넷상에서 겪은 모든 일을 공유하고 당신이 그들에게 어떻게 인터넷을 이용하고 그것을 통해 무엇을 해야 하는지를 가르쳐준다면, 그들은 인터넷에서 직면하게 될 어떤 상황에 대해서도 훨씬 더 잘 대처할 수 있다. 자녀들은 금지보다는 적극적인 관여로부터 더 많은 혜택을 얻을 수 있다. 부모가 자녀의 생활에 개입하고, 그들의 말을 경청하고 대화하며, 그들이 어디서 무엇을 하고, 누구와 함께 있는지를 알고 있는 경우, 자녀들은 이웃과 학교와 인터넷에서 곤란을 겪을 가능성이 더 낮다.

세 가지 'P': 정책(Policy), 절차(Procedure), 프로그램(Programs)

학교 밖에서 발생한 대부분의 사이버 불링도 학생과 학교환경에 부정적인 영향을 미친다. 그것은 지금도 전 세계에 걸쳐 살인과 자살을 포함한 온갖 폭력을 학교로 불러오고 있다. 만약 학교가 이미 괴롭힘 방지 정책을 수립했고 가해자, 피해자, 방관자에게 적용되는 절차 및 폭력의 악순환을 해체하는 데 도움이 되는 프로그램을 구축하여 학생들을 더 잘 돌볼 수 있는 통합적인 환경을 조성하고 있다면, 이 세 가지 'P'에 전자적 요소(electronic component)를 추가하는 것이 중요하다.

- 학교 정책은 다른 유형의 괴롭힘뿐 아니라 사이버 불링에 대한 제재도 포함해야 한다. 학생과 부모에게 모든 유형의 사이버 불링에 대해 어떤 관용도 베풀지 않을 것이라는 정보를 제공해야 한다.
- 회복적 정의를 위한 절차 역시 사이버 불링이 야기하는 독특한 문제와 피해를 복구하기 위한 해결책에 맞게 조정되어야 한다. 사이버 불링은 불특정 다수에게 노출되며 영구적으로 지속될 수 있기 때문이다.
- 프로그램에서는 사이버 불링이 무엇이고, 그것이 학생들에게 어떻게 영향을 미치며, 그들 자신이나 다른 학생이 대상이 되었을 때 해야 하는 일이 무엇인지 알려줘야 한다. 또한 창의적이고, 건설적이며, 책임감 있는 자세로 사이버공간을 이용하는 방법도 소개해야 한다.

우리에게 필요한 것은 지역사회에 기반을 둔 상태에서 학교가 주도하는 종합적인 접근 방식이다. 젊은 세대를 온전히 포용하여 그들의 사회화를 돕기 위해서는 어른들도 고전적인 형태의 괴롭힘과 첨단 기술을 이용한 괴롭힘의 위험성뿐 아니라 환경이자 도구로서의 첨단 기술의 세계도 배워야 한다.

> 아이와 청소년들은 인터넷에 대해서는 많이 알고 있지만, 안전하고 책임감 있는 선택을 내리는 일에 대해서는 잘 모른다. 그래서 가끔 그들은 위험에 빠진다. 컴퓨터 기술에 관해서는, 당신의 자녀는 전문가 수준일 것이다. 하지만 당신 역시 인생 경험과 위기관리 면에서 전문가이다. 인터넷과 관련된 주제를 다루기 위해서는, 부모 자식 간의 효과적인 협력 관계가 필수적이다.
>
> —낸시 윌러드(Nancy Willard), 『컴퓨터 박사 아이 키우기: 인터넷을 이용하는 아이와 청소년이 안전하고 책임감 있는 선택을 하도록 이끌어주기(Raising Cyber Savvy Kids: Empowering Children and Teens to Make Safe and Responsible Choices When Using the Internet)』

암호 해독

아이들은 상대에게 문자메시지를 빨리 보내기 위해 줄임말을 사용한다. 당신은 아이들이 사용하는 용어를 아는 것이 중요하다. 〈표 2〉와 〈표 3〉은 각각 한국과 영어권의 아이들이 흔히 쓰이는 사이버공간의 축약어(縮約語)와 의미를 정리한 것이다.

〈표 2〉 한국에서 쓰는 축약어

축약어	원래 말	뜻
ㄱㄱ	Go go	가자.
ㄱㅅ	감사	고마워.
ㄴㄴ	No no	아니야.
ㄷㄷ	덜덜	덜덜(무서워서 떠는 모양).
ㄹㄹ	Re re	(게임이나 놀이를) 한 판 더하자.
ㅂㅂ	Bye bye	안녕, 잘 가.
ㅅㄱ	수고	수고했어.
ㅅㅅ	(나이스) 샷	잘했어.
ㅇㅇ	응	응, 그래, 맞아.
ㅈㅈ	GG	항복('Good Game'의 약자로 원래는 게임에서 패배했을 때 하는 항복 선언이지만, 쓰임이 확대되어 실제 다툼에서 패배하거나 무언가 일을 망쳤을 때도 사용한다).
ㅊㅊ	축축	축하해.
ㅋㅋ	크크	크크크(웃는 모양).
ㅌㅌ	튀어 튀어	도망쳐!
ㅍㅍ	푭푭	푭푭푭(웃음을 참거나 비웃는 모양).
ㅎㅎ	하하, 호호	하하하, 호호호(웃는 모양).

〈표 3〉 영어권에서 쓰는 축약어

축약어	원래 말	뜻
HHOJ/ JJ	Ha, ha, only joking/ Just joking	하하! 그냥 농담이야!
LOL	Laughing out loud	크게 웃다.
BRB	Be right back	곧 돌아올게.
POS	Parent over shoulder	부모가 지켜보고 있다.
9	Parent in the room	부모가 방 안에 있다.
PAL	Parents are listening	부모가 듣고 있다.
YRDM	You are dead meat	너 죽었어!
YBS	You'll be sorry	후회할거야.
ASL	Age/sex/location	연령/성별/위치.
LMIRL	Let's meet in real life	만나자.
F2F	Face to face	직접 만나자.
SOHF	Sense of humor failure	썰렁해.
RUITD?	Are you in the dark?	너 아무것도 모르지?

인터넷을 검색하거나 당신의 자녀에게 물어보면 더 많은 축약어를 알 수 있다. 당신이 자녀가 사용하는 용어를 알고, 그것을 이해하는 것은 중요하다.

사이버 불링 관련 용어 정리

- 블로그: '웹로그(Weblog)'의 약칭으로 대중을 위해 자주 업데이트되는 온라인 저널. 일부 아이들은 둘 이상의 블로그를 갖고 있는데, 그중 하

나는 '점잖은' 용도로 사용하고, 다른 것들은 다른 사람을 위협하거나 도발하는 용도로 사용한다. 일부 아이들은 이런 블로그를 이용하여 다른 아이의 평판에 흠을 내고, 그들의 프라이버시를 침해하거나 위협한다. 또는 자신이 괴롭히는 아이 행세를 하며 블로그를 만들어 다른 사람이 피해자를 경멸하게끔 지저분한 말과 행동을 한다.

- **소셜 네트워크 서비스(SNS)**: 공통된 관심사를 가진 친구들을 이어주는 온라인상의 복합연결망. 한국에서는 싸이월드, 카카오스토리, 페이스북, 트위터 등이 활발하게 이용되고 있다. 일부 아이들은 다른 아이의 개인정보와 사진을 걸어놓고, 범죄자의 표적이 되게 한다. 또 어떤 아이들은 SNS상의 비밀, 혹은 공개적인 모임을 만들어 이를 통해 대상으로 삼은 아이를 괴롭히거나 그 아이에게 모욕을 준다.
- **악플**: 악성 리플의 줄임말. 특정한 인물을 비방하거나 허위사실을 유포하는 내용의 댓글을 의미한다. 이런 악플을 지속적으로 붙이는 사람을 악플러라고 한다. 인터넷상의 악플은 불특정다수의 사람들에 의해 불특정다수를 대상으로 만들어지는데, 장기간 악플에 시달린 사람은 우울증이나 대인기피증에 걸릴 우려가 있으며, 심지어 자살을 시도할 수도 있다. 따라서 악플은 사이버 불링의 가장 쉬우면서도 위력적인 수단이다.
- **어그로(Aggro)**: 도발, 악화를 의미하는 'Aggravation'에서 유래한 말. 원래는 온라인 게임에서 쓰는 용어였으나, 현재는 의미가 확대되어 주로 인터넷상에서 의도적으로 상대를 화나게 만들기 위해 도발적인 말과 행동을 하거나 게시물을 게재하는 행동을 이르는 말이다. 사이버 불링에서 가해자가 피해자로 하여금 먼저 무례한 말이나 욕설을 하게 만드는 행동도 일종의 어그로라고 할 수 있다.

- **인스턴트 메시지**: 이용자들이 실시간으로 접속해 있는 온라인상의 친구들을 확인할 수 있고, 그들에게 즉각 메시지와 이미지를 전송할 수 있는 서비스. 사이버 가해자들은 간혹 인스턴트 메시지를 통해 대상을 찾아 그의 민감한 개인신상정보를 폭로하고, 대상에게 상처를 주거나 경멸을 주기 위해 제3자에게 그 정보를 전송할 수 있다.
- **카카오톡**: 스마트폰의 데이터 통신 기능을 이용하여 이용요금 없이 사람들과 메시지를 주고받을 수 있는 애플리케이션. 컴퓨터를 이용해야 하는 기존의 인스턴트 메시지와는 달리 언제나 휴대할 수 있는 스마트폰을 이용하는 것이기 때문에, 스마트폰 이용인구가 급증함에 따라 점차 인스턴트 메시지를 대체하고 있다. 일대일 대화뿐 아니라 여러 사람이 한 방에 모여 이야기를 나누는 것도 가능하며, 이로 인해 괴롭힘의 수단으로 이용되는 경우가 많다.
- **커뮤니티 사이트**: 공통된 관심사를 가진 사람들이 모여 의견을 나누거나 자료를 공유하기 위한 목적으로 만들어진 사이트. 운영자의 방침에 따라 다양한 방식으로 운영되며, 그 크기나 이용자의 수도 천차만별이다. 개중에는 반말을 비롯한 온갖 적나라한 표현을 사용해도 이용에 큰 제한을 받지 않아 네티켓, 즉 인터넷 예절을 저해하는 요인으로 지적받는 곳도 있다. 한국에서 많은 사람들이 이용하는 커뮤니티 사이트에는 디시인사이드(http://www.dcinside.com/), 일간 베스트 저장소(약칭 일베)(http://www.ilbe.com/), 루리웹(http://ruliweb.daum.net/) 등이 있다.
- **키보드 배틀**: 인터넷상에서 특정한 주제에 관해 논쟁을 벌이는 일. 이용자들이 충분히 성숙하지 못했을 경우 원래의 주제에서 벗어나 감정적인 싸움으로 발전하는 경우가 많다. 또한 의도적으로 이러한 분란을 일으

키기 위해 특정한 개인이나 집단을 공격하는 이용자도 적지 않다. 싸움이 심각해질 경우 사이버 명예훼손죄에 연루될 수도 있기 때문에 미성숙한 이용자가 인터넷을 이용할 때 주의가 필요하다.

- 토렌트: P2P와는 또 다른 형태의 파일 공유 기술. 공급자와 피공급자가 일대일 혹은 일대다의 형태를 취했던 P2P와는 달리, 피공급자가 특정 자료를 얻게 된 시점에서 자동적으로 공급자로 전환되는 다대다 형태를 취하고 있다. 1명의 공급자에게만 의지하는 P2P와 비교했을 때 다양한 자료를 제한 없이 빠르게 받을 수 있다는 장점이 있다. 하지만 토렌트 사이트, 특히 해외의 토렌트 사이트에서는 별도의 연령 확인 절차 없이도 자료를 이용할 수 있기 때문에 미성년자들이 유해한 자료에 쉽게 노출될 위험이 있다.
- 현피(현실 PK): PK란 'Player Kill'의 약자로 온라인 게임 등에서 다른 플레이어의 캐릭터를 죽이는 행위를 의미한다. 말 그대로 '현실에서 하는 Player Kill'이라는 뜻으로, 인터넷상에서 갈등을 겪었던 상대와 오프라인 공간에서 만나 싸우는 것을 지칭한다. 개중에는 폭력 없이 갈등을 해결하는 경우도 있지만, 정신적으로 미성숙한 이용자들끼리 서로 폭력을 휘둘러 폭행 사건이 벌어지는 경우도 적지 않다. 심할 경우 살인까지 벌어질 수 있기 때문에, 이런 일이 벌어지기 전에 인터넷을 이용하는 미성년자들에게 갈등에 대처하는 방법을 숙지시켜 두는 것이 중요하다.

참고문헌

Excerpt from the motion picture *The Breakfast Club*. Copyright © 2003 by Universal Studios. Courtesy of Universal Studios Publishing Rights, a Division of Universal Studios Licensing, Inc. All rights reserved. Excerpt from the motion picture *Chocolat*. Reprinted courtesy of Miramax Films.

Excerpt from Janna Juvonen and Sandra Graham, *Peer Harassment in School*. Reprinted courtesy of Guildford Press. Excerpt from Dr. Phillip McGraw, "We're in Crisis," in *O Magazine* (June 2001). Reprinted courtesy of the author. *Lost Boys: Why Our Sons Turn Violent and How We Can Save Them* by James Garbarino. Copyright © 1999 by James Garbarino. Reprinted with permission of The Free Press, an imprint of Simon & Schuster Trade Publishing Group. *The Nurture Assumption: Why Children Turn Out the Way They Do* by Judith Rich Harris. Copyright © 1998 by Judith Rich Harris. Reprinted with permission of The Free Press, an imprint of Simon & Schuster Trade Publishing Group. Excerpt from Neil Kurshan, *Raising Your Child to Be a Mensch*. Reprinted with the permission of Scribner, an imprint of Simon & Schuster Adult Publishing Group. Copyright © 1987 Neil Kurshan. Excerpt from Tim Field, *Bullycide, Death at Playtime: An Expose of Child Suicide Caused by Bullying*. Reprinted courtesy of the author. See his website for more information at www.successunlimited.co.uk. Excerpt from Professor Lewis P. Lipsitt's article in *Children & Adolescent Behavior Letter* (May 1995). Reprinted courtesy of Manisses Communications Group, Inc. Excerpt from Carl Upchurch, *Convicted in the Womb*. Reprinted courtesy of Bantam Books, a division of Random House Inc. Excerpt from Chuck Green, "Jocks still hold sway at school," in *The Denver Post* (May 23, 1999). Reprinted courtesy of *The Denver Post*. Excerpt from Keith Sullivan, *The Anti-Bullying Handbook*. Reproduced by permission of Oxford University Press Australia. Copyright © Oxford University Press, www.oup.com.au. Excerpt from "Don't Laugh at Me," Copyright © 1998 Sony/ATV Tunes L.L.C., David Aaron Music and Built on Rock Music. All rights on behalf of Sony/ATV Tunes L.L.C. and David Aaron Music administered by Sony/ATV Music Publishing, 8 Music Square West, Nashville, TN, 372032. All rights reserved. Used by permission. Excerpt from *Protecting the Gift* by Gavin de Becker. Copyright © 1999 by Gavin de Becker. Used by permission of The Dial Press/Dell Publishing, a division of Random House, Inc. Excerpt from Alexandra Shea Globe, "What I Didn't Do at Summer Camp," in *The Globe and Mail* (May 28, 2001). Reprinted courtesy of the author. Excerpt from John Betjeman, *Summoned by Bells*. Reprinted courtesy of John Murray (Publishers) Ltd. Excerpt from Dr. Dan Olweus, *Olweus' Core Program Against Bullying and Antisocial Behavior: A Teacher Handbook*. Reprinted courtesy of the author. Excerpt from Archbishop Desmond Tutu, *No Future Without Forgiveness*. Reprinted courtesy of Doubleday, an imprint of Random House Inc. Excerpt from John W. Gardner, "National Renewal," a speech given to the National Civic League. Reprinted courtesy of the author. Excerpt from Michele Borba, *Building Moral Intelligence*. Copyright © 2001 by the author.

Reprinted by permission of John Wiley & Sons, Inc. Excerpt from *Cliques, Phonies & Other Baloney* by Trevor Romain © 1988. Used with permission from Free Spirit Publishing Inc., Minneapolis, MN; 1-800-735-7323; www.freespirit.com. All rights reserved. Excerpt from Paul Keegan, "Culture Quake," in *Mother Jones* (November/December 1999), Copyright © 1999 by the Foundation for National Progress. Reprinted courtesy of the publisher. Excerpt from *Teaching the Child Under Six* by James L. Hymes, Copyrighted © by the author. Reprinted by permission of Pearson Education, Inc., Upper Saddle River, NJ. Excerpt from A. Westbrook and O. Ratti, *Aikido and the Dynamic Sphere.* Published by Charles E. Tuttle Co. Inc., of Boston, Massachusetts and Tokyo, Japan. Chapter Eight epigraph from *To Kill a Mockingbird* by Harper Lee. Copyright © 1960 by Harper Lee. Copyright Renewed © 1988 by Harper Lee. Reprinted by permsission of HarperCollins Publishers Inc. For additional territory contact Eugene Winick, McIntosh & Otis, 353 Lexington Avenue, flr. 15, New York, NY 10016. Excerpt from Beth Duff-Brown's article reprinted with permission of the Associated Press. Excerpt from "Chapter 1: Sweden," by Dan Olweus, in P.K. Smith et al., *Bullying: A Cross National Perspective.* Reprinted courtesy of Thomson Publishing Services. Excerpt from *Nobody Left to Hate Teaching Compassion after Columbine,* © 2001 by Elliot Aronson. Reprinted by permission of Henry Holt and Company, LLC. Excerpt from "Our Estrangement from God," by Rabbi Michael Lerner, from *From the Ashes: A Spiritual Response to the Attack on America,* © 2001 by Rodale, Inc. and Beliefnet, Inc. Reprinted courtesy of Rodale Inc. Excerpt from *Family Politics* by Letty Cottin Pogrebin. Copyright © 1993 by Letty Cottin Pogrebin. Originally published by McGraw-Hill Book Company. No part of this material may be reproduced in whole or in part without the express written permission of the author or her agent. Excerpt from Martin Luther King Jr.'s speech reproduced with permission of his estate. Excerpt from Dr. Howard Spivak, "Bullying Behaviors Among U.S. Youth," in the *Journal of the American Medical Association* (265:16). Reprinted by permission of the United States Federal Government.

Excerpt from Dianne S. Reeve's letter to the author is reproduced with her kind permission. Michael McManus' story is reproduced here with his kind permission. Hoss' story is reproduced here with Christine Moore's kind permission. Randy Binstock's story is reproduced here with his kind permission.
tesy of the author. Excerpt from John Betjeman, *Summoned by Bells.* Reprinted courtesy of John Murray (Publishers) Ltd. Excerpt from Dr. Dan Olweus, *Olweus' Core Program Against Bullying and Antisocial Behavior: A Teacher Handbook.* Reprinted courtesy of the author. Excerpt from Archbishop Desmond Tutu, *No Future Without Forgiveness.* Reprinted courtesy of Doubleday, an imprint of Random House Inc. Excerpt from John W. Gardner, "National Renewal," a speech given to the National Civic League. Reprinted courtesy of the author. Excerpt from Michele Borba, *Building Moral Intelligence.* Copyright © 2001 by the author.

찾아보기

용어 · 개념

인명

자료(책, 논문, 기사 등)

지은이

바바라 콜로로소(Barbara Coloroso)

세계적인 베스트셀러 작가이자 강사로서 주로 괴롭힘, 부모의 역할, 교사의 역할, 비폭력적인 갈등해결, 회복적 정의 등을 주제로 저술과 강연 활동을 하고 있다. 콜로로소는 교사, 대학 강사, 세미나 진행자, 세 자녀의 엄마, 르완다 자원봉사자 등의 다양한 역할을 수행하며 얻은 경험을 책에 담았다. 대표적인 저서로는 『위기상황에서 부모의 역할(Parenting Through Crisis)』(2001)과 『아이들은 그 자체가 축복이다: 아이들에게 내적 규율을 선물하라(Kids are worth it!: Giving Your Child the Gift of Inner Discipline)』(2002)가 있다. 현재는 저술가뿐 아니라 교육, 사법체계, 지역사회의 문제를 다루는 명망 높은 컨설턴트로서도 활동하고 있다.

* www.kidsareworthit.com

옮긴이

염철현

고려대학교에서 교육학 박사 학위를 받았다. 주된 학문적 관심 분야는 교육의 사회통합적 역할과 차별의 문제로, 이에 대한 연구 활동을 해오며 관련 논문을 발표하고 저·역서를 출판했다. 대표적인 저서로는 『미국 교육개혁의 이해』(2009), 『만화와 함께 생각하는 교육논쟁 20』(2010) 등이 있으며, 역서로는 『세계의 차별철폐정책』(2008), 『끝나지 않는 논쟁, 차별철폐정책』(2009), 『다문화교육개론』(2012) 등이 있다. 아이들의 '괴롭힘(bullying)'도 차별의 한 유형으로 보고 학교, 가정, 사회에 만연된 이 문제를 해결하는 데 조금이나마 기여하고 싶은 마음에 이 역서를 내게 되었다. 현재는 고려사이버대학교 평생교육학과 부교수로 재직하고 있다.

* e-mail: hyunkor@cyberkorea.ac.kr

한울아카데미 1602
괴롭히는 아이, 당하는 아이, 구경하는 아이
학교폭력의 이해와 예방을 위한 실천방법

지은이 | 바버라 콜로로소
옮긴이 | 염철현
펴낸이 | 김종수
펴낸곳 | 도서출판 한울

편집책임 | 배유진
편 집 | 박준규

초판 1쇄 인쇄 | 2013년 9월 6일
초판 2쇄 발행 | 2014년 7월 20일

주소 | 413-756 경기도 파주시 광인사길 153 한울시소빌딩 3층
전화 | 031-955-0655
팩스 | 031-955-0656
홈페이지 | www.hanulbooks.co.kr
등록 | 제406-2003-000051호

Printed in Korea.
ISBN 978-89-460-5602-2 93370

* 가격은 겉표지에 표시되어 있습니다.